ÉTUDE

SUR

LES CAS DE NON CULPABILITÉ

ET LES

EXCUSES EN MATIÈRE PÉNALE

SUIVANT LA SCIENCE RATIONNELLE, LA LÉGISLATION POSITIVE
ET LA JURISPRUDENCE

PAR

M. Emmanuel LASSERRE

DOCTEUR EN DROIT

AVOCAT A LA COUR D'APPEL DE TOULOUSE

PARIS

ERNEST THORIN, LIBRAIRE-ÉDITEUR

7, RUE MÉDICIS, 7

1877

ÉTUDE

SUR

LES CAS DE NON CULPABILITÉ

ET LES

EXCUSES EN MATIÉRE PÉNALE

ÉTUDE

SUR

LES CAS DE NON CULPABILITÉ

ET LES

EXCUSES EN MATIÈRE PÉNALE

SUIVANT LA SCIENCE RATIONNELLE, LA LÉGISLATION POSITIVE
ET LA JURISPRUDENCE

PAR

M. Emmanuel LASSERRE

DOCTEUR EN DROIT

AVOCAT A LA COUR D'APPEL DE TOULOUSE

TOULOUSE
IMPRIMERIE DE BONNAL ET GIBRAC
RUE SAINT-ROME, 44

1877.

PRÉFACE

Le Sujet que nous avons traité est du nombre de ceux qui présentent une importance considérable, puisqu'il touche à ce qu'il y a de plus élevé, aux matières criminelles, qui n'intéressent pas seulement les biens, mais encore la vie et l'honneur des hommes.

Nous croyons utile d'expliquer dès maintenant le titre de cet ouvrage, avant de présenter des aperçus généraux sur la matière qui en est l'objet. C'est par le rapprochement des dispositions de notre code pénal français, que nous avons été amené à le préférer à tous les autres titres donnés jusqu'à ce jour aux différentes théories sur cette matière, par les criminalistes les plus distingués.

Ce point important de notre Droit pénal exige des définitions bien nettes, bien précises, et nous ne pouvons négliger ici les questions de terminologie. Afin d'éviter les confusions regrettables qui se sont produites, il importe de faire disparaître les fausses dénominations, qui ne font que perpétuer l'obscurité, et empêchent de bien apprécier les règles posées dans notre code.

La plupart des auteurs et commentateurs se sont surtout servis de l'expression *Excuse*, pour rendre soit l'idée d'une

1

exemption totale de la peine, soit l'idée d'une atténuation, suivant certaines circonstances particulières du délit, se contentant de la faire suivre de l'épithète *Péremptoire ou absolutoire* dans le premier cas, et de l'épithète *atténuante* dans le second cas. En donnant ainsi aux causes exclusives d'imputabilité, le nom d'excuses absolutoires, ils emploient des expressions contraires à la clarté scientifique, et qui peuvent faire confondre l'irresponsabilité avec l'excusabilité ; un agent irresponsable n'a pas besoin d'être excusé.

Quelques uns même ont employé les mots *Faits Justificatifs*, pour désigner des cas d'irresponsabilité ; cette expression ne peut être encore qu'une source de confusions et et d'erreurs.

Nous avons pu constater que ces différentes dénominations n'ont pas servi à éclairer les discussions qui ont eu lieu, pour la rédaction de notre code pénal ; l'exposé des motifs et les travaux préparatoires en font foi.

Soit qu'on envisage la question au point de vue de la science rationnelle, soit qu'on l'envisage, au point de vue de la science positive, il nous semble que ces diverses expressions ne fournissent pas une idée parfaitement nette du sujet.

Si le mot *Excuse* n'était employé que dans le cas où, une certaine culpabilité existant, pour certaines considérations particulières, il y a lieu à une atténuation de la peine, on comprend assez aisément cette dénomination. Mais si on emploie le mot *Excuse*, dans le cas où il y a lieu à une exemption totale de la peine, parce que les éléments de la culpabilité font défaut, alors même qu'il serait suivi de l'épithète absolutoire ou péremptoire, il semblerait impropre, parce qu'il n'y a point place pour l'excuse, quand il n'y a pas de culpabilité.

Si on admet cette expression dans le langage juridique, on se trouve exposé à un grave danger, contre lequel il faut se prémunir, car on pourrait être porté à confondre ces cas où, pour des motifs exceptionnels, il y a lieu à exemption totale de la peine, avec les cas de non culpabilité.

L'expression, Fait justificatif, employée par certains auteurs, pour désigner les cas de non culpabilité, en les opposant aux excuses absolutoires ou péremptoires, ne peut être à l'abri de la critique, parce qu'elle manque d'exactitude scientifique. Si nous cherchons, en effet, l'étymologie, la signification du mot justifier, nous trouvons rendre juste ; l'expression peut alors convenir dans le cas de légitime défense, d'ordre ou d'autorisation de la loi, mais dans le cas de démence, ou de contrainte, il n'est plus applicable.

Si nous examinons maintenant la législation positive, si nous lisons les dispositions de notre code, nous trouvons la distinction bien marquée dans notre code pénal, entre les cas de non culpabilité, et les excuses absolutoires ; de même entre les excuses absolutoires et les excuses atténuantes.

D'abord, les dispositions de l'art. 64 ne peuvent nous laisser aucun doute ; elles ont trait à l'état de démence, et à la contrainte et caractérisent parfaitement des cas de non culpabilité, et mieux des cas de non imputabilité ou d'irresponsabilité. Cet art. 64 se trouve au titre des personnes punissables, excusables ou responsables pour crimes et délits. C'est à ce mot de responsables de la rubrique que correspondent les dispositions de l'art. 64 indiquant que les personnes qui se trouvent en état de démence ou de contrainte, ne sont pas responsables.

Il est impossible de ne pas reconnaître, que la législation a parfaitement distingué ces derniers cas de ceux où il y a excuse absolutoire.

Nous trouvons encore deux articles qui viennent confirmer ce que nous avançons, en nous appuyant sur les termes de l'art. 64 ; ce sont les art. 327, 328 qui, bien que se trouvant dans une section où il est question de crimes et délits excusables, n'en contiennent pas moins des cas de non culpabilité, ou, pour être plus exact, des cas de justification, qu'on ne doit pas confondre avec les excuses absolutoires. Il ne peut pas y avoir d'équivoque ; les dispositions de ces deux articles commencent comme celles de l'art. 64, il n'y a ni crime, ni délit ; s'il n'y a ni crime, ni délit, il ne peut être question de culpabilité, et nous prétendons que ces cas n'ont aucun rapport avec les cas, où le législateur français reconnaissant la culpabilité, mais remettant la peine par des considérations d'utilité sociale, a dit qu'il y avait excuse absolutoire.

Voilà ce que nous avions à dire pour tâcher de justifier le titre que nous avons donné, à ce modeste Essai ; nous devons maintenant, en quelques lignes, rendre compte du plan et de la méthode que nous avons suivis.

Sans trop nous écarter des divisions établies par notre code pénal, partie de notre travail, que nous avons développée plus que les autres, nous avons eu recours aux interprètes de nos lois pénales, et nous les avons tous interrogés, voulant nous en faire des auxiliaires pour assurer et guider notre marche.

Comprenant aussi que nous ne pouvions nous isoler, sans nous exposer à être incomplet, nous ne nous sommes pas borné à l'examen des textes du Droit romain, et des lois de notre pays, car nous aurions semblé renoncer aux ressources que nous avons trouvées ailleurs, et qui ont contribué si puissamment à nous éclairer.

Nous avons demandé leur tribut à l'histoire, aux sciences morales, et aux sciences physiques sur l'homme.

La médecine légale nous a été d'un grand secours, en nous signalant les altérations, qui peuvent se produire dans la condition normale de l'homme.

Nous avons classé et discuté les opinions des différents auteurs sur la matière ; nous avons aussi fait aux décisions judiciaires, aux arrêts de la Cour de cassation surtout, la large part qui leur appartient. Lorsque nous avons abordé les questions examinées par les Tribunaux et les commen-

tateurs, nous les avons débattues en nous inspirant des législations de l'antiquité et des législations étrangères contem-
poraines.

Tout en exposant nos solutions sur les questions contro-
versées, nous les avons confrontées avec les idées rivales,
pour qu'elles apparaissent avec un caractère distinct et une
physionomie propre.

Nous avons divisé notre sujet en quatre parties, que nous
avons fait précéder d'une courte introduction : la première
est consacrée à l'étude des cas non culpabilité et des excuses
en Droit romain ; la deuxième, à l'ancien droit criminel
français ; la troisième, au droit intermédiaire ; la quatrième,
à notre droit pénal actuel. Dans le premier chapitre de notre
introduction, nous avons présenté les notions théoriques
relatives à notre matière, et dans le second, un aperçu des
dispositions des législations de l'antiquité.

Nous nous sommes efforcé d'introduire dans chacun des
chapitres de notre sujet, la même méthode d'exposition et
la même concision.

Nous avons cherché à ne point étudier telle question avec
une prédilection plus marquée que telle autre ; il nous sera
très-probablement reproché de nous être trop étendu sur les
émouvantes questions qui se rattachent aux troubles si variés
de la raison. Mais, nous devons le dire, cette disproportion
apparente a été de notre part un fait prémédité, parce que
nous devions attacher une véritable importance à l'examen
des difficultés nombreuses qui s'élèvent chaque jour sur cette
matière, et nous occuper des questions médico-légales, si
graves et si multipliées.

Nous avons eu à regretter souvent, dans le cours de notre
travail, l'insuffisance de nos connaissances, qui ne peuvent
trouver une excuse que dans les nombreux efforts que nous
avons faits pour y suppléer.

INTRODUCTION

CHAPITRE PREMIER

NOTIONS THÉORIQUES.

L'expression *infraction*, en droit pénal, est employée pour signifier toute action ou omission contraire au commandement de la loi, devant amener l'application d'une peine.

Nous nous servons de cette expression *infraction*, parce qu'il nous a semblé que, d'après l'art. 1er du code pénal, elle avait une signification générique dans la pensée du législateur.

Certains auteurs ont employé le mot délit et lui ont donné une acception universelle, que nous n'admettons pas, puisque le délit, d'après la définition du code pénal, n'est qu'une espèce particulière d'infraction à la loi ; on sait que les deux autres sont les contraventions et les crimes.

Le mot infraction, et la définition que nous venons

d'en donner en témoigne, est celle qui répond le mieux au mot *injuria* des Romains, ainsi défini : *nam generaliter injuria dicitur, omne quod non jure fit* (D. XLVII, X).

Un fait, quelque préjudiciable qu'il soit, ne peut violer le droit, être punissable ; il n'y a que les personnes qui soient punissables. Pour qu'un fait soit reconnu infraction il faut le considérer avant tout dans la personne de l'agent.

Mais il faut, pour que le fait puisse être reproché à l'agent, qu'il lui soit imputable, et pour que le fait lui soit imputable il doit en être la cause *efficiente*. Or il n'y a qu'une force libre qui puisse être cause première, cause efficiente. Une autre condition de l'imputabilité, c'est la connaissance du juste et de l'injuste de l'action.

Voici comment le professeur italien Zuppetta envisage la liberté dans l'agent :

Le concours simultané de la liberté dans l'agent et du détriment social, dit-il, est un titre suffisant pour convertir un fait en délit.

Puisqu'il n'est pas possible de concevoir l'idée de liberté dans l'agent, sans supposer en lui la capacité de *vouloir* et de *non vouloir*, c'est-à-dire l'aptitude à choisir, plutôt de *vouloir* un certain fait que de ne pas le *vouloir* ; puisque d'un autre côté, il n'est pas possible de concevoir l'idée de volonté dans l'agent, sans la *connaissance du fait*, c'est-à-dire sans la perception de la *qualité* et des *rapports* de ce fait : puisque cependant il est fort possible de concevoir la *connaissance du fait* isolée de la *volonté dans l'agent,* ainsi que la volonté dans l'agent isolée de la liberté dans l'agent, il s'en suit que la liberté dans l'agent suppose la volonté dans l'agent et la connaissance du fait.

La volonté dans l'agent suppose la connaissance du fait mais non la liberté dans l'agent.

La connaissance du fait ne suppose pas la volonté dans l'agent, et moins encore la liberté dans l'agent. Aussi un fait dont l'agent n'a pas de connaissance, ne peut pas être qualifié de volontaire, et moins encore de libre.

Un fait dont l'agent a la connaissance, s'il n'est pas accompagné de la volonté dans l'agent, ne peut pas être qualifié de libre.

Un fait dont l'agent a la connaissance et dans lequel intervient la volonté dans l'agent, peut n'être pas libre.

Dans un fait, le caractère de *libre* dépend :

1° De la connaissance du fait ;

2° De la volonté dans l'agent ;

3° De la liberté dans l'agent ;

(Louis Zuppetta, *Leçons de métaphysique de la science des lois pénales,* p. 52 et 53).

Nous voilà en présence de trois éléments : Intelligence, volonté, liberté.

L'intelligence consiste à savoir, que l'acte que l'on va commettre est défendu, et qu'une pénalité est attachée à l'infraction.

La volonté consiste dans cette puissance, au moyen de laquelle l'homme agit ou s'abstient.

La culpabilité indique la mesure dans laquelle l'agent est responsable de l'acte qui lui est imputé.

En effet, par cela seul, que nos devoirs sont plus ou moins graves, qu'il y a des manières différentes d'y faillir, la faute a des degrés divers; elle est plus ou moins grave; elle ne s'affirme ou ne se nie pas seulement, elle se mesure, problème bien difficile, pour le législateur et pour le juge.

La culpabilité provient d'un dol ou d'une faute. Le mot dol a, en droit criminel, une acceptation différente de celle qu'on lui donne en droit civil (Cod. civ., 1114). Le dol, en droit criminel, consiste dans la malice de celui qui sait qu'un acte est illicite ou qu'une omission le rend coupable et le met sous le coup d'un châtiment, et qui, malgré tout, enfreint la loi. Le législateur désigne ces éléments constitutifs du dol par ces expressions : volontairement (295, 305, 434, C. P.), sciemment (69, 63, C. P.), frauduleusement (144, 354, 379). A dessein (C. P. 251, 419), au mépris des lois et règlements (425, 428, 460, C. P.) La faute n'est en général punissable que lorsqu'elle a occasionné une lésion, elle peut se rattacher à un fait en lui-même licite ou consiste dans un fait illicite (chasse).

Le dol et la faute peuvent varier à l'infini; de là de nombreuses nuances dans la responsabilité de l'agent, et, par suite, dans la pénalité, c'est-à-dire dans le châtiment à infliger au prévenu reconnu coupable.

Une infraction vient d'être commise. Nous ne pouvons pas dire : à telle infraction, telle peine, sans nous soucier du reste. La tâche des tribunaux criminels n'est

pas si facile ; il ne suffit pas de constater un fait, d'ou-
vrir un code et de voir si la loi répressive a réellement
prévu l'acte accompli. Le même remède ne va pas à
tous les malades, la même peine à tous les coupables.

D'abord il faut se demander si le fait est punissable.
Le préjudice est manifeste ; la liberté individuelle a été
violée ; un citoyen vient d'être lésé dans ses droits ;
voilà bien l'apparence de l'infraction, ce n'est pas
l'infraction.

Il y a des cas où l'imputabilité peut disparaître par
suite de l'état dans lequel se trouvait l'agent.

Un viol, un meurtre, un incendie viennent d'avoir
lieu, mais c'est un fou qui les a commis ; cet homme
n'est pas coupable parce qu'il n'avait ni sa raison morale, ni sa liberté. Ces faits ne lui seront pas imputables.

A l'aide de la contrainte physique, on fait de notre
corps, de nos membres, malgré tous les efforts de résistance dont nous sommes capable, un instrument du
délit ; nous aurons été instrument du délit, du fait
criminel commis, mais la contrainte exercée sur nous
nous mettra à l'abri de toute responsabilité, il n'y a pas
eu d'action libre de notre part.

Supposons que par l'imminence d'un grand péril,
par suite d'une crainte de nature à ébranler un grand
courage, pour échapper à un grand mal physique ou
moral, comme à la perte de la vie, de la liberté, d'un
membre, à celle de l'honneur, quelquefois des biens,
nous commettions un fait délictueux ; le fait nous sera-
t-il imputable ? Evidemment non, parce qu'il n'y a pas
eu action libre de notre part.

Un vol, un homicide a été commis par une personne en état d'ivresse. Si l'ivresse est accidentelle et que la liberté soit complètement altérée, l'imputabilité disparaît évidemment. Elle disparaît, même à notre avis, toutes les fois qu'on ne s'est pas enivré volontairement pour s'exciter à commettre le crime, si toutefois l'ivresse est complète. Où serait la justice, où serait l'intérêt du corps social à frapper un automate? C'est comme on l'a très-bien dit, au délit d'ivresse plus ou moins aggravé, suivant les circonstances, que s'appliqueront l'imputabilité, la responsabilité pénale, s'il existe un délit d'ivresse.

Voilà des cas de non imputabilité.

Nous passons maintement à d'autres cas, où la culpabilité disparaît aussi, à des cas de justification.

Quand un homme est en état de légitime défense, c'est-à-dire quand le mal commis était indispensable et qu'il n'y avait aucun moyen de maintenir la force au droit, le législateur justifie. Cet homme, en effet, obéit à une loi supérieure : il peut, il doit se conserver. Or, la loi ne punit pas ce qu'elle ordonne : elle ne saurait prescrire et frapper le même acte. Si la légitimité de la défense est hors de doute, le fait commis en état de légitime défense est conforme au droit.

Dans toutes les hypothèses que nous venons de citer nous ne nous sommes occupé que des cas de non culpabilité. Nous passons aux cas d'excuse. L'excuse suppose l'imputabilité. Ortolan (*Eléments de droit pénal*, p. 459) la définit ainsi : l'excuse est un fait qui, tout en laissant subsister un fond de culpabilité, a pour

conséquence une diminution et quelquefois une exemption totale de peine. Mais ce langage n'est pas encore
le langage même de tous les codes.

En effet, parmi les circonstances qui peuvent entraîner soit une diminution, soit une exemption de
peine, les unes sont déterminées par la loi, les autres
par le juge.

Si la langue du droit criminel est bien faite, la diversité des mots marque la diversité des idées. On
réserve le nom d'excuses aux circonstances absolutoires ou atténuantes prévues et déterminées par la loi ;
et dès lors cette définition de M. Ortolan devient parfaitement juste, même en dehors des textes du droit
positif : « L'excuse est un fait spécialement déterminé
par la loi, qui, tout en laissant subsister un certain
fond de culpabilité, a pour conséquence une diminution ou quelquefois même une exemption totale de la
peine. »

Divisons les excuses, après les avoir définies. On
peut diviser les excuses, d'après leurs effets et d'après
leur origine.

Les excuses sont absolutoires ou atténuantes, c'est
ce qui ressort du texte de la définition. La peine, y
est-il dit, sera tantôt diminuée, tantôt supprimée.

Ces deux mots liés ensemble « *excuse absolutoire* »
n'emportent-ils pas contradiction ? Si le fait n'est pas
imputable, il n'y a pas d'excuse, car l'excuse laisse
subsister la culpabilité ; si le fait est imputable, qu'on
le punisse en mitigeant plus ou moins le châtiment,
mais qu'on le punisse. Cette inflexible théorie serait celle

d'une législation pénale fondée sur l'idée de justice absolue. Or, la justice et l'intérêt social doivent se combiner ; si la société n'a pas d'intérêt à frapper, de quel droit frapperait-elle ? Bien plus, elle a peut-être quelque intérêt à s'abstenir de frapper. Par exemple, quand un ravisseur épouse la fille qu'il a enlevée, et tant que la nullité du mariage n'est pas prononcée, le ravisseur échappe à toute pénalité. De plus, le ravisseur ne peut être poursuivi que sur la plainte des personnes, qui ont le droit de demander la nullité du mariage. Voilà bien un cas d'excuse absolutoire parfaitement caractérisé. Incontestablement, au point de vue de la justice absolue, le ravisseur est coupable, car le mariage ultérieur n'efface pas la faute. On ne peut pas dire que la loi justifie le ravisseur, parce qu'il a épousé après avoir enlevé. Non la loi réprouve un pareil mode de procéder au mariage. Mais les motifs d'intérêt social font taire la loi répressive : elle s'abstient de frapper, parce que la répression serait plus funeste que l'indulgence.

L'excuse est atténuante, lorsqu'elle a pour conséquence une diminution de la peine.

Pour ce qui concerne les excuses, nous pouvons dire que c'est un besoin pratique qui les inspire à la loi positive ; celle-ci juge plus avantageux pour la société de remettre ou d'adoucir la peine, que de l'appliquer dans toute sa rigueur.

Si l'on divise les excuses, d'après leur source, en excuses fondées, ou sur la justice, ou sur l'utilité sociale, toutes les excuses absolutoires sont de la seconde catégorie, puisque, malgré l'imputabilité qui subsiste, le législateur reste désarmé. Si la justice consacre l'imputabilité de l'acte, comment la loi s'abstiendra-t-elle de punir dans une vue d'équité ?

Le juste et l'injuste sont très-distincts l'un de l'autre ; mais il n'y a ni deux morales, ni deux justices.

A notre avis, malgré l'opinion contraire d'un criminaliste éminent, toutes les excuses absolutoires sont fondées sur des motifs d'utilité sociale. Quant aux excuses atténuantes, elles sont fondées tantôt sur l'intérêt social, tantôt sur la justice.

Quant à l'étendue d'application, que peuvent avoir les excuses, il y en a de générales pour les faits punissables, du moins pour un certain ensemble de faits punissables, et d'autres de spéciales, pour tel ou tel délit en particulier.

Après avoir donné ces notions théoriques, et d'après les explications qui se trouvent dans notre Préface, nous sommes virtuellement amené à diviser chacune des parties de notre matière en quatre titres spéciaux :

1° Cas de non imputabilité ;

2° Cas de justification ;

3° Excuses absolutoires ;

4° Excuses atténuantes.

CHAPITRE II.

APERÇUS GÉNÉRAUX SUR LES LÉGISLATIONS DE L'ANTIQUITÉ.

On ne peut bien connaître une législation , dit M. Ortolan (*Histoire de la législation romaine*), sans bien connaître son histoire. Aussi pensons-nous devoir exposer, dans un rapide aperçu, les notions que nous avons pu recueillir sur la législation des peuples anciens qui ont précédé la période romaine,

Nous diviserons ce chapitre en deux sections : la première comprendra les peuples de l'Orient; la seconde, les peuples de l'Occident.

SECTION PREMIÈRE.

Orient.

SYRIENS.

Chez les Syriens, assez ordinairement, les lois qui prononçaient des peines afflictives, accordaient aux juges une grande étendue d'opinion et de puissance.

Après avoir déterminé d'une manière générale le genre de supplice, elles leur laissaient le droit d'en fixer le caractère ou le degré. (Calmet, *Dissert.*, I, p. 251, et les *Mémoires de l'Académie des Belles-Lettres*, t. 50, p. 65).

ÉGYPTIENS.

Le droit de légitime défense de soi-même et d'autrui existait dans le droit des Égyptiens, puisque celui qui, pouvait sauver un homme attaqué, était puni de mort, s'il ne portait pas secours.

« Leurs lois, dit Bossuet (*Discours sur l'Histoire universelle*, 3ᵉ part., chap. III) en parlant des Égyptiens, étaient simples, pleines d'équité et propres à unir entre eux les citoyens.

« Celui qui, pouvant sauver un homme attaqué, ne le faisait pas, était puni de mort aussi rigoureusement que l'assassin. Que si on ne pouvait secourir le malheureux, il fallait du moins dénoncer l'auteur de la violence, et il y avait des peines contre ceux qui manquaient à ce devoir. »

« Ainsi, remarque Rollin sur les mêmes lois, les citoyens étaient à la garde les uns des autres, et tous les corps de l'État étaient unis contre les méchants. » (*Hist. anc.*, liv. I; *Histoire des Égyptiens*, 2ᵉ part., chap. I).

HÉBREUX.

Voici les cas de justification et d'excuse que nous avons relevés dans la législation des Hébreux.

Le Deutéronome veut qu'un fils rebelle aux ordres paternels soit mené à la porte de la ville, qu'on y publie sa faute en présence des anciens et qu'il y soit lapidé par le peuple (Deutér., XX, ỹ. 18, 21). Mais si le père ou la mère pardonnaient, l'indulgence de l'un enchaînait la sévérité de l'autre, et celui-ci n'avait plus le droit de poursuivre le coupable.

Meurtre involontaire. — La loi permettait à l'homicide involontaire de se réfugier auprès de l'autel. Le meurtrier involontaire, soit israélite, soit étranger (Nombres, XXXV, ỹ. 11 et 15; Deutér. IV, ỹ. 42), avait un asile ouvert dans six des quarante-huit villes accordées aux enfants de Lévi, trois au-delà du Jourdain et trois dans le pays de Chanaan (Deut. IV, ỹ. 41 et 43). On s'empressait de venir dans ces villes d'asile

2

dès qu'on avait eu le malheur de porter un coup mortel par inattention ou par hasard, comme si, étant avec un autre, dans une forêt à couper du bois, le fer de la cognée s'échappait et allait le frapper (Deutér. XIX, ẏ. 4 et 5).

Le meurtrier involontaire, arrivé dans une ville de refuge, se présentait devant les magistrats, leur exposait ce qui s'était passé et les preuves de son innocence. Sur cela, on le recevait et on lui indiquait une demeure.

Voilà bien un cas d'excuse dans la législation des Hébreux.

En voici une autre que nous devons signaler encore à propos de l'homicide involontaire.

Si ceux des parents qui désiraient venger la mort de celui qui avait été tué involontairement, venaient poursuivre l'homicide involontaire dans une ville de refuge, on ne le livrait point entre leurs mains ; mais s'ils le trouvaient hors de la ville, ils le tuaient *impunémeut*. (Nombres, XXXV, ẏ. 26 et 27).

Vol. — Les peines prononcées contre le vol étaient des peines pécuniaires ; si le voleur ne possédait aucune espèce de biens, les magistrats le vendaient lui-même et le prix était pour la personne à laquelle on avait dérobé. (Exode, XXII, ẏ. 3 ; Misna III, p. 228). Ceci ne s'applique point aux femmes : on ne les vendait jamais. Il y a là une cause de mitigation établie en faveur du sexe.

Voici, en matière de vol, un cas de justification : lorsqu'on surprenait pendant la nuit un voleur perçant

le mur, ou brisant la porte d'une maison, point de
crime si on le blessait et qu'il en mourût ; tandis que,
si c'était en plein jour, on commettait un homicide
(Exode XXII, ꝟ. 2 et 3),

SECTION II.

Occident.

ATHÉNIENS.

Nous avons essayé, sans créer une législation de
fantaisie en cette matière, de présenter un classement
méthodique et lucide, des cas de non culpabilité, de
justification et d'excuse, que nous avons pu recueillir
dans les auteurs de l'antiquité grecque.

Contrainte. — La contrainte physique est ainsi caractérisée par Aristote : « Une chose qui se fait par
force majeure est celle dont la cause est extérieure, et
de telle nature que l'être qui agit ou qui souffre ne
contribue en rien à cette cause. » (Morale à Nicoma-
que, III, I.)

Voici ce qu'il dit de la contrainte morale : « On agit
par nécessité, lorsqu'on fait une chose qu'on trouve
pénible et mauvaise, mais qui exposerait, si on ne
l'accomplissait pas, à des sévices personnels et à la
mort. La contrainte physique doit figurer au nombre
des cas de non-culpabilité. L'auteur immédiat de l'acte
n'est qu'un instrument passif aux mains d'autrui et le
seul coupable est l'auteur de la violence. Mais faut-il
adopter la même solution pour la contrainte morale ?

Aristote répond par une distinction aussi juste que rationnelle. Une menace quelconque ne suffit pas : Si, par exemple, pour éviter d'être touché par quelqu'un, on allait jusqu'à le tuer, on ne pourrait alléguer, qu'on a commis ce meurtre par nécessité.

Aristote exige, au contraire, une menace tellement grave qu'elle fasse disparaître la liberté morale, et qu'on ne puisse pas dire qu'il dépendait de l'individu menacé de commettre ou de ne pas commettre le crime.

On entend, parce qu'il dépend de quelqu'un, ce que sa nature est capable de supporter, et on dit qu'une chose ne dépend pas de lui, quand sa nature n'est pas capable de l'endurer. (Morale à Eudème, II. 8).

Alibi. — Il est question d'alibi dans ce passage de Démosthène : *In oratione adversùs Pantanetum, in fine :* Ειτα, και πως ἕν ομη παρων, μη δ'επιδημων εγω δι σε ηδικησα; *deindè quos ego pacto, quum nec adessem, et peregrè abessem, ulla injuria te affeci.*

Légitime défense. — On ne punissait pas celui qui, pour se défendre, repoussait la force par la force, parce que, selon l'expression de Démosthène, la loi doit autoriser les représailles contre quiconque nous traite en ennemi. (Démosthène c. Aristocrate, 56).

Il était même permis d'user de représailles pour défendre la personne d'autrui (Démosthène c. Aristocrate), pourvu que dans l'un et l'autre cas l'attaque fût de nature à faire supposer l'existence d'un péril imminent (Démosthène c. Midias, 74).

Cas assimilés à la légitime défense. — On ne punissait pas davantage celui qui, pour défendre son bien, tuait sur-le-champ celui qui voulait le ravir avec violence.

Démosthène insiste sur les mots de la loi pour en mieux faire connaître les bornes ; la défense devait avoir lieu sur-le-champ, afin que la réflexion ne pût se placer entre le crime commis et la vengeance qu'on tirait de ce crime. (Démosthène contre Aristocrate, p. 734).

Pour un vol, quel qu'il fût, commis pendant la nuit, la loi autorisait à tuer le coupable.

Provocation. — Solon permit à l'époux outragé de tuer le coupable surpris en flagrant délit (Lysias , *Meurtre d'Eratosthène*, p. 94). Le séducteur, surpris en flagrant délit auprès d'une épouse légitime ou d'une concubine entretenue pour en avoir des enfants libres, pouvait être impunément mis à mort par le mari ou l'amant, à moins qu'il ne se fût réfugié au foyer qui servait d'autel (Démosthène c. Aristocrate, 53, 55). L'existence du flagrant délit (αρθρα εν αρτθροις εχων) était requis; mais contrairement aux règles consacrées par le droit moderne, l'époux outragé pouvait agir avec calme et réflexion.

Secours à la Justice. — On récompensait le dénonciateur qui faisait connaître trois voleurs à la Justice ; s'il l'était lui-même, sa peine lui était remise comme le prix de la dénonciation des deux autres.

La loi promettait l'impunité absolue à l'homme qui, ne pouvant nier son crime, faisait connaître ceux qui l'avaient partagé (Lysias, p. 105. Plutarque, Alcibiade, §§ 37 et 38).

Cas d'excuse en matière de meurtre. — On ne pouvait être puni comme coupable de meurtre pour avoir sans dessein tué quelqu'un dans un chemin, en le renversant. On ne pouvait l'être pour avoir tué son adversaire dans les combats des jeux publics ; la loi considérait alors l'intention et non l'action : l'intention avait été de vaincre et non de donner la mort. La loi, ajoute Démosthène, absout encore celui qui tue à la guerre par ignorance ; et en effet, si j'ai frappé, croyant frapper un ennemi, on doit me pardonner et non me punir (Démosthène contre Aristocrate. p. 733).

Cas d'excuse d'utilité sociale. — Une loi de Solon déclarait innocent celui qui tuait l'usurpateur des droits populaires des Athéniens (Andocide, sur les mystères, 96-98 ; Lycurgue c. Léocrate, 124, 125).

Il était permis de tuer celui qui avait trahi la cité de Minerve ou avait été mis hors la loi par un décret du peuple (Lysias, sur l'impiété d'Andocide).

PREMIÈRE PARTIE

———

Des cas de non culpabilité et des excuses dans le Droit criminel Romain.

———

NOTIONS GÉNÉRALES.

Nous devons, pour faire un travail complet sur notre matière, étudier les lois criminelles des Romains , dans les différents âges de Rome, depuis le moment où l'histoire se confond presque avec la légende, jusqu'au moment où l'organisation judiciaire se dénature et se perd, en même temps que le peuple dont elle avait fait la force et la grandeur. On trouve à Rome, et il n'est pas difficile de l'établir, presque les cinq périodes qui peuvent se partager l'histoire du droit criminel. Dans la première période qui a précédé la loi des Douze Tables, nous rencontrons le système de la vengeance comme chez la plupart des peuples, plus tard, la période du talion et de la réparation pécuniaire ; le talion représente plus particulièrement l'antique civilisation de l'Orient, qui est une sorte de barbarie. Quant à la réparation pécuniaire, nous la retrouvons sous le nom

de composition dans notre seconde partie ; elle caractérise la civilisation germanique ou barbarie occiden-
tale. Enfin , aux temps de la République, le Droit
criminel, qui est toujours en rapport avec le développement des libertés civiles, avait atteint à Rome le
plus remarquable degré de perfection, jusqu'à cette
époque de servitude et d'avilissement, où nous trouvons
une législation pénale déshonorée par le despotisme.

On peut dire que le Droit criminel à Rome , aux
temps de la République, est la période de l'analogie
et de la proportion dans la peine, et qu'elle caractérise très-sensiblement la civilisation gréco-romaine ,
principe de la civilisation moderne.

Enfin, à l'époque où le christianisme vient faire sentir sa bienfaisante influence , nous trouvons déjà la
justice tempérée par la charité et par cette indulgence
qui résulte d'une connaissance plus profonde de l'homme, connaissance due à la philosophie.

Alors grâce aux grands philosophes de la Grèce et de
Rome, grâce au Christ qui vient de changer la face du
monde et proclamer que tous les hommes sont frères, on
triomphe du plus cruel des préjugés, et on fait reconnaître à l'orgueilleux citoyen romain, un frère et un
égal dans l'esclave, que les lois distinguaient à peine
de l'animal , et traitaient souvent plus durement
encore.

Dès les premiers temps de Rome , il est question
d'excuse dans les lois criminelles. Joseph Scaliger,
d'après les textes de Festus et de Servius, a restitué une
loi de Numa Pompilius dans laquelle ce roi, qui rece-

vait les inspirations de la nymphe Egérie, prononçait les peines les plus sévères contre l'homicide commis de dessein prémédité, mais ordonnait simplement aux personnes coupables d'homicide par imprudence, d'offrir dans l'assemblée du peuple un bélier pour le mort et ses enfants. Ce sacrifice, dit Cincius, cité par Festus, se faisait à l'exemple des Athéniens, chez qui l'on offrait un bélier pour l'expiation du crime.

Il ne faut pas s'étonner de l'existence de cas de non-imputabilité, de justification et d'excuse, dans un pays où l'on respectait si bien les droits de la défense, où l'on accordait une liberté égale à celle donnée à l'accusateur, où l'on voulait qu'accusation et défense pussent lutter à armes égales, chez un peuple où l'inculpé pouvait garder la liberté de ses actes et de sa personne ; dans un pays, où un citoyen accusé même d'un crime capital échappait à la prison, en donnant caution de comparaître au jour du jugement. Un citoyen romain, dit M. Laboulaye (*Lois criminelles des Romains,* p. 140), quelle que fût la bassesse de sa condition, était un des maîtres du monde, et des fers ne devaient point blesser ses mains souveraines.

L'on sait que le *Dolus malus* et la *culpa* sont la base de la théorie pénale chez les Romains ; il nous faut donc en quelques mots dire ce qu'on entend par *dolus malus* et *culpa*.

Le *dolus malus* n'est autre chose que le dol ; il comprend plusieurs espèces ; le *dolus verus* ou *præsumptus generalis* ou *specialis*, *determinatus* ou *indeterminatus*, *determinatus simplex* ou *indeterminatus multi-*

plex, etc. On le divise encore en *summus, medius, infimus.*

La *culpa*, c'est la faute. Il y en a de trois sortes : la *culpa levissima*, la *culpa levis* et la *culpa lata.*

La théorie du *dolus malus* et de la *culpa* se trouve dans les délits privés comme dans les délits publics. Celle de la *culpa* règne seule dans les cas d'actions populaires (Walter, §§ 801 et 802).

De tout temps, le législateur romain a formellement tenu compte de l'absence du *dolus malus* ; nous citions plus haut une loi de Numa, où l'on avait établi une différence bien marquée entre l'homicide prémédité, et l'homicide par imprudence, ce qui nous prouve que l'on tenait compte de l'intention dans l'appréciation du crime, et dans l'application de la peine.

La loi des Douze Tables , que Cicéron (De oratore , 1. 44,) préfère pour la sagesse et l'utilité à tous les recueils des philosophes, et que Tacite appelle le complément de l'équité, *finis œqui juris,* prenait en considération l'intention de l'agent. Elle était dominée par ce grand principe que la peine ordinaire n'est réservée qu'au dol complet.

Quand les anciennes institutions se furent écroulées une à une, la décadence des mœurs allant toujours croissant, il fallut un frein puissant, plus complet, pour contenir les désordres de la société. Ce fut alors (vers la fin de la République) que l'on vit paraître des lois spéciales qui réglementaient avec soin les divers genres d'infractions (délits publics), et fixaient la peine à appliquer à chacune d'elles.

Toutes ces lois faisaient une large part à l'intention de l'agent, et l'absence plus ou moins sensible du *dolus malus* devenait immédiatement un *motif d'excuse, d'absolution ou d'acquittement.*

Elles se conservèrent sous l'Empire à peu près dans les mêmes conditions. Les rescrits impériaux et la jurisprudence leur adjoignirent diverses dispositions particulières.

Marcien, dans la loi (11, § 2, D. XLVIII, XIX, *de pœnis*) distingue entre les délits commis *proposito, impetu, casu.* « Delinquitur autem aut proposito, aut im-
» petu, aut casu. Proposito delinquunt latrones qui fac-
» tionem habent. Impetu autem, cum per ebrietatem ad
» manus, aut ad ferrum venitur. Casu verò, cum in
» venando telum in feram missum, hominem interficit. »

Dans le premier cas, *proposito*, voilà bien caractérisée la préméditation, le projet coupable dans toute son énergie ; dans le second, *impetu*, nous voyons le trouble porté dans l'intelligence, la volonté qui subit une influence ; quant au dernier cas, *casu*, il a trait à l'absence de *dolus malus*. Le jurisconsulte Marcien constate donc formellement le principe.

La distinction est encore plus nettement indiquée dans la loi 5 , § 2, *de pœnis*, par Ulpien : « Refert et
» in majoribus delictis, consulto aliquid admittitur
» an casu ; et sanè in omnibus criminibus distinctio
» hæc pœnam aut justam eligere debet, aut tempe-
» ramentum admittere. » Les mots *justam pœnam, temperamentum* correspondent aux mots *consulto, casu*, dans ce texte, qui fait si bien d'un côté la différence des cas, de l'autre celle des peines.

Un rescrit d'Adrien, loi 1, § 3, D. XLVIII, VIII, *ad legem Corneliam de Sicariis et Veneficiis*, tranchait la question pour le cas d'homicide : « Divus Hadrianus res-
» cripsit, eum, qui hominem occidit, si non occidendi
» animo hoc admisit, absolvi posse... » Les mots *absolvi posse* ne peuvent passer inaperçus ; ils indiquent que l'auteur du fait n'est pas absous de plein droit, que c'est au juge à apprécier qu'il aura la faculté de prononcer l'absolution. La fin de ce texte a aussi son importance..... « Sed si clavi percussit, aut cucuma
» in rixa, quamvis ferro percusserit, tamen non occi-
» denti animo, leniendam pœnam ejus, qui in rixa casu
» magis quam voluntate, homicidium admisit. » Dans ce cas, il fallait apprécier l'intention de l'agent, car il faut atténuer la peine, si le meurtrier n'a pas voulu donner la mort, mais a eu l'intention de frapper ou de blesser sa victime.

Voici un texte du Code qui a trait encore au *dolus malus ;* c'est une constitution de l'empereur Antonin (loi 1, C. IX, XVI. *Ad legem Corneliam de Sicariis* : « Qui si probaverit non occidendi animo ho-
» minem a se percussum esse, remissa homicidii pœna
» secundum disciplinam militarem sententiam profe-
ret...... » Il y avait intention mauvaise chez l'agent puisqu'il voulait frapper, mais l'intention n'était pas tout-à-fait criminelle, puisque l'agent n'avait pas résolu de donner la mort. La peine de l'homicide est alors écartée, et la fin du texte nous en donne la raison : « Crimen enim contrahitur si et voluntas no-
» cendi intercedat. Cæterum ea quæ ex improviso casu

» potius quam fraude accidunt, fato plerumque non noxæ imputantur. »

Dans la loi 5, au Code, liv. IX, tit. XVI, nous trouvons confirmé le même principe : « Eum, qui adseve-
» rat homicidium se non voluntate, sed casu fortuito
» fecisse, cum calcis ictu mortis occasio præbita vi-
» deatur ; si hoc ita est, neque super hoc ambigi poterit
» omni metu ac suspicione, quam ex admissæ rei dis-
» crimine, secundum id quod, adnotatione nostra
» comprehensum est, *volumus liberari.* »

Nous reviendrons plus loin sur ces deux textes, qui contiennent, le premier un cas d'excuse atténuante, le second un cas d'excuse absolutoire, ce qui justifie notre division pour les excuses : Excuses atténuantes ; Excuses absolutoires.

Un grand principe, du reste, domine notre matière : *In maleficiis voluntas spectatur, non exitus* (loi 14, D. XLVIII, VIII, *ad legem Corneliam de Sicariis*). Ce rescrit d'Adrien dit assez clairement, que l'on considérait surtout l'intention, et que l'infraction matérielle était reléguée au second plan. Il fallait qu'à cette dernière vînt se joindre un *dolus malus* complet pour que la peine ordinaire fût appliquée à l'agent. Une autre loi (loi 7) du même titre nous dit formellement, qu'il ne faut pas confondre le *dolus malus* avec la *culpa lata.* « In lege Cornelia dolus pro facto accipitur; nec in » hac lege culpa lata pro dolo accipitur. »

Parmi les infractions réprimées par les lois pénales romaines, nous avons porté notre choix sur l'homicide pour démontrer que l'absence partielle ou totale d'intention criminelle chez le meurtrier, était pour celui-ci

une cause d'atténuation ou d'exemption de la peine
Ce que nous avons dit à ce sujet du *dolus malus* peut
s'appliquer d'une manière générale, aux autres genres
d'infraction.

Dans les délits privés, l'absence plus ou moins prononcée du *dolus malus*, libère l'agent de tout ou partie
de la responsabilité qu'il a encourue. L'*infans* est déclaré incapable de commettre le *furtum*; il en est de
même de l'*impuber*, s'il n'est pas *jam doli capax* (loi
23. D, XLVII, II).

Si nous ouvrons les Institutes de Justinien, au titre
de *Furtis*, nous y trouvons cette maxime : *Furtum sine
affectu furandi non committitur* , qui a trait plus encore à la qualification du délit, qu'à l'appréciation de la
culpabilité. Aussi Pothier trouve-t-il le développement
de cette proposition dans la loi 44, § 1 *ad legem Aquiliam*, qui prévoit le cas où un tiers ira méchamment,
et dans l'intention de nuire prendre et faire disparaître des titres de créance appartenant à autrui : *furti
non tenebitur*, dit le jurisconsulte. En effet, le voleur
cherche un gain illicite, qu'on ne rencontre pas dans
l'espèce ; et c'est là ce qui constitue proprement l'*af-
fectus furandi*. « Interdum evenire Pomponius elegan-
» ter ait, ut quis tabulas delendo, furti non teneatur
» sed tantum damni injuriæ, utputa si non animo furti
» faciendi, sed tantum damni dandi delevit, nam furti
» non tenebitur : cum facto enim etiam animum furis
» furtum exigit. »

C'est ce qui résulte encore de la loi 22 Princip. ,
XLVII , II , *de Furtis* : « Si quid fur fregerit,

» aut rumperit, quod non etiam furandi contrectave-
» rit : ejus nomine cum eo furti agere non potest. »

L'influence de l'intention sur l'imputabilité, n'est pas
douteuse en matière des délits privés dans l'*actio inju-*
riarum. Ulpien dit, qu'il faut avant tout examiner l'intention. Ainsi, celui qui frappe en plaisantant, *per jo-*
cum, ne commet pas le délit d'injure : « Si quis per
» jocum percutiat , aut dum certat ; injuriarum non
» tenetur » (loi 3, § 3, D. XLVII, X, *de Injuriis et*
famosis libellis).

De même celui qui frappe un homme libre croyant
frapper un esclave ne commet pas le délit d'injure.
« Si quis hominem liberum occiderit, cum putat ser-
» vum suum, in ea causa est ne injuriarum teneatur »
(loi, 3, § 4, D. XLVII, X).

L'action *vi Bonorum raptorum* frappe celui-là seul
qui *dolum malum adhibuit. Hac actione is demum tenetur*
qui dolum malum adhibuit (loi 2, § 18, XLVII, VIII).

Labéon dit que l'action *vi bonorum raptorum* ne
pourra être intentée contre le *publicanus* qui envahit
de bonne foi le bien d'un contribuable. « Si publica-
» nus pecus meum abduxerit, dum putat contra le-
» gem vectigalis aliquid a me factum, quamvis erra-
» verit, agi tamen cum eo vi bonorum raptorum non
» posse, Labeo ait : sane dolo caret..... (Ulpien, loi 2,
§ 20, D. XLVII, VIII).

Si, en cas d'incendie, je détruis la maison du voisin
pour sauver la mienne, je ne serai pas poursuivi, parce
que « utique dolo careo » (loi 3, § 7, XLVII , IX,
de Incendio).

La loi Aquilia ne pourra pas m'atteindre, parce que poussé par la nécessité, j'ai agi sans mauvaise intention. C'est ce qui est constaté dans la fin du texte que nous venons de citer : « nec enim injuria hoc fecit , » qui se tueri voluit. »

Au titre *de Sepulcro violato,* nous trouvons encore un texte qui s'explique sur l'intention de l'agent en matière d'*extraordinaria crimina,* que l'on appelle aussi *privata crimina.*

« Doli non capaces (ut admodum impuberes, item » omnes qui non animo violandi, accedunt) excusati » sunt » (loi 3, § 1, D. XLVII, XII).

On ne pouvait poursuivre pour stellionat que ceux qui avaient agi dans une intention mauvaise, comme cela est mentionné dans le fragment suivant : « Stel- » lionatum autem objici posse his qui dolo quid fece- » runt, sciendum est » (loi 3, §, 1, D. XLVII, XX, *Stellionatus*).

Il n'y a pas d'adultère sans mauvaise foi (loi 12, D. XLVIII, V). Donc, toutes les fois que, soit par erreur, soit par violence, la femme subira un contact étranger, elle ne sera pas coupable.

Pour terminer ces quelques notions sur le *dolus ma-lus* et la *culpa,* disons que le jurisconsulte Paul observe dans son *Traité des instances publiques* (loi 7 , *ad leg. Cornel. de* Sicariis), que le dol, c'est-à-dire l'intention mauvaise et la faute lourde ne sauraient être assimilées en matière criminelle comme en matière civile, au moins en ce qui concerne l'application de la loi Cornelia de Sicariis. Ainsi qu'un ouvrier qui taille

un arbre, laisse tomber une branche sans crier gare,
et tue un passant, cet homicide n'est pas frappé des
peines édictées par la loi Cornelia.

TITRE I.

CAS DE NON IMPUTABILITÉ.

CHAPITRE PREMIER.

ALIBI.

L'alibi, à Rome, constituait un cas de non imputabilité, et Cicéron ne manque pas d'en parler dans son
Traité *de Inventione*, liv. 1 : « Si vos me istud a tem-
» pore fecisse dicitis, ego autem eo ipso tempore
» trans mare fui, relinquitur , ut id quod dicitis non
» modo non fecerim, sed ne potuerim quidem facere. »
Il est impossible de mieux caractériser la circonstance
d'alibi, que peut invoquer un accusé pour repousser
l'accusation dirigée contre lui.

CHAPITRE II.

AGE.

Les jurisconsultes romains, pour donner toujours à
la loi une apparence scientifique , avaient divisé le
cours entier de la vie humaine en périodes de sept années. L'enfance occupait la première période, la puberté la seconde. Ces quatorze premières années furent
appelées *impuberté*. Les jurisconsultes, avides de com-

paraison et d'analogie, comparaient l'impuberté tantôt
à l'état de fureur et de démence, tantôt, avec plus de
justesse, à l'imprudence ou à l'ignorance. Ils éta-
blirent en principe que les impubères étaient comme
les fous et comme ceux qui ne savent pas ce qu'ils
font, incapables de dol. « Vi bonorum raptorum actio in
« impuberem qui doli mali capax non est, non dabitur »
(loi 2, § 19, D. XLVII, VIII, *de vi bonorum raptorum*).

On divisa d'abord la seconde période. La première
moitié des sept années dont elle se compose fut réunie
à l'enfance, qu'on déclara à l'abri de toute punition.
L'autre moitié, plus voisine de la puberté, fut réunie
aux sept années qui vont jusqu'à la majorité, et fit
avec elle une seule période, pendant laquelle, disait-
on, l'homme est sans doute capable de dol, mais non
de dol complet ; on accorda donc à cette période une
excuse remise à l'arbitraire du magistrat qui, modé-
rant alors sa sévérité, accordait quelque faveur à l'accusé et mitigeait la peine.

En matière d'âge, voici un texte formel du jurisconsulte Paul, qui consacre un principe général, loi 108
D. De regulis juris. Dans presque toutes les affaires
criminelles, dit-il, on tient compte de l'âge, « œtati
« succurritur. Fere in omnibus pœnalibus judiciis, et
« œtati, et imprudentiœ succurritur. »

Voici encore une loi qui contient une disposition générale : « Sane sunt quidam, qui injuriam facere non
« possunt, utputa furiosus et impubes, qui doli capax
« non est (loi 3, § 1, D. XLVII, X.) ».

L'impubère n'était pas poursuivi en matière de faux
et il ne pouvait encourir la peine portée par l'édit, parce
que son âge le réputant incapable de dol, il était censé
incapable d'un crime de faux. « Impuberem in hoc
edictun incidere dicendum non est, quoniam falsi crimine vix possit teneri, cum dolus malus in eam ætatem
noncadit (loi 22, princip. Paul, lib. sing. Ad Sc. Libon.
D. XLVIII, X), »

En matière de fausse monnaie, les impubères ne
devaient éprouver aucune perte, ni être soumis à
aucun supplice, parce que leur âge est dénué de jugement. « Impuberes verò, etiamsi conscii fuerint nul-
« lum sustineant detrimentum; quia ætas eorum quid
« videat, ignorat (loi 1 *in fine*. Code, *De falsa Moneta*,
IX, XXIV). »

Modestin au livre 8 de ses Règles, nous présente un
cas de non imputabilité, fondé sur l'âge de l'agent.
« Infans vel furiosus, si hominem occiderint, lege Cor-
« nelia non tenentur : cum alterum innocentiæ consilii
« tuetur, alterum fati infelicitas excusat. (Loi 12, D.
XLVIII, VIII. *Ad leg. Cornel. de Sicariis*). »

Jusqu'à l'âge de 10 ans, l'enfant était encore comme
proche de la première enfance, *proximus infantiæ*, et
incapable d'une pensée criminelle, *non doli capax*.

Mais si la même présomption continuait de l'accompagner jusqu'à l'âge de puberté, 12 ou 14 ans suivant
son sexe, la preuve contraire était alors admise, suivant la Maxime *Malitia supplet œtatem*, et l'impubère
pouvait être puni, *Si proximus pubertati sit, et ob id*

intelligat, se delinquere. (Inst. lib. IV, I l. 23, D. *de Furtis* l. 111, D. *de Regulis Juris*).

Depuis la puberté jusqu'à 18 ans, où le pubère devenait mineur, et même jusqu'à 25 ans, époque de la majorité, la loi n'établissait plus d'autre différence que dans la qualité et la nature de la peine, toujours plus faible pour les mineurs (loi 7, Code *De Pœnis*, loi 37 *De Minoribus*, loi 1, D. *Ad. Sc. Sillan*).

En matière d'adultère, voici ce que nous constatons dans la loi suivante: *Si minor XXV annis*, nous dit Papinien, « adulterium commiserit, lege Julia tenetur « quoniam tale crimen post pubertatem incipit (loi 36, « D. XLVIII, V, *Ad leg. Jul. de adult*). » Ici le mineur de 25 ans est nécessairement coupable, aussi la loi conserve pour lui toute sa rigueur. Il n'en sera pas de même de l'impubère, la fin de la loi citée le prouve très clairement: *Tale crimen post pubertatem incipit*, donc dans l'espèce, l'impuberté constitue un cas de non culpabilité. Quant à l'infans, il est évident que dans l'espèce il doit être mis de côté.

Pomponius déclare que l'impubère ne peut commettre de *fraudem capitalem* (loi 23, § 2, *in fine*, D. XXI, I, *De œdilitio edicto*). Or, Ulpien appelle (*eod. suprà*) *fraus capitalis*, celle qui peut entraîner une peine capitale comme châtiment de l'infraction commise, mais il faut que cette dernière ait été perpétrée *dolo malo et per nequitiam*. La déclaration de Pomponius amène cette conséquence logique, que l'impubère est présumé incapable d'avoir le *dolus malus*, et la *nequitia*. Ce n'est que tout autant qu'il les a eus d'une manière certaine,

visible, que l'on peut prononcer contre lui une peine
capitale ; c'est dans ce sens que les Institutes parlent
de sa déportation (Inst. I, XXII, § I, *Quibus modis
tutela finitur*).

CHAPITRE III.

CAS D'ALIÉNATION MENTALE, DÉMENCE, FOLIE.

Dans l'antiquité, on croyait généralement que la Folie venait des Dieux, et que le malade était possédé par
un de ces génies malfaisants, qui, dans l'opinion des
Grecs, présidaient souvent à la destinée des hommes.
De là, cette crainte superstitieuse qu'inspiraient les
malheureux privés de raison, et les cérémonies expia-
toires (*piatio*) que l'on employait pour conjurer les
mauvais esprits dont ils étaient tourmentés. (Plaute,
Menechmes, acte II, scène II, v. 14 et suiv. Varron
De Re Rustica. 1. 2, ch. 1 et 4).

Les prêtres étaient leurs médecins, et ils joignaient
aux cérémonies religieuses, certains soins hygiéniques
dont tous les bons effets étaient attribués à quelque di-
vinité tutélaire. Ce fut Hippocrate qui reconnut la nature véritable de cette infirmité humaine, et chercha
des moyens plus efficaces pour la guérir.

Il essaya de la traiter par l'ellébore, et c'est par là
que l'île d'Anticyre qui le produisait, est devenue
célèbre.

Anticyrum naviget, dit Horace, satire III, liv. II,
v. 166.

Qu'il aille à Anticyre guérir sa folie !

Anticyris tribus caput insanabile, tête que trois An-
ticyres ne guériraient pas de la folie.

Mais malgré ce progrès de la science, il paraît certain que les Grecs ne se préoccupèrent pas autrement
du sort des aliénés, et ne créèrent pas d'établissements
pour les recevoir. A Rome, il n'y eut pas non plus
d'établissements publics ou privés affectés au traitement
des fous. Ils étaient confiés ordinairement aux soins de
leur famille et la loi imposait même ce devoir aux en
fants, sous une pénalité qui devait être pleine d'efficacité. (loi 28, Code, Authent. *ut cum De episcop.
audient.* I, IV).

Si les aliénés ne pouvaient être recueillis dans leur
famille, c'était à l'administration, qu'il appartenait de
prendre toutes les précautions nécessaires pour soustraire la société aux dangers que leur fureur ou leurs
excès pouvaient lui faire courir. Les Présidents des provinces devaient au besoin les faire enfermer dans des
prisons publiques, *carceres* (loi 13, § 1, D. *de off.
Præsid.*). Nous aurons de nouveau occasion de citer
dans le cours de notre travail cette loi.

Si au point de vue de leur traitement et de leur
condition dans la société romaine, les personnes attein-
tes d'insanité d'esprit étaient peu favorisées, au point
de vue de leurs biens, la loi romaine dès le principe
se montra prévoyante.

Déterminons d'abord le sens du mot folie, dans la
langue du droit Romain.

Dans les textes des lois Romaines et les ouvrages

des commentateurs, nous rencontrons fréquemment les expressions suivantes : *Furiosus, Demens, Mente captus*, (Inst. §§ 3, 4, *De Curator.* — D. XXVII, X. — C. V. LXX).

Ces expressions nous offrent les nuances les plus caractéristiques que présente chez les Romains au point de vue du droit, l'insanité d'esprit. Nous les trouvons toutes réunies dans un passage de Cicéron in Pisonem cap. 20 : « Ego te non vecordem, non fu-« riosum, non mente captum, non tragico illo Oreste « athamante dementiorem putem. »

Souvent les mots Furor et Dementia sont employés par les Romains, comme synonymes d'aliénation mentale, ainsi qu'on peut le voir dans la loi 14, D. *De off. Præsid.*, et quelquefois aussi, ils gardent leur signification propre de fureur, de démence. Le Furiosus dans ce dernier cas, est la personne qui se livre à des actes violents et dangereux, et dont la maladie se traduit par une espèce de rage, « *quâdam animi rabie,* » (Vinnius, tit. *de Curat.* comment. des Inst. de Justin.)

Le Demens a une folie tranquille quant aux actes, mais elle se révèle par le désordre et l'incohérence, ou l'extravagance des pensées, et quelquefois même par une absence complète de toute intelligence, ou bien par une lueur si faible, qu'on peut dire qu'elle est nulle. C'est alors plus particulièrement l'état du *mente captus*, de l'idiot, de l'imbécile.

Tous les actes de l'insensé étaient nuls en droit Romain, tel était le principe, car on ne lui reconnaissait ni intelligence, ni volonté ; lorsque la loi attachait à ses actes certains effets, elle les considérait non pas comme des effets juridiques, mais comme des faits purs et simples n'exigeant aucun concours de volonté. Cette irresponsabilité dans les actes de la vie civile, nous la retrouvons en droit Romain, pour les délits et les crimes commis par une personne en démence.

Quant au motif de cette irresponsabilité, la loi romaine était loin d'être aussi complète et logique en droit pénal, que sur les matières du droit civil. Celui que nous voyons indiqué dans le plus grand nombre de textes que nous possédons, est loin d'avoir une valeur réelle. Nous pourrons, du reste, l'attribuer à la faiblesse de la législation romaine sur ce point, à l'idée erronée qu'on s'était faite primitivement de la folie. C'était un fléau, un malheur envoyé par les Dieux, comme nous le disions plus haut. Le *furiosus* agissait sous l'empire des dieux infernaux, ou de divinités funestes qui se plaisaient à torturer les hommes et l'excitaient à commettre des crimes contre ses semblables. Aussi la société ne devait-elle pas pouvoir exercer une répression contre un agent qui était déjà assez malheureux d'être possédé par un mal si affreux et si terrible : « *Fati infelicitas excusat; satis ipso furore punitur.* » La folie n'est-elle pas en elle-même un peine, un châtiment bien assez grand, sans encore y ajouter la rigueur des lois criminelles?

Cela ne semble pas digne d'un législateur sérieux ; il ne s'agit pas de savoir si l'agent est suffisamment malheureux de se trouver privé de ses facultés intellectuelles, mais s'il a eu conscience de ce qu'il a fait,

et un autre texte du Digeste le formule très-bien :
Injuria enim ex affectu facientis consistit. Un fou n'est
pas plus responsable du mal qu'il fait, *quam si pau-
periem pecus dederit, aut tegula ceciderit* (loi 9, § 2,
D. *ad leg.* Pomp. XLVIII, IX ; l. 5, § 2, D. *ad leg.
Aquil.*, IX, II ; l. 22, § 2, D. *de œdil. edic.* XXI, I,
l. 12, D. *ad leg. Corn. de Sicar.* XLVIII, VIII).

On peut juger, par la lecture de ces textes, que la
loi romaine, tout en arrivant à un but très-équitable,
était partie d'un point de vue peu rationnel.

L'humanité, le malheur des hommes peuvent certainement être pris en considération dans toute législation criminelle ; mais c'est surtout au point de vue
philosophique, que dans l'application de la peine, le juge
se montre moins rigoureux. L'homme malheureux n'est-
il pas responsable de ses actes comme l'homme heureux ?
Le juge doit-il s'apitoyer sur les infortunes humaines,
de manière à tromper la vindicte publique dans la
répression des attentats contre la société ? Toutes ces
règles ont, du reste, été soutenues dans les législations qui ont suivi le Droit romain.

Le jurisconsulte Ulpien nous donne cependant un
motif beaucoup plus plausible de cette irresponsabilité.
« *Quœ enim in eo culpa sit, cum suœ mentis non sit* »
(l. 5, § 2, D. *ad leg. Aquil.*). Comment comprendre un
crime de la part d'une personne qui n'a pas sa raison ?
Voilà certainement le motif philosophique et rationnel
de la non imputabilité des faits commis par une personne en démence. L'intelligence, la volonté lui font
défaut, elle ne peut donc avoir l'intention de com-

mettre l'un ou l'autre. Elle agit, pour ainsi dire, instinctivement, sans pouvoir raisonner, ni vouloir l'acte qu'elle accomplit : « Namque hi pati injuriam » solent non facere, cum enim injuria ex affectu facien- » tis consistat » (l. 3, § 1, D. *de inj. et fam. lib.*). Ce qui fait le crime, ce qui constitue le criminel, c'est la perversité de l'acte connue de l'agent, c'est l'intention, la volonté de le commettre.

Quoi qu'il en soit des motifs de la loi romaine, il est certain que l'agent criminel en démence n'était pas responsable de ses actes; il n'était pas coupable, il ne devait, par conséquent, encourir aucune pénalité.

Plusieurs espèces, rapportées par les lois romaines, nous permettent d'établir ce principe.

En matière criminelle, la distinction du *mente captus* et du *furiosus*, avait une grande importance. La science avait constaté chez le *furiosus*, non pas l'absence de l'intelligence, mais seulement le trouble, la maladie de cette faculté, et c'est ainsi qu'elle expliquait ses actes insensés et bizarres. Mais aussi elle reconnaissait que le mal pouvait céder pour un instant, et faire place à la saine raison.

Partant de là, les jurisconsultes romains admettaient que le *furiosus*, avait des intervalles lucides ou moments de raison, pendant lesquels le malade recouvrait l'exercice de ses facultés intellectuelles, et de ce principe, ils tiraient des conséquences juridiques.

Mais il n'en était pas de même pour le *mente captus* qui, atteint la plupart du temps d'un mal originaire et perpétuel, pouvait à peine concevoir des idées. «Mente

» captus, in quiete est, nec ulla fere signa ostendit
» extrinsecus, quod vitium plerumque naturale et per-
» petuum est. » (Vinnius, T. *de curat.*, *comm. des Inst.*
de Just.)

Quant au *demens*, il se rapprochait plus du *mente
captus*, en ce sens que chez lui les intervalles lucides
étaient très-rares, cependant ils étaient possibles.

Aussi, les règles du droit, applicables au *furiosus*,
l'étaient également au *demens*.

Comme il était admis que dans ses moments de raison, le *furiosus* agissait valablement, en matière civile,
de même, lorsqu'il se rendait coupable d'un crime,
pendant un intervalle lucide, il recouvrait toute sa
responsabilité, et tombait sous l'application de la loi
pénale. Nous disions que cette question jouait un
grand rôle, car dans la recherche si délicate et si difficile de la culpabilité, le juge devait bien certainement
examiner le fait en lui-même, mais lorsque l'état mental d'un agent était celui d'un *mente captus*, d'un idiot,
d'un imbécile, ce devait être pour lui un motif déter-
minant d'acquittement.

Dans tous les cas, du reste, la loi romaine nous indique bien, avec quelle scrupuleuse attention il lui était
recommandé de chercher à connaître exactement l'état
mental de l'agent, au moment du fait incriminé. Non
seulement il pouvait y avoir un intervalle lucide, et
c'était un point très-embarrassant à déterminer, mais
encore le criminel pouvait feindre la folie, et en trom-
pant le juge, échapper au châtiment.

Nous n'avons trouvé dans les lois romaines, aucun

texte caractérisant la folie partielle, appelée de nos jours Monomanie, comme une folie qui rendait irresponsable l'agent et écartait l'application d'une peine ; c'est la folie d'une personne qui ne déraisonne que sur un point et qui sur tout le reste fait usage de sa raison, comme cet homme dont parle Horace :

> Fuit haud ignobilis Argis
> Qui se credebat miros audire tragœdos
> In vacuo lætus sessor, plausorque theatro
> Cœtera qui vitæ servabat munia recto
> More.
> (*Horat.* Ep. lib. 2, Ep. 2, v. 128-135).

Ces quelques notions générales sur la terminologie des Latins, et sur les variétés sous lesquelles ils comprenaient l'aliénation mentale, vont nous permettre d'aborder plus facilement l'analyse des différents textes du Droit romain.

Nous avons cru ne pas devoir nous appesantir davantage sur l'examen des différentes expressions qui, chez les Romains, caractérisaient le trouble de l'intelligence : il nous a paru inutile de développer ce qu'il convenait seulement d'indiquer pour la bonne intelligence des textes.

Voici le principe général, auquel est particulièrement soumise notre matière : « *In maleficiis voluntas spectatur non exitus.* »

Le fou, agissant sans intention, ne peut être responsable ; aussi, la société n'aura pas le droit de le punir.

Si nous parcourons les différentes dispositions de la législation romaine, en matière de crimes, nous

rencontrons, pour le crime le plus grave et en même
temps le plus rare, le texte suivant : « Sane si per
» furorem aliquis parentem occiderit, impunitus erit,
» ut divi fratres rescripserunt super eo, qui per furo-
» rem matrem necaverat : namsufficere, furore ipso eum
» puniri; diligentiusque custodiendum esse, aut etiam
» vinculis coercendum (L. 9, D. XLVIII. IX).

Le crime de parricide, comme les autres, ne peut
être imputé qu'à ceux qui conservent l'usage de leur
raison ; aussi le furieux, qui dans un accès de fureur,
aura tué son père ne doit pas être puni ; c'est ce que
disent les deux frères, dans un rescrit, par rapport
à un individu qui dans cet état avait tué sa mère ; *nam*
sufficere furore ipso eum puniri, un fou est assez puni
par son malheur. Comme son état est digne de pité
et réclame l'assistance, il faudra le garder avec plus
de soin et l'enchaîner. Modestin, dans la loi 12 au
D. XLVIII. VIII, s'appuie sur une doctrine plus vraie
et plus humaine que celle des deux empereurs, lorsque
mettant l'infans et le fou sur la même ligne, il s'exprime
ainsi : « Infans vel furiosus si hominem occiderint lege
» Cornelia non tenentur ; cum alterum innocentia con-
» silii tuetur, alterum fati infelicitas excusat. » Si l'infans ou le furiosus commettent un meurtre, ils ne tom-
beront pas sous le coup de la loi Cornelia, la justice
ne pourra les frapper. Son bras restera désarmé devant le malheur.

Au titre *de Lege Julia majestatis*, le jurisconsulte
Modestin, dit qu'il faudra examiner si le coupable
« *sanœ mentis fuerit.* » Le Code dans la loi 4, C. IX,

VII est encore plus explicite : « *Si ex insania misera-tione dignissimum.* »

Les lois 13, § 1 et 14, D. *De off. presid.* I. XVIII, que nous allons expliquer, nous présentent toute la théorie romaine, en matière d'insanité d'esprit. Ulpien, dans cette loi, s'exprime ainsi : « ꞌSane excutiendum » divi fratres putaverunt in persona ejusqui, parrici-» dium admiserat, utrum simulato furore facinus admi-» sisset, an vero revera compos mentis non esset ; ut si » simulasset, plecteretur : si fureret, in carcere conti-» neretur. » Si l'on reconnaissait que la folie de l'agent était feinte, et s'il était établi que le prétendu fou, jouissait de sa raison, on lui appliquait la peine, sinon il était absous, mais alors comme sa folie pouvait en-traîner de nouveaux malheurs, on le faisait enfermer, par mesure de sûreté publique.

C'est dans la loi 14 (D. I, XVIII, *de off. præsid.*) que nous allons trouver parfaitement caractérisée la question des intervalles lucides.

Dans un rescrit de Verus et de Marc-Aurèle, suivant Modestin mais attribué par le jurisconsulte Macer à Marc-Aurèle et à Commode, et rapporté par lui dans son ou-vrage sur les *Judicia publica*, il est dit qu'il n'y a pas lieu d'appliquer les peines édictées par la loi *Pompeia de parricidiis.* Ces empereurs avaient été consultés par le président Tertyllus Scapulla, pour savoir ce qu'il fallait faire dans le cas suivant : un fou, du nom d'Elius Priscus, avait tué sa mère dans un moment de fureur. Les empereurs répondirent que, s'il était évident que le parricide avait agi sous l'empire d'une folie telle que l'aliénation mentale fût complète et ne lui laissât aucune espèce de raison, et que s'il était impossible de soupçonner la simulation de la démence, on ne devait pas punir le fou ; mais il fallait l'enfermer avec beaucoup de précaution, et même l'enchaîner si ·cela était nécessaire. Cette mesure ·aurait non-seulement un caractère de pénalité, mais encore ce serait une protection pour le fou lui-même , et une sécurité pour ses parents. Si, au contraire, la folie présentait des intervalles pendant lesquels le fou aurait pu recouvrer sa raison, les empereurs recommandaient de bien examiner si le parricide n'avait pas pu commettre son crime pendant un de ces intervalles ; alors sa folie ne le ferait plus considérer comme irresponsable, et il devrait être puni.

Nous rapportons le rescrit que nous venons d'expliquer : « Si tibi liquido compertum est, Ælium Priscum
» in eo furore esse, ut continua mentis alienatione
» omni intellectu careat ; nec subest ulla suspicio,
» matrem ab eo simulatione dementiæ occisam; potes
» de modo pœnæ ejus dissimulare, cum satis furore
» ipso puniatur, et tamen diligentius custodiendus
» erit : ac, si putabis, etiam vinculo coercendus ; quo-
» niam tam ad pœnam, quam ad tutelam ejus, et secu-
» ritatem proximorum pertinebit. Si vero, ut plerum-
» que adsolet, in intervallis quibusdam sensu saniore,
» num forte eo momento scelus admiserit, nec morbo
» ejus danda est venia. diligenter explorabis : et, si quid
» tale compereris, consules nos, ut, æstimemus an
» per immanitatem facinoris, si cum posset videri,

» sentire commiserit, supplicio adficiendus. sit. »

Le motif invoqué par les empereurs, dans leur rescrit adressé à Scapula, nous montre combien était
défectueuse la théorie romaine sur le droit de punir.
Nous en trouvons la preuve dans cette solution donnée
dans le même rescrit pour le cas où, le crime aurait été
commis dans un intervalle lucide et qui devrait être
étendue évidemment au cas où le crime aurait été commis avant la maladie mentale : *Nec morbo ejus danda
est venia.*

Ainsi, quand le crime avait été commis, au moment
où l'accusé était en pleine sanité d'esprit, la folie ne
mettait pas obstacle à son jugement et n'empêchait
pas non plus l'exécution de la sentence. Tel était du
moins le principe dans toute sa rigueur ; mais il faut
remarquer que Marc-Aurèle et Commode recommandent
à Scapula Tertyllus de leur renvoyer la connaissance
de la cause, s'il estime que l'aliéné dont il s'agit dans
l'espèce, Elius Priscus, a tué sa mère dans un intervalle lucide : « Si quid tale compereris, consules nos
» ut æstimemus an per immanitatem facinoris, si cum
» posset videri sentire commiserit, supplicio adficien-
» dus sit.

En matière de droit pénal privé, la non-responsabilité civile repose sur la même base que la non-responsabilité pénale. Ulpien, dans la loi 5, § 2, D. IX. II.
ad legem aquiliam, assimile encore l'*infans* et le *furiosus.* La loi aquilia n'est pas plus applicable que si le
dommage provenait de la faute d'un animal, ou de la
chute d'une tuile. Comment l'insensé serait-il coupa-

ble, dit le jurisconsulte, puisqu'il n'a pas sa raison :
« Quæ enim, in eo culpa sit, *quum suæ mentis non sit* ?

» Si furiosus damnum dedit, an legis aquiliæ actio
» sit ? et Pegasus negârat : quæ enim in eo culpa sit,
» quum suæ mentis non sit? »

Dans la loi 3, § 1, *de injur. et famosis libel.* Ulpien
compare le *furiosus* à l'impubère qui n'est pas encore
doli capax. Le délit d'injure ne peut lui être imputé,
poursuit-il, puisque l'injure est tout entière dans l'intention. « Sane sunt quidam qui (injuriam) facere non
» possunt, utputa furiosus et impubes qui doli capax
» non est : namque hi pati injuriam solent, non facere ;
» cum enim injuria ex affectu facientis consistat, con-
» sequens erit dicere, hos sive pulsent, sive convicium
» dicant, injuriam fecisse non videri. »

Il ne peut y avoir chez ces agents d'intention coupable, puisqu'il n'y a pas discernement.

De toutes ces lois, il résulte donc bien que le *furiosus* qui commettait un acte punissable ne devait pas
être puni, condamné. La folie, en droit romain, faisait
disparaître la responsabilité chez l'agent, soit parce
qu'on voyait dans son mal l'excuse de son crime, ou
une peine déjà bien suffisante, soit parce que la volonté
et l'intelligence n'avaient pas présidé à l'accomplissement de son crime.

CHAPITRE IV.

CONTRAINTE.

Comme pour les cas d'aliénation mentale, nous
n'avons pas trouvé dans la législation romaine, une
théorie sur la contrainte aussi nettement établie pour
le droit pénal que pour le droit civil, et nous avons
eu recours aux principes du droit civil, pour compléter
les règles de la question en matière criminelle. Cependant, il existe au Digeste quelques dispositions qui
nous suffisent pour ranger parmi les cas de non culpabilité, la contrainte. Ces textes sont précis et démon-
trent clairement que les jurisconsultes romains voyaient
dans la contrainte un cas de non-responsabilité.

Nous déclarons qu'à la lecture des différents passages du Digeste qui ont trait à la contrainte, on ne peut
admettre l'application absolue de la morale stoïcienne
à la théorie de la contrainte.

Suivant la philosophie stoïcienne, la crainte, si
grande qu'elle puisse être, n'est pas un motif suffisant
pour faire le mal, et la violence morale, même en cas
de péril de mort, ne peut exclure la pénalité, car l'injustice ne perd rien de son caractère, pour avoir été
commise sous l'empire d'un grand et puissant danger,
l'homme devant se déterminer à mourir, plutôt que de
se laisser aller à commettre une action mauvaise. Mais
c'est là de la grandeur d'âme que l'on doit admirer ;

et dans la législation romaine, comme dans les législations modernes, on ne pouvait punir celui qui n'avait pas eu la force de s'élever à cette hauteur morale.

En nous reportant à la théorie du *dolus malus*, nous verrons que la doctrine stoïcienne n'a pas eu une influence considérable, car, nous le disions plus haut, nous trouvons des cas où la contrainte morale constituait un cas d'irresponsabilité. A Rome, lorsque l'adultère avait été commis à l'aide de la violence, la femme n'était pas punissable. C'est ce qui est constaté dans la loi 13, § 7, D. XLVIII. V, *ad leg. Jul. de adult.*
« Si quis plane uxorem suam, cum apud hostes esset,
» adulterium commisisse arguat, benignius dicetur,
» posse eum accusare jure viri : sed ita demum adul-
» terium maritus vindicabit, si vim hostium passa
» non esset ; cæterum quæ vim patitur, non est in
» ea causa, ut adulterii vel stupri damnetur. »

Il y a là un cas de contrainte physique résultant d'un fait de l'homme ; l'agent dans ce cas est irresponsable.

Aussi, la femme victime d'un viol doit-elle être considérée comme innocente de *stuprum* ou d'adultère.

Chez elle, le *dolus malus*, l'intention mauvaise faisant défaut, elle ne pouvait commettre un acte coupable.

Nous trouvons dans un fragment de Papinien une disposition semblable : on demandait si la sentence du président de la province comprend la femme à qui on a fait violence. J'ai répondu qu'elle n'avait point en-

couru la peine de la loi Julia sur les adultères, quoique, par pudeur, elle eût défendu de révéler l'injure qu'elle avait reçue, à son mari. « Vim passam mulie-
» rem, sententia præsidis provinciæ continebatur ; in
» legem Juliam de adulteriis non commisisse respondi ,
» licet injuriam suam, protegendæ pudicitiæ causa,
» confestim marito renunciari prohibuit » (loi 39 ,
princip. D. XLVIII. V).

Cela s'accorde avec ce que disent Dioclétien et Maximien dans un rescrit : Les lois punissent l'horrible dissolution des femmes qui s'abandonnent aux passions des autres, mais non celles qui n'ont cédé qu'à la violence. Il est même reçu que leur réputation n'en souffre pas et qu'elles n'en peuvent pas moins être mariées. « Fœdissimam earum nequitiam, quæ pudorem
» suum alienis libidinibus prosternunt, non etiam ,
» earum, quæ per vim stupro compressæ, irreprehensa
» voluntate, leges ulciscuntur : quin etiam inviolatæ
» existimationis esse, nec nuptias earum aliis inter-
» dici, merito placuit. » (Loi 20. C. IX. IX).

Les mots, *quæ per vim et irreprehensa voluntate*, caractérisent bien exactement le cas de non-responsabilité; la volonté n'existant pas, par suite de la violence, il n'y a pas culpabilité chez l'agent, il est innocent.

Celui qui n'a pas défendu son chef, lorsqu'il le pouvait, doit être assimilé à celui qui l'a tué; mais s'il n'a pu résister, il faut lui pardonner (D. l. 6, § 8, *de re milit*. XLIX. XVI).

On peut logiquement conclure que la contrainte physique provenant du fait de l'homme constituait un cas d'irresponsabilité ; il devait en être de même pour la contrainte résultant d'un événement fortuit.

Les cas de contrainte morale sont nombreux, et nous trouverons plus facilement des exemples pour les délits privés que pour les délits publics, ce qui s'explique par l'immense latitude d'appréciation abandonnée au juge criminel.

Voici des textes où le législateur romain prenant en considération la faiblesse de la plupart des hommes, décide que si la crainte est de nature à ébranler un grand courage, s'il s'agit, pour échapper par un délit à un grand mal physique ou moral, comme à la perte de la vie, de la liberté d'un membre, à celle de l'honneur, et quelquefois des biens, il n'y aura pas de culpabilité. Celse, dans la loi 49, § 1, *ad leg. Aquil.*, dit que celui qui a détruit les édifices voisins pour empêcher l'incendie de sa maison, sera à l'abri de la loi Aquilia, parce qu'il a agi sous l'empire de la crainte. « Ut Celsus scribit circa eum , qui incendii arcendi » gratiâ vicinas ædes intercidit : nam hic scribit ces- » sare legis Aquiliæ actionem : justo enim metu duc- » tus, ne ad se ignis perveniret, vicinas ædes inter- » cidit, et sive pervenit ignis , sive ante extinctus » est, existimat, legis Aquiliæ actionem cessare. »

Ce que dit Celse dans la loi 49, est confirmé par la loi 3, *de incend.* dont nous avons déjà parlé : « Si de- » fendendi mei causâ vicini ædificium orto incendio » dissipaverim , et meo nomine, et familiæ, judicium » in me dandum ? Cum enim defendendarum mearum » ædium causâ fecerim, utique dolo careo » (l. 3, § 7, D.

XLVII, IX). Je ne serai pas poursuivi, parce que *utique dolo careo*. Ulpien ajoute : « An tamen agi cum hoc » possit? et non puto agendum : nec enim injuria hoc » fecit, qui se tueri voluit, cum alias non posset. » Je serai à l'abri de la loi Aquilia, parce que contraint par la nécessité, j'avais agi sans mauvaise intention, *nec enim injuria*.

Ajoutons qu'il faut que le péril soit de nature à inspirer l'effroi et à jeter le trouble dans l'esprit de l'agent : *nam vani timoris excusatio non est*.

CHAPITRE V.

IGNORANCE.. ERREUR.

Deux titres, l'un au Digeste, l'autre au Code, s'occupent de l'ignorance de fait, et de droit. Il résulte des textes de ces titres que le mot *ignorantia* s'entend aussi de l'*error*.

Dans la loi 9, D. XXII, VI, *de juris et facti ignorantia*, nous trouvons nettement établie la distinction qui sépare l'ignorance de droit de celle de fait : « Regula » est, juris quidem ignorantiam cuique nocere, facti » vero ignorantiam non nocere. » Cette distinction est confirmée par Ulpien à propos de la note d'infamie : « Ignorantia enim excusatur non juris, sed facti » (l. 11, §, 4, D. III, II, *de His qui notant. infam.*

§ 1.

Ignorance et erreur de droit.

Voici deux textes d'après lesquels, on serait porté à conclure que l'ignorance et l'erreur de droit en matière pénale n'excluaient pas la responsabilité. « Constitutio-
» nes principum nec ignorare quemquam, nec dissi-
» mulare permittimus » (l. 12, C. I, XVIII, *de Jur. et fact. ignor.....*) « et ne vel iis venia detur, qui se
» ignorâsse edicti severitatem prætendant » (l. 15, D. XLVIII. X, *de lege Corn. de Falsis*).

Cependant, il existe des textes où nous pouvons constater l'absence de responsabilité reconnue. Ce n'est, il est vrai, que d'une façon exceptionnelle, en faveur de certaines personnes et au sujet de certaines infractions. Ces personnes étaient les femmes, les mineurs, les pérégrins, les ignorants, les soldats.

Le sénat avait décidé que la loi Cornelia *de Falsis*, ne serait pas appliquée à une fille qui avait écrit un legs en sa faveur dans le testament que sa mère avait dicté, à raison de leur ignorance dans le droit, « quæ
» dictante matre suâ, per ignorantiam juris legatum
» sibi scripserat » (loi 15, § 5, D. XLVIII, X, *de lege Corn., de Falsis*).

Celui qui a récité ou produit devant le Président un acte faux n'est puni extraordinairement, qu'autant qu'il l'a sciemment fait ; et il en est de même de toutes les espèces de faux, parce qu'on ne commet pas un crime sans dol (lib. 31, Callist., lib. 3, *de cognit*).

La femme ne doit être punie comme son complice, que lorsqu'elle a commis l'inceste du droit des gens; car si elle n'a fait que ne pas observer notre droit, elle sera excusée du crime d'inceste (l. 38, § 2 D. XLVIII. V).

Paul dit également sur l'inceste du seul droit civil que « si quelqu'un a épousé sa cousine germaine, on fait grâce à celle-ci en faveur de son fgnorance du droit; mais on punit celui-là de la peine de la loi Julia contre les adultères, et on ne punit que lui. » (Paul, *Sent.*, lib. 2, tit. 19, § 14.)

La femme qui se désiste d'un accusation de faux en négligeant de faire connaître les motifs de sa conduite, est exemptée de la peine, en vertu du sénatusconsulte Turpilien. Peu versées dans la science du Droit, les femmes *in jure errantes* sont exemptées du châtiment entraîné par le crime d'inceste (l. 38, § 4, D. XLVIII. V). *ad leg. Jul. de Adult.*); il faut toutefois qu'il s'agisse de l'inceste défendu par le droit civil, et non de celui que prohibe le droit des gens.

Les mineurs, en matière d'inceste, sont traités comme les femmes (loi 4, C. V, V).

La *rusticitas* et l'*imperitia*, impliquant un défaut de développement des facultés intellectuelles, entraînent l'*ignorantia juris*, et constituent une excuse pour l'agent. Il y a une application de ce principe dans le passage suivant : « ..... Si forte per imperitiam, vel » per rusticitatem, ignarus edicti prætoris, vel sena- » tusconsulti aperuit, æque non tenebitur » (l. 3, § 22, D. XXIX. V).

Voici un cas particulier d'ignorance entrainant une excuse : « ..... Sed et ignorantia adhuc disciplinam » tironi ignoscitur (1. 4, § 15, D. XLIX, XVI).

§ 2.

Ignorance et erreur de fait.

L'Ignorance et l'Erreur de fait, quand le *dolus malus* n'existait pas, entrainait l'acquittement du prévenu, à qui le fait n'était pas imputable, puisqu'il avait agi sans intention mauvaise.

Voici des textes dans lesquels l'ignorance et l'erreur de fait doivent être considérées comme constituant des cas de non-imputabilité.

Une femme ayant entendu dire que son mari absent était décédé, s'est unie à un autre. Bientôt après le mari est revenu. Je demande ce qu'à l'égard de cette femme il faut statuer ? Papinien a répondu qu'on posait là une question tant de droit que de fait ; car, si après un long espace de temps, sans qu'il y ait aucune preuve de débauche, cette femme , trompée par des bruits publics , et comme se voyant délivrée de son premier lien, s'est unie par de secondes noces selon la loi ; comme il est vraisemblable qu'elle a été trompée, rien ne parait mériter l'animadversion de la loi (1. 11, § 12, D. XLVIII, V). « Mulier quum absentem ma- » ritum audisset vitâ functum esse, alii se junxit ; » mox maritus reversus est : quæro quid adversùs eam » mulierem statuendum sit ? Respondit Papinianus ,

» tam juris quam facti quæstionem moveri. Nam
» si longo tempore transacto, sine ullius stupri proba-
» tione, falsis rumoribus inducta, quasi soluta priore
» vinculo, legitimis nuptiis secundis juncta est : quod
» verisimile est deceptam eam fuisse, nihil vindicta
» dignum videri potest. »

On ne commet pas le crime d'inceste si on ne connaît pas la parenté (loi 4 au Code, V, V, *de Incest.*).
Celui qui épouse une veuve avant l'expiration des délais
légaux n'est pas noté d'infamie s'il ne sait pas que ces
délais courent encore : « ..... Ignorantia enim excu-
» satur non juris, sed facti » (l. 11, § 4, D. III, II, *de*
His qui notant.).

Voici un cas qui touche au droit pénal privé et dans
lequel l'ignorance de fait exclut le *furtum* : « Si quis
» aliquâ existimatione deceptus, crediderit ad se here-
» ditatem pertinere, quæ ad eum non pertineat, et
» rem hereditariam alienaverit (l. 36, § 1, D. XLI, III,
» *de Usurp.*) furtum non committitur. » Il en est de
même pour la prise de possession du fonds d'autrui,
quand elle a lieu de bonne foi (loi 37, *eod.*).

TITRE II.

CAS DE JUSTIFICATION.

CHAPITRE I.

LÉGITIME DÉFENSE.

Avant de commenter les textes, sur lesquels nous basons notre théorie de la légitime défense chez les Romains, nous devons reproduire le beau passage de la *Milonienne* dans lequel Cicéron établissait d'une manière si éloquente, qu'il était permis de se défendre même par la mort de l'agresseur : « Atqui si tempus « est ullum jure hominis necandi quæ multa sunt, dit « Cicéron, certè illud est non modo justum, verum « etiam necessarium, quum vi vis illata defenditur.

« Est igitur hæc, judices, non scripta sed nata lex ; « quam non didicimus, accepimus, legimus, verum « ex natura ipsa arripuimus, hausimus, expressimus; « adquam non docti, sed facti, non instituti, sed im- « buti sumus; ut, si vita nostra in aliquas insidias, si « in vim, si in tela aut latronum, aut inimicorum « incidisset, omnis honesta ratio esset expediendœ sa- « lutis. Silent enim leges inter arma, nec se expectari « jubent, quam ei qui exspectare velit, ante injusta pœna luenda sit, quam justa repetunda. »
(*Oratio pro Milone*, ch. 4).

Si nous remontons à la loi des Douze Tables, nous pouvons constater qu'il y est question de Légitime défense. Il est à peu près certain qu'on l'admettait en principe dès les premiers temps de Rome.

Nous savons que l'ancien droit religieux absolvait l'homicide involontaire (sauf le sacrifice du bélier, Servius *in eclog.* IV, 43, *in Georg.* III, 387 ; Denys d'Halicarnasse, III, 22).

La loi des Douze Tables déclare qu'on a le droit de tuer le voleur de nuit (tabl. VIII, XII). Si elle permettait ce meurtre occasionné pour la seule défense des biens, elle devait à plus forte raison absoudre celui qui avait tué l'agresseur qui mettait en danger sa vie, ou celle d'autrui. Il est donc certain pour nous, que donner la mort au voleur constituait un cas de justification.

En est-il de même si l'on tue le voleur de jour ?

Gaius, dans la loi 54, § 2, D. XLVII, II. *De Furtis* s'exprime ainsi : « Furem interdiu deprehensum non » aliter occidere, lex Duodecim Tabularum, permisit, » quam si telo se defendat.

« *Teli* autem appellatione et ferrum, et fustis, et « lapis, et denique omne quod nocendi causa habetur, « significatur. » Il dit encore : « ... interdiu autem « deprehensum ita permittit occidere, si is telo se de-« fendat : ut tamen æque cum clamore testificetur. » (loi 4, § 1, D. IX, II. *Ad leg. Aquil.*). Il y a bien là un cas de légitime défense prévu par la loi des Douze Tables.

La loi des Douze Tables exige-t-elle, qu'on se défende en criant ?

Gaius semble bien l'entendre ainsi ; pourtant Cicéron

dit que la loi des Douze Tables permet de tuer le voleur de nuit, *quoquo modo* ; Ulpien se sert de l'expression *omni modo* (*Ex collectione legum mosaïcarum et Romanarum*, tit. 7) ; Macrobe enfin (*Saturnales*, I, IV) cite les termes de la loi sans parler des cris qui doivent accompagner la défense. Faut-il donc voir dans le texte une interpolation de Tribonien ? C'est l'avis de quelques auteurs : Gérard Noodt donne une autre explication. D'après Gérard Noodt, Gaïus en écrivant *ut tamen id ipsum*, etc., ne s'occupe pas du crime de meurtre ni du châtiment encouru par le meurtrier, mais bien de l'action qui naît de la loi Aquilia. Noodt argumente de la rubrique de ce texte ; en effet, il s'agit du commentaire de Gaïus sur la loi Aquilia (Cf. l. 2, *ad Leg. Aquil.*) Il rappelle que la faute la plus légère suffit à l'application de la loi Aquilia : le meurtrier n'est-il pas tenu, s'il y avait un autre moyen quelconque d'échapper au danger (Inst. *de Lege Aquilia*, § 2)? Gaïus, remarquant la sévérité de cette loi, comprenant toutes les difficultés de la preuve en pareille matière et l'impossibilité de réunir des témoins, cherche à trouver une présomption de légitime défense absolue ; il la trouve dans ce cri qui doit remplacer un autre témoignage.

Nous devions examiner ce qu'était à l'époque de la loi des Douze Tables, le droit de légitime défense que nous allons maintenant trouver consacré en termes généraux dans les lois romaines postérieures.

Gaïus déclare qu'on peut tuer sans être poursuivi, le brigand qui dresse des embûches, « latronem insi-

» diantem nam adversus periculum naturalis ratio pei
» mittit se defendere » (Loi 4 princip. *ad leg. Aquil.*),
car la légitime défense est de droit naturel. Le
jurisconsulte Florentinus, dans la loi 3, D. I, I, dit
qu'il est permis de repousser « vim et injuriam,
» nam jure hoc evenit, ut quod quisque ob tutelam
» corporis sui fecerit, jure fecisse existimetur, » et ce
que nous faisons pour la sécurité, la sauvegarde de
notre personne, nous le faisons avec justice. Paul (dans
la loi 45, § 4, D. IX, II, *ad leg. Aquil.*) en parlant du
droit de légitime défense, indique les conditions dans
lesquelles son exercice doit avoir lieu : « Vim vi defen-
» dere omnes leges omniaque jura permittunt..... et
» hoc si tuendi duntaxat, non etiam ulciscendi causa
» factum sit. » L'exercice de ce droit de repousser la violence par la violence est donc subordonné à l'imminence
et à la nécessité de se protéger. Il faut donc agir pour sa
défense, et non par esprit de vengeance, car dans ce
cas (*ulciscendi*), il n'y aurait tout au plus que l'excuse
tirée de la provocation. Ulpien dit encore au titre
de vi et *de vi armata*, l. 1, § 27, XLIII, XVI : « Vim
» vi repellere licere, Cassius scribit : idque jus
» natura comparatur : apparet autem inquit ex eo,
» arma armis repellere licere. » Mais il fallait, comme
nous l'avons déjà dit pour la contrainte, que le péril
dont on était menacé fût grave : « Vani timoris justa
» excusatio non est » (L. 184, D. L, XVII, *De reg.*
juris).

Voici dans plusieurs textes empruntés au Digeste et
au Code l'application de ces principes généraux. Gor-

dien dit que celui qui tue un agresseur, ou tout autre qui mettait sa vie en danger, ne doit pas craindre qu'on lui en fasse un crime. « Is qui aggressorem vel quem- » cumque alium in dubio vitæ discrimine constitutus » occiderit, nullam ob id factum calumniam metuere » debet. » (L. 2, C. IX. XVI, *ad leg. Corn. de Sicar.*) Le même Gordien dit : Celui qui a repoussé par le glaive l'assassin qui allait l'en frapper, n'est pas tenu comme homicide, parce qu'il n'a pas commis un crime en défendant sa vie. « Si quis percussorem ad se ve- » nientem gladio repulerit, non ut homicida tenetur : » quia defensor propriæ salutis in nullo peccasse » videtur. » (Loi 3, C. IX. XVI). Gallien dit également : si comme vous l'exposez, vous avez tué un voleur, il est hors de doute que vous aviez le droit de tuer celui qui voulait vous tuer vous-même. On peut tuer impuné- ment celui qui attaque pendant la nuit dans les champs ou qui se tient sur les routes et tend des embûches ; il ne sera tenu aucun compte de sa qualité de militaire. « Et si, ut allegas, latrocinantem peremisti : dubium » non est, eum qui inferendæ cædis voluntate præces- » serat, jure cœsum videri. Liceat cuilibet aggresso- » rem nocturnum in agris, vel obsidentem vias atque » insidiantem prætereuntibus, impune occidere, » etiamsi miles sit. » (Loi 4, C. IX. XVI, *ad leg. Corn. de Sicar.*)

« Divus Hadrianus rescripsit, eum qui stuprum sibi » vel suis per vim inferentem occidit, dimittendum. » (Loi 4, § 4, D. XLVIII, VIII, *Ad leg. Corn. de Sic.*) Quelle défense plus légitime que celle de son honneur, ou de

l'honneur des siens. Cujas déclare d'après le Code, que
le mari peut impunément mettre à mort celui qui viole
sa femme, sans avoir à se préoccuper du rang auquel
il appartient. Il est vrai, ajoute ce jurisconsulte, que
l'espèce présente un double crime. En effet, il y a viol
et adultère.

En cas de rapt de fille ou de veuve, le droit Romain
permet aux parents de la personne enlevée de tuer le
ravisseur, s'il est surpris *in ipsa rapina, et adhuc flagranti crimine*. (Code IX, XIII, *de Raptu virginum
seuviduarum, Const. un. Justinian.*).

Voici encore ce que dit Justinien à propos du crime
de rapt : « ..... ubi inventi fuerint (raptores) in ipsa
» rapina, et adhuc flagranti crimine comprehensi et a
» parentibus virginum, vel ingenuarum, vel viduarum,
» vel quarumlibet fœminarum, aut earum consangui-
» neis, aut tutoribus vel curatoribus, vel patronis,
» vel dominis convicti interficiantur. Quæ multo magis
» contra eos obtinere sancimus, qui nuptas mulieres
» ausi sunt rapere : quia duplici tenentur crimine, tam
» adulterii scilicet quam rapinæ : et oportet acerbius
» àdulterii crimen ex hac adjectione puniri. Quibus
» connumeramus etiam eum, qui saltem sponsam suam
» per vim rapere ausus fuerit. » (loi 1, *in princip.* C. IX,
XIII). N'y a-t-il pas dans les deux textes suivants des cas
de légitime défense des biens : « Recte possidenti, ad
» defendendam possessionem, quam sine vitio tenebat,
» inculpatæ tutelæ moderatione illatam vim propulsare
» licet. » (Loi 1, C. VIII, IV, Unde vi).

« Furem nocturnum, dit Ulpien, si quis occiderit,

» ita demum impune feret, si parcere ei sine periculo
« suo non potuit. » (L. 9, D. XLVIII, VIII, *Ad Leg.
Corn. de Sic.*). Les mots *periculo suo*, s'appliquent-ils
seulement au danger qui menace la personne ? Nous
ne le croyons pas. En effet, supposons un *fur nocturnus*
qui s'enfuit après avoir dérobé une somme considérable
ou des objets d'une très-grande valeur, pécuniaire ou
autre. Le vol qui vient d'être commis peut constituer
un très grave danger, pour celui qui en est la victime.
Les choses qui ont été soustraites, sont peut-être toute
sa fortune, qu'il a réalisée naguère ; ce sont peut-être
des titres d'une grande importance. Si la victime de la
soustraction frauduleuse frappe le malfaiteur qui cherche à s'échapper, elle use du droit de légitime défense.
Si le jurisconsulte n'avait en vue que la défense de la
personne, il y aurait *sui* dans le texte au lieu de *suo*,
le pronom *sui* grammaticalemement parlant détermi-
nant l'individu, tandis que le pronom possessif *suo* se
rapportant directement à *periculo* implique une idée
plus générale ; et par danger sien, il faut entendre le
danger pouvant entraîner, non seulement la perte de la
personne, mais encore celle des biens.

La légitime défense légitimant l'acte, le rendant
juste, il s'ensuit, que non seulement il n'y a pas de culpabilité pénale, mais qu'il ne saurait y avoir culpabilité civile. Ce principe est parfaitement constaté dans
la loi 4 *in prin.* D. IX, II, *Ad leg. Aquil*, que nous
avons citée au commencement de ce chapitre, *si servum
tuum latronem, insidiantem mihi occidero, securus ero...*
L'agent dans l'espèce est non seulement à l'abri de la

loi *Cornelia de Sicariis*, mais aussi de la loi *Aquilia*.

Pour terminer ce chapitre, nous avons à présenter quelques explications sur ce qu'était la légitime défense incomplète. Le Droit Romain ne l'envisageait pas de la même manière, du moins au point de vue de la loi *Aquilia*, comme le prouve le texte des *Institutes*. Il y a faute de part et d'autre, dit Gérard Noodt, mais faute plus grande du *latro* : comme l'excès dans la défense pouvait être corrigé par les conseils de la sagesse *sapientiæ admonitione emendabilis*, le jurisconsulte conclut à l'application de la loi *Aquilia*, mais non pas à l'application de la loi *Cornelia de Sicariis*. Au point de vue du droit criminel, dit-il, ce trouble soudain de l'âme que fait naître l'attaque nous amène à voir dans cet homicide moins un meurtre qu'un acte involontaire.

Cependant Ulpien s'exprime en ces termes, au livre dix-huitième de son commentaire sur l'édit. (*Ex collatione legum Mosaïcarum et Romanarum*, VII, III, 2, 3). « Proinde si furem nocturnum, quem lex XII tabularum » omnino permittit occidere , aut diurnum , quem » æque lex permittit, sed ita demum, si se telo defen- » dat , videamus an lege Aquilia teneatur. » Et Pomponius : « dubitat num hæc lex non sit in usu. Et » si metu quis mortis furem occiderit, non dubitamus » quin lege Aquiliâ non teneatur. Sin autem quum » posset adprehendere, maluit occidere, magis est ut » injuriâ fecisse videatur : ergo etiam lege Corneliâ » tenebitur. »

Gérard Noodt déclare qu'il faut lire à la fin de ce texte, *lege Aquiliâ* et non *lege Corneliâ* ; bien que la

l. 5, *in princip. ad legem Aquiliam* porte aussi les mêmes
mots *ergo et Cornelid tenebitur*, il ne s'agit pas de la loi
Cornelia. Ulpien se demande s'il faut appliquer la loi
Aquilia : à mon avis, répond-t-il, il y a lieu d'appliquer
la loi Aquilia. Conçoit-on, dit Gérard Noodt (*ad legem
Aquiliam liber singularis*) qu'un homme de talent,
maître en l'art d'écrire, se demande une chose et ré-
ponde à une autre ? Ulpien, dans la loi 5, § 1, continue
de s'occuper de la loi Aquilia et non de la loi Cornelia.
D'ailleurs, la loi 7 *ad legem Corneliam de Sicariis*
suffit pour prouver que la *faute lourde*, en pareille
matière, ne saurait tomber sous le coup de la loi criminelle. Noodt se résume ainsi : Ce voleur de nuit, il a
mieux aimé le tuer, quand il pouvait s'assurer de sa
personne et lui sauver la vie. L'homicide n'étant pas
nécessaire, il a transgressé le devoir strict d'un homme
de bien ; cette faute, cette imprévoyance, ce dommage
injustement causé l'assujettissent à l'action de la loi
Aquilia, mais le trouble et la surexcitation de son âme
écartent le soupçon d'une intention criminelle. La loi
des Douze Tables ne défend pas de tuer ce voleur ; il
n'y a pas lieu d'appliquer la loi Cornelia.

CHAPITRE II.

ORDRE, PERMISSION DE LA LOI, D'UN CHEF LÉGITIME.

Bien qu'ils ne soient pas nombreux, nous avons
trouvé dans les lois romaines des textes, dans lesquels
il nous a été permis de reconnaître que l'ordre et la

permission de la loi créaient en faveur de l'agent un fait justificatif. En effet, comme nous l'avons fait remarquer au début de notre travail, et nous avons insisté sur ce point, qui nous paraissait capital pour l'étude que nous entreprenions, il n'y a infraction, que si l'on viole les prescriptions de la loi ; or, dans l'espèce, on accomplit un acte spécialement licite, il ne peut y avoir ni dol, ni faute. Ce que nous venons de dire pour l'ordre et la permission de la loi, s'applique à l'ordre émanant d'un chef légitime, à l'ordre seulement. Car nous n'osons pas étendre notre solution à la permission d'un chef légitime, parce que les passages des lois que nous allons citer semblent ne pas nous y autoriser.

Voici les textes qui en cette matière se réfèrent aux délits publics.

Il y a des homicides que ne punissaient ni la loi Cornelia, ni les Ordonnances des princes et qui sont permis au contraire ; tels sont ceux des ennemis de l'État et ceux des transfuges. Car il est permis de tuer les transfuges partout où on les trouve. « Transfugas licet, ubicumque inventi fuerint quasi hostes interficere. » (loi 3, § 6, Marcien D. XLVIII, VIII). C'est ce que confirment Arcade, Honorius et Théodose par un rescrit, en ces termes : « Nous permettons aux habitants » des provinces de poursuivre les déserteurs, et s'ils » osent faire résistance, nous ordonnons de les en punir » sur le champ et déclarons à tous que c'est venger » le repos public que de tuer les voleurs publics et les » déserteurs de l'armée » « Opprimendorum deser-

» torum facultatem provincialibus jure permittimus.
» Qui si resistere ausi fuerint, in his velox ubique
» jubemus esse supplicium. Cuncti enim adversus
» latrones publicos desertoresque militiæ, jus sibi
» sciant pro quiete communi exercendæ publicæ
» ultionis indultum. » Loi 2, C. III, XXVII.

Voici un passage de Denys d'Halicarnasse, où il est
aisé de voir un fait justificatif, pour ceux qui mettent
à mort les traîtres. Denys d'Halicarnasse s'exprime
ainsi : Romulus paraît avoir déjà fait une loi sur le
crime de lèse-majesté, en en faisant une sur la trahison,
dont il voulut que fussent tenus ceux qui avaient
trahi leurs patrons ou leurs clients, et dont la peine
était de pouvoir être tués impunément, comme des vic-
times que chacun pouvait immoler à Pluton.

Voici encore d'autres lois contenant des cas de justification :

Celui qui s'est désisté d'une accusation par la permission du prince est également impuni (loi 13, § 1,
D. XLVIII, XVI). Ici la permission du prince équivaut
à la permission de la loi.

Des ordonnances ont décidé, que ceux dont il n'est
pas permis d'attaquer la calomnie n'encourent point
la peine du sénatus-consulte. Tel est, par exemple,
un mari qui, comme tel, a accusé sa femme d'adultère.

Ceux qui sont obligés d'accuser d'office doivent être
mis au nombre de ceux qui ne sont point tenus de
leur calomnie, d'où il suit qu'ils peuvent se désister
impunément, surtout lorsqu'ils sont hors de leurs
fonctions. C'est pourquoi Adrien dit dans un rescrit à

Salvius Carus, consul de Crète, qu'un tuteur qui avait accusé pour son pupille n'était pas tenu de suivre l'accusation après la mort de ce pupille. « Divus Hadria-
» nus Salvio Caro, proconsuli Cretæ rescripsit, tuto-
» rem qui pupilli causa, instituerat accusationem,
» defuncto pupillo, cujus causa accusare cœperat non
» esse cogendum accusationem implere » (loi 14, D. XLVIII, XVI, ad., S.-C. Turpil).

Pour terminer ce qui a trait aux délits publics, mentionnons cette loi de Paul, conçue d'une manière générale : « Qui jussu judicis aliquid facit, non videtur
» dolo malo facere, quia parere necesse habet » (loi 167, D. L, XVII, de regulis juris). A propos de l'action populaire de albo corrupto, l'ordre du préteur crée un fait justificatif (loi 7, § 4, D. II, I, de jurisdictione).

A propos des délits privés, Paul s'exprime ainsi : « Is damnum dat, qui jubet dare ; ejus vero nulla culpa
» est, cui parere necesse sit » (l. 169, in prin., D. L, XVII, de reg. jur.).

Ce principe est confirmé par la loi suivante : « Nemo
» damnum facit, nisi qui id fecit, quod facere jus non
» habet » (l. 151, D. L, XVII, de reg. juris). En exécutant l'ordre donné, l'agent ne fait qu'exécuter son droit : d'autant plus qu'il est coupable s'il n'obéit pas.
» Non potest dolo carere, qui imperio magistratus non
» paruit » (l. 199, D. L, XVII, de reg. jur.). A propos de l'injuria, voici ce que dit Javolenus : « Liber homo,
» si jussu alterius, manu injuriam dedit, actio legis
» Aquiliæ, cum eo est, qui, jussit, si modo jus impe-
» randi habuit : quod si non habuit, cum eo agendum

» est qui fecit » (l. 37, *in princip.*, D. IX, II, *ad leg.*
Aquil.). Ulpien dit : « Quæ jure potestatis a magis-
» tratù fiunt, ad injuriarum actionem non pertinent »
(l. 13, § 6, D. XLVII, X, *de injur.*). Le même auteur
déclare que s'il y a eu *violatio sepulcri*, sur l'ordre du
préteur, il n'y a pas lieu à l'action de ce nom : « Si
» jussu judicis compulsus opus restituerit, non esse
» sepulcri violati actionem » (l. 4, *prin.*, D. XXXIX,
III, *de aqua*).

Nous sommes amené à parler dans ce chapitre de
l'influence qu'avaient à Rome l'autorité paternelle, et
l'autorité dominicale sur les enfants et sur les esclaves.

On sait le caractère énergique de l'ancienne puissance paternelle et de la puissance dominicale. Le père
et le maître avaient droit de vie et de mort. Les enfants,
et les esclaves étaient soumis à leurs ordres comme les
particuliers aux ordres de l'autorité légitime publique.
On peut ainsi s'expliquer la trop grande facilité avec
laquelle les anciens rejetaient complètement la faute
des enfants sur les parents qui l'avaient commandée,
celle des esclaves sur les maîtres. Ce n'était qu'une
manière de réparer un peu l'extrême sévérité, l'injustice même de la constitution de la famille et celle de la
société.

Nous avons à nous demander maintenant, si la règle
émise par Paul (l. 169, *in princip.*, D. L, XVII, *de*
reg. juris) est générale ; Pothier ne la croyait bonne à
suivre que pour les infractions de médiocre importance,
« ad cœtera leviora delicta, » et il affirmait qu'on ne
saurait l'étendre aux *atrociora*. Le mot *damnum* em-

ployé par Paul semblerait donner raison à Pothier.
Cette règle s'applique aux enfants et aux esclaves.

Ulpien dit des derniers : « Adea, quæ non habent
» atrocitatem facinoris vel sceleris, ignoscitur servis,
» sive dominis, vel his qui vice dominorum sunt
» (veluti tutoribus et curatoribus) obtemperaverint »
(l. 157, *in princip.* D. L, XVII, *De reg. juris.*). Ce texte
paraîtrait, quant aux esclaves, confirmer la doctrine
de Pothier. — Comment le concilier avec le suivant ?
« ..... Nec in omnia servus domino parere debet;
» cœterum, et si occiderit jussu domini, Cornelia
» eum eximemus » (loi 17, § 7, D. XLVII, X, *de
Injuriis*). Il est évidemment question de délit atroce,
et on exempte l'esclave de la peine portée par la loi
Cornelia ; il y a donc pour lui, dans l'ordre du maître
un fait justificatif.

Peut-être le sens du mot *ignoscitur* n'entraîne-t-il
qu'une idée de pardon relatif. Avec cette interprétation, la fin de la loi 17, § 7, *de Injuriis* (eum eximemus Corneliâ) est plus explicable. Si l'on donne au
mot *ignoscitur* le sens de pardon complet ou d'absolution, il faut en conclure que l'ordre du maître est non
seulement un fait justificatif dans l'espèce, mais aussi
un fait justificatif général s'appliquant à tous les cas.
Or, la loi 20 (D. *de Oblig.* et *act.*, XLIV, VII), nous
permet de conclure que la servitude n'était pas une
cause de justification dans tous les cas : « Servus non
» in omnibus rebus sine pœna domini dicto audiens
» esse solet ; sicuti si dominus hominem occidere.....
» servum jussisset.

La première interprétation nous paraît la meilleure ;
aussi croyons-nous que l'esclave, tout en étant exempté
de la loi Cornelia, devait néanmoins être puni. Nous
compléterons notre explication sur ce point au titre des
Excuses atténuantes, chapitre *Ordre du maître*, où
trouve sa place un texte qui vient à l'appui de notre
doctrine.

Du droit de tuer en matière d'adultère.

Nous allons nous occuper dans ce chapitre du droit
de tuer en matière d'adultère, qui doit, d'après nous,
figurer au titre des Cas de justification. A Rome , le
crime d'adultère, comme nous le verrons bientôt, servait de base à des faits justificatifs dérivant de la permission de la loi ; nous aurions pu parler de ce cas
dans un autre chapitre, mais comme cette matière nous
a paru compliquée et de nature à soulever des difficultés délicates, nous avons préféré retarder jusqu'à
ce moment afin de classer tous nos textes dans l'ordre
que comporte le plan et les divisions que nous nous
sommes tracés.

Si Romulus ne permit pas au tribunal des cognats
de prononcer légalement la mort contre la femme , il
ferma les yeux sur les infractions que l'on commettait
à sa loi , il excusa le meurtre commis par le mari sur
sa femme , et laissa se répandre ainsi un usage qui
devint bientôt un droit.

Depuis Romulus jusqu'à Auguste, le progrès fut rapide, et nous voici arrivé au meurtre légal. Pour la première fois, la loi permet de tuer la femme. Quant au complice, elle ne fait que suivre la loi grecque. Mais, par un reste de cette puissance absolue du père sur sa famille, par un souvenir du pouvoir judiciaire que le père avait dans le tribunal domestique supprimé, Auguste accorda au père et non au mari le droit de tuer la femme adultère. « Patri datur jus occidendi » adulterum cum filia, quam in potestate habet » (loi 20, D. XLVIII, V, *ad leg. Jul. de Adult.* Le père n'a pas toujours et dans tous le cas le droit de tuer sa fille. D'abord, pour qu'il puisse exercer son droit, il faut que sa fille soit sous sa puissance, *in potestate,* puisqu'il devait la tuer sur le champ, et s'il n'avait plus la *potestas,* il ne pouvait user de son droit. Il faut bien ici distinguer le droit à l'accusation, du droit de tuer. En matière d'accusation, le père n'avait pas le droit de préférence sur le mari ; c'était au mari, au contraire, que la loi l'accordait. Ensuite, le père ne pouvait tuer sa fille que si elle était sous sa puissance, tandis qu'il pouvait l'accuser, si elle était émancipée. Il suit de là que le père fils de famille n'a pas le droit de tuer l'adultère, d'après les termes de la loi. C'est du moins l'opinion de Papinien (loi 20 D. *eod.*)

Paul admet le contraire ; il avoue que, d'après les termes de la loi, le père n'a pas ce droit, mais que d'après son esprit, on le lui accorde. Pothier interprète ce texte de Paul de la manière suivante : si le père a placé sa fille sous la puissance du mari, et a, par conséquent, cessé de l'avoir en sa puissance, il ne peut la tuer qu'à la condition que son gendre implore son secours, et vienne réclamer son assistance. Réunis, ils pouvaient ainsi faire ce que séparés, la loi leur défendait. Il nous semble préférable de nous en tenir à l'opinion de Papinien, d'abord parce qu'elle est conforme au texte de la loi, ensuite parce que, en matière pénale, il ne faut pas étendre par interprétation le texte de la loi, surtout lorsque cette extension conduit à une aggravation de la peine. Il suffisait, du reste, que le père eût sa fille sous sa puissance depuis le mariage ; par exemple, que la mort de l'aïeul sous la puissance duquel elle était à l'époque de son mariage eût eu lieu (loi 23 § 1, D. *eod.*).

Mais si la fille était passée au pouvoir du mari, ou si elle était veuve, le père n'avait plus le droit de la tuer, à moins, dit Hoffmann , qu'il n'eût réservé ce droit *in sequentibus*. Du reste lorsque ce changement de puissance a eu lieu, peu importe que le père soit naturel ou adoptif (loi 22, D. *eod.*), et peu importe que la fille soit veuve ou mariée, car on doit d'après Cujas, dont l'opinion est généralement admise, interpréter ces paroles de Papinien (loi 22, § 1, D. *eod.*) *In accusatione filiæ viduæ*, comme s'il y avait *in occisione*. En effet, il est impossible d'interpréter autrement le texte du jurisconsulte romain, et il est naturel de défendre au père de tuer sa fille veuve, et par conséquent de lui retirer le privilége qu'il avait pendant le mariage, car si la loi lui permet de tuer sa fille, ce n'est pas parce qu'elle viole les lois de la pudeur, mais parce qu'elle souille la couche nuptiale et outrage le mari ; ceci est si vrai que si la femme était coupable de *Stuprum*, et non d'adultère, la loi ne permettrait pas au père de la tuer, quand même elle serait sous sa puissance.

L'erreur est la même dans ce texte de Paul (liv. uniq. *ad. Coll. leg. mosai.* § 4, p. 864, *Manuel de Pellat*) ou citant Marcellus au liv. 31, Dig. il écrit : « Si quelqu'un a tué l'adultère surpris avec sa fille veuve, et sa fille en même temps, il a fait cela avec droit. » « In vidua au- » tem filia, si adulterum deprehensum occiderit, et » in continenti filiam, licito jure, hoc factum. » Ce n'est pas avec droit qu'a agi ce père, dit Cujas, mais contre le droit.

En effet, lorsque Paul après avoir écrit que le père pouvait tuer sa fille et l'adultère qu'il a surpris, ajoute aussitôt : « mais pour la veuve, in vidua autem ; » il parle évidemment d'un droit différent, puisqu'il dit *autem* au lieu de *item*.

Il faut donc décider que le père n'a pas le droit de tuer sa fille, veuve ou émancipée. Cette version de Cujas est adoptée par presque tous les commentateurs. Il ne suffisait pas que la fille fût sous sa puissance, il fallait qu'il la surprît dans sa maison ou dans celle de son gendre, quand même la fille n'habiterait point chez lui (loi 22, § 2, Dig. *eod.*). Et par maison on entend ici son domicile et non sa résidence comme dans la loi *Cornelia*. D'où il suit que le père n'a pas le droit de tuer sa fille adultère partout où il la trouvera, mais seulement dans les lieux précités, et on en donne pour raison que le législateur a pensé que la femme commettait un plus grand crime, en introduisant son complice dans la maison de son père ou de son mari. C'est pourquoi Ulpien dit : « Si le père habite ailleurs, et a une autre maison qu'il n'habite pas, il ne peut tuer sa fille dans cette maison. » (Loi 23, § 3, D. *eod.*).

Pour pouvoir tuer chez lui sa fille, qu'il a sous sa puissance, il faut de plus qu'il la surprenne *in ipsa turpitudine, in ipsis Veneris rebus,* ou, comme disent les Grecs, εν εργω. « Voluit enim ita demum hanc po- » testatem patri competere, si in ipsa turpitudine » filiam de adulterio deprehendat. Labeo quoque ita » probat : et Pomponius scripsit, in ipsis rebus Veneris » deprehensum occidi ; et hoc est quod Solo et Draco » dicunt εν εργω. » (Loi 23, *in princip.* D. *eod.*). Et ce n'est pas sans raison, que le législateur a voulu pour sévir contre le complice et la femme, qu'on les surprît ainsi sur le fait, car Auguste qui n'aimait pas ce droit sévère du père et du mari de tuer l'adultère, voulut par là éviter que quelques-uns n'abusassent de ce privilège. C'est le sentiment de Labéon, et de Pomponius. Il ne suffisait donc pas que le père trouvât le complice dans le même lit avec sa fille, parce qu'il ne s'ensuivait pas qu'il eût commis l'adultère ; il aurait pu en effet s'y cacher pour d'autres raisons (Pothier, art. 1, § 1, nº 60).

Il faut, enfin, qu'il tue *in continenti,* sur-le-champ, le complice et sa fille. Il ne pouvait tuer le premier et épargner celle ci. Auguste avait sans doute établi cela pour réfréner la colère paternelle et arrêter son impétuosité, persuadé qu'il suscitait un obstacle suf-

fisant à celui qui était furieux contre le complice ,
comme objet de ses coups. Ainsi, le père qui tuait le
complice devait tuer sa fille, à moins qu'il ne préfé-
rât se voir accuser par la loi Cornelia de Sicariis. C'est
ce que disent Macer et Paul (loi 32 , D. *eod.*). La rigueur de la loi est telle qu'il faut qu'il les tue tous
les deux *in continenti, uno impetu, uno quasi ictu.* Le
père ne tuerait donc pas impunément le complice en
réservant sa fille et la tuant après; cependant il le
pourrait, s'il s'est écoulé quelques heures pendant lesquelles il l'a poursuivie et l'a enfin saisie, pourvu qu'il
ne paraisse pas avoir favorisé sa fuite. Mais , bien que
la fille ne fût pas tuée, si elle était couverte de blessures graves et prouvant le dessein de la tuer, son père
évitait la peine de l'homicide. Au contraire, si les
blessures étaient légères et attestaient chez le père la
volonté de conserver sa fille, il en était autrement ,
comme le dit Sénèque.

Le père doit enfin, comme Paul le fait remarquer,
tuer les adultères *manu suâ* (*Sentences,* liv. II, XXVI,
§ 1). Sans doute, le législateur voulait par là atteindre
son but, car, lorsque le père devra de sa propre main
tuer l'adultère et sa fille, la clémence l'écartera plus
facilement du meurtre, que s'il eût confié à un autre
ce qu'il n'osait faire lui-même.

Droit du père sur le complice.

Le père, comme nous venons de le voir, devait tuer

le complice dans sa maison, ou dans celle de son gendre lorsqu'il le surprenait en flagrant délit, et de sa propre main ; il ne pouvait le tuer s'il ne tuait en même temps sa fille. Tout ceci est commun à la femme et au complice. Il ne nous reste qu'à savoir, si le père pouvait tuer toute personne surprise avec sa fille.

La loi nous répond que le père pouvait tuer tout individu indistinctement, et de quelque dignité qu'il fût revêtu. C'est ce que nous montre Paul (lib. II, *Sentences*, tit. XXVI, § 1), et plus clairement encore Marcellus, qui dit que le père peut tuer un homme consulaire et même le patron.

Mais cependant ceci est trop général, comme le fait remarquer Cujas, et la loi dit avec raison que le père peut tuer un homme consulaire , parce qu'il ne peut tuer un consul (l. 3, § ult. D. *de recept. qui arb.* l. 11, *de dolo malo*), puisqu'il ne peut l'accuser pendant la durée de ses fonctions (l. 24, § 3, D. XLVIII, V). Du reste, il faut remarquer que le père ne peut tuer que s'il a le droit de tuer, *jure patris*. Il s'ensuit donc en règle générale, que le père ne pourra pas tuer le complice, qu'il ne peut accuser en vertu de son droit privilégié. C'est encore une restriction à l'exercice de son droit. On le voit, si Auguste avait sanctionné dans sa loi, ce droit que la coutume avait depuis longtemps donné au père, de tuer sa fille adultère, il l'entoura de telles précautions, qu'on peut dire qu'il ne devait pas être exercé fréquemment. Obligation de tuer sur-le-champ de sa propre main, dans son domicile, sa fille et son complice, limite de temps apportée à ce droit, puisqu'il

ne pouvait l'exercer que pendant soixante jours utiles.
Telles étaient les entraves dont Auguste, entoura sa
concession aux mœurs de son époque; jamais législateur n'a mieux désavoué son œuvre.

Droit de tuer concédé au mari.

Avant Auguste, le mari dans le tribunal domestique
avait, comme le père, le droit de vie et de mort sur sa
femme adultère, sous la surveillance des cognats ; mais
le prince, qui avait, à regret, sanctionné le droit du
père, se refusa à reconnaître au mari le droit de vengeance personnelle. Il eût été cependant plus logique
de l'accorder à ce dernier et de l'interdire au père,
mais nous savons quelles raisons ont fait agir Auguste,
et pourquoi il préféra le père au mari. L'impétuosité
aveugle de celui-ci, une fureur sans borne, et sans
réflexion, qui n'était plus surveillée par les parents,
comme dans le tribunal domestique ne pouvait qu'amener les résultats les plus fâcheux, et bien souvent le
mari n'aurait servi que sa rancune et non pas sa justice. De plus il fallait éloigner du mari le désir de profiter de la dot de sa femme morte dans le mariage (l. 22,
§ 4, D. XLVIII, V, *ad leg. Jul. de adul.*) Ensuite,
en l'accordant au père, nous avons vu qu'Auguste
espérait bien qu'il n'en userait pas fréquemment. Aussi
modifiant en cela, la législation ancienne, il défendit
expressément au mari de tuer sa femme, en quelque
endroit qu'il la surprit. Et remarquons qu'il n'y a pas

ici la différence, que nous avons constatée entre le père fils de famille et le père *sui juris* (l. 24, § 2, D. XLVIII, V). Le mari ne pouvait donc jamais tuer sa femme, c'est ce que nous dit expressément Paul au livre 2 *des Sentences* (Tit. 26, § 4).

En ce qui concerne le complice, le droit était différent et suivait en cela la loi grecque. Le mari pouvait le tuer *impunément*, lorsqu'il le surprenait en flagrant délit d'adultère. Ceci cependant est trop général et doit subir plusieurs restrictions qui sont autant de différences entre le droit accordé au mari et celui donné au père. En effet, le mari ne pouvait tuer le complice, que s'il le surprenait chez lui et non pas s'il le trouvait ailleurs, par exemple dans la maison de son beau-père. Cette obligation de tuer le coupable dans sa propre maison, créait pour le mari un obstacle puissant à son droit de vengeance, lorsque s'établit parmi les personnes de dignité et les hommes consulaires, l'usage peu louable d'habiter séparément, ou lorsque vivant sous un même toit, le mari s'absentait pour affaires, ou voyage; car il était dans les mœurs de ce peuple policé, que le mari ne se permît jamais d'aller chez sa femme ou de retourner chez lui, sans l'avoir fait prévenir de son arrivée. Et Plutarque observe, que c'était un témoignage de la probité des maris pleins de confiance en leurs femmes; arriver subitement et à l'improviste, était en effet le signe d'embûches et la marque « *observationis infensæ.* » Combien de nos jours les maris sont moins attentionnés pour leurs femmes et combien ne rougissent pas de prétexter une absence pour mieux

6

surprendre leur infidèle. Le mari ne peut pas, comme
le père, tuer indistinctement tout adultère; et la loi
détermine limitativement, les personnes qu'il peut
impunément mettre à mort. En voici la liste : c'est
d'abord tout homme de condition vile et infâme, tout
esclave, son affranchi, celui de son épouse, de son père,
de sa mère, de son fils ou de sa fille. Et Paul y ajoute
même celui qui est livré pour être puni, car il faut
remarquer qu'il était d'usage, que le père livrât à la
peine et adjugeât à celui qui avait obtenu gain de
cause, l'homme libre qui avait causé un dommage et
avait été condamné par un jugement sous l'autorité
du juge.

De même le mari peut tuer impunément l'homme
libre qu'il a surpris chez lui en adultère avec sa femme,
s'il est infâme, par exemple, s'il a été condamné par
un jugement public et n'a pas été réhabilité, ou s'il a
commis le *lenocinium*; s'il a, pour gagner de l'argent,
exercé la profession de comédien, s'il s'est montré sur
la scène pour chanter, pour danser (l. 24, *De eod.*), ce
que Sénèque appelle des professions obscènes (1° *Dé-
clam.*) « Cantandi, saltandique obscena studia nunc
effœminetos tenent. » De même, comme le dit Paul,
celui qui fait métier de son corps ou loue ses services
pour combattre contre les bêtes dans l'arène ou pour
les jeux de gladiateurs; le gladiateur qui se donne de
lui-même en servitude et dont la condition est plus
vile que celle de l'homme qui combat pour de l'argent.

Toutes ces personnes sont libres et le mari peut
néanmoins, s'il les surprend en adultère, les tuer im-

punément. Telles étaient les personnes sur lesquelles
le mari pouvait exercer sa vengeance. Seulement, plus
favorisé en cela que le père, il pouvait frapper le coupable par lui-même ou par le secours d'une main
étrangère. En effet, le même pouvoir était donné aux
enfants du mari qui pouvaient, sur l'ordre de leur père
privé de ses forces ou de l'usage de ses mains, tuer le
complice désigné par les lois (Loi 4, C. IX, IX). Sénèque démontre, que ce qui est permis au père est permis
aux enfants, lorsque le père le commande (1° *Declam.
cont.* 4 et 2). Mais lorsque le mari avait tué le complice, il devait en faire, dans les trois jours, la déclaration au magistrat, en désignant qui il avait tué, en
quel lieu et dans quelles circonstances. Enfin, par la
Novelle CXVII, chap. fin. le mari a le droit de tuer
comme adultère, celui à qui il a fait défense trois fois
de voir sa femme soit par écrit ou verbalement, en présence de trois témoins, lorsqu'il le trouve dans sa maison, celle de sa femme ou la sienne (celle de l'adultère).

La loi Julia permettait au mari, qui avait surpris les
coupables en flagrant délit, de retenir pendant 20 heures
le complice de sa femme (Loi 25, D. XLVIII, V). Cette
séquestration légale avait pour but de faciliter la preuve
du crime : il y avait encore ici un fait justificatif pour
l'agent.

TITRE III.

EXCUSES ABSOLUTOIRES.

CHAPITRE PREMIER.

AGE.

A Rome, alors même que la culpabilité du prévenu avait été irrévocablement établie, le législateur et les juges trouvaient quelquefois une cause d'exemption de la peine dans l'âge de l'accusé.

On excuse l'inceste, à raison de l'âge. Les deux frères disent, dans un rescrit à Claudia, qu'ils lui remettent le crime d'inceste à cause de son âge, mais qu'il faut rompre une union illicite, parce que autrement le crime d'adultère ne serait pas excusé par la même raison. « Fratres denique imperatores Claudiæ crimen » incesti propter ætatem remiserunt ; sed distrahi » conjunctionem illicitam jusserunt ; cum alias adul- » terii crimen, quod pubertate delinquitur, non excu- » setur ætate » (loi 38, § 4, D. XLVIII, V).

Voici encore un texte contenant une excuse en faveur de l'âge : « Prima verba ostendunt, eum demum » ex hoc plecti qui dolo malo violavit : si igitur dolus » absit, cessabit ejusdem personæ. Igitur doli non » capaces (ut admodum impuberes, etiam omnes qui » non animo violandi accedunt) excusati sunt » (loi 3, § 1, D. XLVII, XII, *de sepulcro violato*).

La première partie de l'édit, dit le jurisconsulte, regarde tous les violateurs de sépulcres en général, c'est-à-dire ceux qui les violent de mauvaise foi. Si donc il n'y a pas de mauvaise foi l'action n'aura pas lieu ; ainsi, l'édit excuse les personnes incapables de dol, telles que les impubères et tous ceux qui n'ont pas l'intention de violer une sépulture (l. 3, § 1, D.XLVII, XII).

Voir loi 2, § 19, *Vi Bon. rapt.*

Un âge très-avancé constituait une excuse. « Ignos- » citur his qui ætate defecti sunt » (l. 3, § 7, D. *de Sen. Sillan.*).

CHAPITRE II.

IGNORANCE, ERREUR.

Nous ne reviendrons pas ici sur la théorie de l'ignorance et de l'erreur en droit pénal romain ; nous avons donné des explications assez longues au titre premier, nous nous bornerons dans ce chapitre, à mentionner les cas dans lesquels l'ignorance ou l'erreur créaient une excuse absolutoire en faveur de l'agent.

L'empereur Alexandre dit dans un rescrit à un militaire du nom de Gallianus : Ayant été appelé à écrire le testament de votre compagnon d'armes, il vous a fait écrire qu'il vous léguait un esclave. Ce legs est comme non écrit et vous n'en pouvez pas demander la délivrance. Mais mon indulgence vous remet la peine de la loi Cornelia, que je vois que vous avez encou-

rue, par ignorance plutôt que par malice. « Quod ad-
» hibitus ad testamentum commilitonis scribendum,
» jussu ejus servum tibi adscripsisti, pro non scripto
» habetur, et ideo id legatum petere non potes : sed
» secuto in tenore indulgentiæ meæ, pœna legis Cor-
» neliæ tibi remittitur ; in quam credo te magis errore
» quam malitia incidisse » (l. 5, C. IX, XXIII).

CHAPITRE III.

HOMICIDE PAR IMPRUDENCE.

En exposant la théorie générale du *dolus malus*,
nous avons vu que son absence plus ou moins sensible,
devenait un motif d'absolution ou d'atténuation.

Nous n'avons ici qu'à énumérer les cas dans lesquels, il y a excuse absolutoire, sans avoir besoin de
faire suivre les textes de commentaires ou d'explications.

Ces cas sont régis par la règle contenue dans ce
passage de Marcien : « Delinquitur casu, cum in ve-
» nando telum in feram missum, hominem interficit »
(l. 11, § 2, D. XLVIII, XIX, *de pœnis*).

Il est évident que lorsque le fait délictueux se produit *casu*, le *dolus malus* fait complètement défaut :
dès-lors, il existe une excuse absolutoire en faveur de
l'agent.

Voici des exemples : « Divus Hadrianus rescripsit,
» eum, qui hominem occidit, si non occidendi animo

» hoc admisit, absolvi posse » (l. 1, § 3, D. XLVIII, VIII, *ad leg. Corn. de Sicariis*).

« Eum, qui adseverat homicidium se non voluntate, » sed casu fortuito fecisse , cum calcis ictu mortis » occasio præbita videatur ; si hoc ita est neque super » hoc ambigi poterit, omni metu ac suspicione, quam » ex admissæ rei discrimine sustinet, disecundùm id , » quod adnotatione nostra comprehensum , est vo- » lumus liberari » (loi 5, C. IX, XVI). Il s'agit dans ce texte, d'un accusé qui avait lancé un coup de pied qui avait causé la mort ; il n'avait pas eu l'intention de commettre un homicide. La mort avait eu lieu par accident, sans que le fait pût être imputé à l'agent. L'empereur décide dans ce cas qu'il doit être sans délai absous et délivré de toute crainte et soupçon, à raison de ce fait. Cette constitution est pleine de sagesse et conforme aux principes. La loi, en effet, ne saurait atteindre que des coupables, et la faute ne peut être assimilée au dol , à l'intention mauvaise, en matière criminelle.

CHAPITRE IV.

PROVOCATION.

Il est souvent difficile de tracer la limite entre la légitime défense, et l'acte commis en état de provocation. La science ne saurait trouver de meilleure distinction, que celle du jurisconsulte Paul dans la loi

45, § 4, *ad legem Aquiliam* : songeait-on à sa sûreté
ou à sa vengeance ?

Nour avons trouvé peu de textes relatifs à la provocation par coups et violences ; cependant, le jurisconsulte Alfenus exempte même de l'*actio legis Aquiliæ*
celui qui, ayant reçu des coups, a crevé l'œil de l'a-
gresseur, pourvu qu'il ne l'ait pas fait de dessein prémédité ; *a fortiori* pas de poursuite criminelle.

Voici un autre texte dans lequel il est question de
provocation : « Quoniam multa facinora sub uno vio-
» lentiæ nomine continentur ; cum aliis vim inferre
» certantibus, aliis cum indignatione resistentibus,
» verbera, cœdesque crebro deteguntur admissæ ; pla-
» cuit, si forte quis, vel ex possidentis parte, vel ex
» ejus, qui possessionem temere tentaverit, interem-
» ptus sit ; in eum supplicium excerceri, qui vim fa-
» cere tentaverit, et alterutri parti causam malorum
» præbuerit ; et non jam relegatione, aut deportatione
» insulæ plectatur, sed supplicium capitale excipiat,
» nec interposita provocatione sententiam, quæ in eum
» fuerit dicta, suspendat » (loi 6, Code IX, XII, *ad leg
Juliam de vi*). Ce passage est conçu d'une manière
générale et excuse l'agent victime de la lésion, et ceux
qui lui ont porté secours.

Cujas parle d'un cas de provocation qui paraît beaucoup plus explicite que les précédents. Il suppose qu'on
envahit une propriété pour en prendre possession. Celui qui l'occupait est chassé, mais il revient à la
charge et expulse l'envahisseur. Il ne sera point coupable d'avoir employé la force pour rentrer dans sa

possession. Sa conduite est excusée par la violence
qui l'avait provoquée. (Cujas, Cod. *de Vi* et *de Vi armata*, 1. 3, § *eam igitur*).

CHAPITRE V.

SECOURS A LA JUSTICE.

La nécessité de rechercher activement les malfaiteurs et de les livrer le plus tôt possible aux mains de la
justice, a donné naissance à une excuse légale d'utilité sociale, en faveur de certains coupables, qui auront
facilité ou opéré la capture des susdits malfaiteurs.

Les textes que nous allons expliquer, nous prouvent
que les secours donnés à la justice, amenaient quelquefois une exemption totale ou partielle de la peine
encourue par l'agent.

Voici une disposition, qui crée une excuse dans l'intérêt de la poursuite en matière de complot. Celui qui,
instruit d'une faction naissante et zélé pour le bien,
la dénonçait, était récompensé par des biens et des
honneurs ; mais s'il profitait du secret des factieux ,
ou la dénonçait tardivement, quoiqu'on l'ignorât encore,
il n'obtenait que la grâce et le pardon de sa faute.

« Sane si quis in exordio initæ factionis, studio veræ
» laudis accensus, initam prodiderit factionem, et præ-
» mio et honore a nobis donabitur. Is vero qui usus
» fuerit factione, si vel sero (incognita tamen adhuc)

» consiliorum arcana patefecerit : absolutione tantum
» ac veniâ dignus habebitur » (l. 5, § 7, C. IX,
VIII).

Le crime de fausse monnaie donnait lieu à une excuse absolutoire, dans les cas que nous allons examiner.

Pour que la loi pût atteindre les coupables, il fallait
que les faits de fausse monnaie fussent accomplis *dolo
malo*. L'intention coupable est, en cette matière, soit
le désir de nuire, de faire un gain illicite, s'il s'agit
de fabrication à titre ou poids faux, soit la volonté
d'entreprendre sur les fonctions publiques, s'il s'agit
de fabrication aux titres et poids véritables.

Cette fabrication ne sera entreprise qu'en vue d'une
mise en circulation des monnaies fausses. Est-ce donc
qu'il ne peut y avoir répression, que si l'usage a suivi
la fabrication ? Ou bien la loi Cornelia punit-elle divi-
sément la fabrication et l'usage ? Disons qu'en général
les lois romaines, relatives au crime de faux, punissaient séparément ces deux actes qui constituaient
chacun un crime particulier; mais en cette matière
de fausse monnaie, le principe contraire semble posé
dans ce texte : « Qui falsam monetam percusserunt,
» si id totum formare noluerunt , suffragio justæ
» pœnitentiæ absolvuntur. » On l'a quelquefois entendu comme signifiant que la fabrication non suivie
d'usage, n'était pas punie par la loi Cornelia. Mais
c'est, suivant nous, donner à ce texte une signification
erronée : il suppose, en réalité, des citoyens qui avaient
entrepris une fabrication de fausse monnaie; des piè-

ces avaient déjà été frappées ; le corps du délit existe et appelle une punition. Mais les coupables s'arrêtent, ils détruisent les produits de la criminelle industrie, et cela non que des circonstances extérieures les aient arrêtés, mais parce qu'ils se sont volontairement repentis. Ils seront absous, dit la loi, de la peine qu'ils avaient encourue, parce que leur volonté et leurs actes sont revenus au bien, *suffragio justæ pœnitentiæ*.

La loi Cornelia était très-sévère pour les faux monnayeurs, la législation impériale exagéra encore cette sévérité de la loi Cornelia.

Il existe une constitution de Constantin, au titre de *Falsa moneta* (l. 1, C. IX, XXIV), qui mérite une analyse détaillée.

L'empereur, ayant constaté l'existence en ses États, de nombreux ateliers de fausse monnaie, pour encourager les dénonciations jugées trop rares, promet une récompense pécuniaire, qu'il se réserve d'évaluer en chaque affaire.

César espère mettre les faux monnayeurs aux mains de la justice. Une fois arrêtés, les tortures les attendent pour leur faire dénoncer leurs complices, puis le supplice du feu pour réparer leurs crimes. On voit que le prince qui fit asseoir sur son trône la religion de charité, ne se piquait pas d'être un législateur humain.

Constantin chercha enfin à fermer aux coupables tout endroit pour établir leur industrie. C'est ainsi qu'il décide que la maison, le terrain où le crime aura été commis sera confisqué, si le propriétaire habitait non loin de là, car l'ignorance où il était du crime n'a pu venir que de sa négligence. Toutefois, quelque temps qu'ait duré son ignorance, s'il dénonce la fabrique de fausse monnaie, aussitôt qu'il en a eu avis, remise de la confiscation lui sera faite. « Nisi dominus » ante ignorans, ut primum repererit, scelus prodi- » derit perpetratum ; tunc enim possessio, vel domus » ipsius, proscriptionis injuriæ minime subjacebit » (l. 1, in med., de falsa moneta, C. XXIV, IX).

Au titre De re militari, nous trouvons le cas d'excuse suivant : le soldat transfuge qui, après son retour, avait fait la capture d'un grand nombre de latrones, ou qui avait simplement dénoncé d'autres transfuges, pouvait obtenir sa grâce. « Qui transfugit, et postea » multos latrones adprehendit, et transfugas demons- » travit, posse et parci divus Hadrianus rescripsit » (l. 5, § 8, D. XLIX, XVI, de re militari).

CHAPITRE VI.

PARENTÉ. ALLIANCE.

Chez les Romains, la parenté et l'alliance donnaient naissance à quelques excuses absolutoires, d'utilité sociale.

Ce n'est pas un principe d'humanité, qui régit les cas que nous allons citer ; c'est une pensée bien différente qui a amené la prescription de la loi. Il s'agit en effet de la constitution particulière de la famille, considérée dans son essence même, la *potestas*. Le père n'a pas d'*actio furti* contre les enfants qui sont sous sa puissance (loi 17, D. XLVII, II, *de furtis*). Comme l'indique Ulpien, il était inutile de donner une action à celui qui pouvait lui-même châtier le coupable. Armé du droit terrible de correction, le père infligeait à son fils le châtiment qu'il méritait.

La *contrectatio fraudulosa*, commise par une femme au préjudice de son mari, constituait-elle un vol ? Oui, d'après les Sabiniens qui prétendaient assimiler la femme à la fille, *loco filiæ*. Non, d'après les Proculéiens. D'après eux, la communauté de vie lui conférait une sorte de droit de propriété : *quia societas vitæ quodammodo dominam eam faceret*. Paul était de l'avis des Sabiniens.

On ne donna pas au mari l'action de vol à cause de son caractère infamant, on la remplaça par l'action *rerum amotarum* (loi 26, D. XXV, II, *rerum amotarum*).

Nous n'avons pas l'intention de nous étendre sur la nature de l'action *rerum amotarum*, nous avons cependant à en dire quelques mots, puisqu'on a cherché dans la suppression de l'action *furti*, l'origine historique de l'excuse absolutoire de l'art. 380 de notre Code pénal, dont nous nous occuperons plus loin. Cette action ne peut être intentée, qu'après la dissolution du mariage.

Jusqu'à quel point conserve-t-elle donc un caractère pénal ? C'est une *condictio*, dit Gaïus (loi 26, liv. XXV, t. II, *rerum amot.*) Tryphoninus la compare à la *condiction furtiva*, car il y a là réellement un vol, dit-il, malgré l'indulgence avec laquelle on traite la femme.

(Loi 29, D. XXV, II, *rerum amotarum*). Il en tire deux
conséquences, dont l'une est à remarquer, c'est qu'en
pareille matière, l'estimation du préjudice augmente,
quand augmente la valeur de la chose soustraite,
comme dans la *condictio furtiva*.

Les soustractions commises par la bru, quand le fils
est en puissance, donnent ouverture à l'action *rerum
amotarum*.

La femme n'a de même que l'action *rerum amotarum*
contre son mari.

Enfin, pour que l'action *rerum amotarum* puisse être
intentée, il faut que le vol ait été commis *divortii con-
silio*, et que le divorce ait suivi. Sinon, c'est une action
ad exhibendum, ou la pétition d'hérédité ou une action
de *damno in factum*, qui compète au conjoint.

Le titre 16 *ad senatus-consultum Turpilianum* contient encore deux cas d'excuse se référant à la parenté
et à l'alliance. La mère est une des personnes qui
peuvent, sans craindre le reproche de calomnie, poursuivre la punition de la mort du fils, et c'est une
faveur du sénatus-consulte qui s'étend aux autres actions publiques.

« Mater inter eas personas est, quæ sine calumniæ
» timore, necem filii sui vindicare possunt. Ideoque
» beneficium senatusconsulti, et in aliis judiciis ser-
» vatum est. » (Loi 2, C. IX, XLVI).

CHAPITRE VII.

CONSÉQUENCES DE LA PUISSANCE PATERNELLE ET DOMINICALE.

Dans l'origine, le père avait droit de vie et de mort sur ses enfants, Denys d'Halicarnasse (II, 26, 27) ; (*Collat. leg. Mosaïc*, IV, VIII ; *Conf.* Ulpien, loi 8, D. X, XI, *de his qui suf.*) Voir M. de Fresquet, *du Tribunal de famille*, Revue historique, 1855. La loi décemvirale consacra ce pouvoir exorbitant du père.

Dans les premiers siècles de l'ère romaine, le père pouvait donc impunément tuer ses enfants; mais la législation changea. L'empereur Adrien condamna à la déportation un père qui avait tué à la chasse son fils « qui novercam adulterabat. (Loi 5, D. XLVIII, » IX, *de leg. Pomp. de Parric.* Nam patria potestas » in pietate debet, non atrocitate consistere. » Bientôt le droit de correction subsista seul. Constantin finit par appliquer au meurtre d'un fils, la peine du parricide.

D'après la loi de Romulus, le père pouvait vendre ses enfants. Plus tard, des lois vinrent heureusement apporter des restrictions à cette faculté. Voici ce que déclare Dioclétien, confirmant un droit déjà établi : « liberos a parentibus neque venditionis, neque dona- » tionis titulo..... in alium transferri possunt. » (l. 1, C. IV, XLIII, *de patribus qui filios*). Constantin permet de vendre les enfants *sanguinolentos*, lorsque le père y est forcé par la misère (l. 2, C. IV, XLIII, *de patribus qui filios*).

Chez tous les peuples, disent les Institutes, le maître a droit de vie et de mort sur ses esclaves. Mais Justinien a soin de déclarer, que celui qui tue sans motif son esclave, est puni comme s'il avait tué l'esclave d'autrui. L'intérêt même des maîtres, dit Antonin le Pieux dans un rescrit, où percent peu les sentiments d'humanité, exige que l'esclave soit protégé contre les sévices ou contre une intolérable injustice. Du reste, le maître conserva longtemps sur ses esclaves, un droit de correction presque illimité. Ulpien nous dit, qu'Adrien condamna à cinq ans de rélégation une femme trop sévère pour ses esclaves (l. 2, *de his qui sui juris*. D. I, VI).

Mais nous voyons dans la *Collatio legum mosaïcarum* (t. III, c. 2) que si l'esclave meurt des suites du châtiment qui lui a été infligé, le maître n'a aucune poursuite à redouter, pourvu qu'il n'ait pas agi avec intention de le tuer. Constantin détermina d'une façon plus précise les droits de la puissance dominicale. Lorsque l'esclave expirait à la suite d'une correction à coups de fouet ou de verges, la mort de l'esclave n'était pas imputable au maître. Mais il y avait crime, si le maître avait tué son esclave à coups de pierre, ou de bâton, ou bien s'il l'avait blessé de quelque arme meurtrière, s'il l'avait fait étrangler, empoisonner, brûler vif, etc.

CHAPITRE VIII.

RANG, QUALITÉ DE L'AGENT.

Le rang, la qualité de l'agent étaient une cause d'excuse. C'est ce qui arrivait pour les gens non mariés *humiliores* qui entretenaient des relations coupables (Walter, *Hist. du dr. crim.*, § 811). Les personnes d'un rang obscur pouvaient même se faire un métier du *lenocinium* ordinaire, sans encourir les rigueurs de la loi : elles n'avaient pour cela qu'une formalité à remplir, faire aux édiles la déclaration de leur honteux projet (Walter, *eod.*, § 811). Cette déclaration entraînait l'*infamia*. La peine due à l'adultère, n'était pas appliquée à la servante d'auberge, ni à la maîtresse de l'établissement, quand el'e servait elle-même ses clients (l. 29, C. IX, IX, *ad leg. Jul. de adult.*) La loi Julia ne s'occupait pas non plus de l'adultère des femmes d'une condition infime, ou d'un genre de vie peu relevé (*eod.*, § 810).

CHAPITRE IX.

CAS PARTICULIERS CRÉANT UNE EXCUSE ABSOLUTOIRE.

On pouvait frapper impunément chez lui, le maître d'une maison de jeux de hasard ; en vertu de l'édit du préteur, on était à l'abri de toute poursuite : « Si quis » eum, apud quem alea lusum esse dicetur, verbera-

» verit, damnumve ei dederit : sive quid eo tempore
» dolo ejus subtractum est, judicium non dabo » (loi 1,
prin. D. XI, V, *de aleator*).

La femme adultère remariée, ne pouvait être traduite
en justice, que si l'accusation dont on la menaçait, lui
avait été dénoncée avant ses secondes noces : cette
excuse disparut sous Dioclétien (Walter, § 809).

Tant que le mari ne répudiait pas la femme adultère,
celle-ci était à l'abri de toute accusation. Il en était de
même du complice (*eod.*)

C'est ce qui existe dans notre droit criminel, article 336, C. P.

TITRE IV.

EXCUSES ATTÉNUANTES.

CHAPITRE PREMIER.

AGE.

Le législateur romain avait trouvé dans l'âge du
prévenu, alors même que sa culpabilité avait été parfaitement reconnue , une cause d'atténuation de la
peine.

La loi des Douze Tables avait admis l'influence de
l'âge sur la pénalité. Pline (*Natur. Hist.*, XVIII, III)
nous a conservé un chef de la loi, où la peine de mort
est prononcée contre ceux qui vont de nuit et furtive-

ment égrener ou couper le blé dans le champ d'autrui ; les coupables pubères étaient punis de mort, et les impubères battus de verges. La différence qui existe entre les deux peines est assez sensible. Dans ce cas, on peut dire que la loi a pris soin d'abaisser en faveur de l'impubère, la peine prononcée pour les cas ordinaires.

L'impuberté servait donc, dans l'espèce, d'excuse atténuante comme elle devait servir d'excuse absolutoire ou de cause de justification, quand on avait constaté chez l'agent, la présence à peu près insignifiante, ou l'absence complète du *dolus malus*. Ce que Pline rapporte au sujet de la destruction des moissons, devait nécessairement avoir lieu pour les autres infractions importantes.

CHAPITRE II.

ÉTAT DE MALADIE. PASSIONS. COLÈRE. IVRESSE.

Il existe dans la législation romaine, quelques dispositions relatives à l'influence de l'état de maladie sur la culpabilité et la pénalité. En voici un exemple dans la loi 38, § 12, D. XLVIII, XIX : le militaire qui a essayé de se tuer lui-même, et n'a pas consommé cet attentat, doit être puni de mort, s'il a porté sur lui une main criminelle ; mais si sa tentative coupable a été amenée par l'excès de la douleur , par une maladie cruelle, un grand chagrin ou une autre cause , la

peine ordinaire disparaît, et alors « le soldat est renvoyé avec ignominie. » « Miles, qui sibi manus intulit,
» nec factum peregit, nisi impatientia doloris, aut
» morbi, luctusve alicujus, vel alia causa fecerit, ca-
» pite puniendus est : alias cum ignominia mittendus
» est. »

La loi 6, § 7, D. XLIX, XVI, *de re milit.*, est conçue
à peu près dans le même sens. L'empereur Adrien dit
dans un rescrit, à l'égard du soldat qui s'est blessé
volontairement ou a cherché de toute autre manière à
se donner la mort , qu'il fallait examiner ce qui avait
pu le porter à cette extrémité, et qu'on ne devait pas
sévir contre lui, si la violence de la douleur, le dégoût
de la vie, la force du mal qui le tourmentait, la fureur
ou la crainte du déshonneur l'avaient porté à attenter à
ses jours. L'empereur dit qu'il fallait le licencier avec
ignominie, et que s'il ne prouvait pas de cause déterminante de ce crime, il devait être puni de mort : « Miles
» qui se vulneravit, vel alias mortem sibi conscivit im-
» perator Hadrianus rescripsit, ut modus ejus rei sta-
» tutus sit, ut si impatientia doloris, aut tædio vitæ,
» aut morbo, aut furore, aut pudore mori maluit; non
» animadvertatur in eum ; sed ignominia mittatur ; si
» nihil tale prætendat, capite puniatur. » Nous lisons
à la fin de ce passage : « per lasciviam lapsis capitalis
» pœna remittenda est, et militiæ mutatio irroganda »
(l. 6, § 7 *in fine*, D. XLIX, XVI). La *lascivia* constituait
donc une excuse atténuante.

La loi excusait l'acte répréhensible commis dans
l'emportement de la colère : « Quidquid in calore ira-

» cundiæ vel fit, vel dicitur, non priùs ratum est,
» quam si perseverantia apparuit, judicium animi
» fuisse, ideoque brevi reversa uxor nec divertisse
» appareatur » (loi 48, D. L, XVII, *de Regulis juris*).

Ivresse. — L'ivresse, en droit romain, n'avait pas
été assimilée à la démence. Les jurisconsultes voyaient
seulement dans cet état, un motif d'atténuation de la
peine. L'on devra faire remise de la peine capitale à
ceux que le vin a rendus coupables, en les condamnant
cependant à un changement de corps. « Per vinum
» lapsis capitalis remittenda est, et militiæ mutatio
» irroganda » (loi 6, § 7, D. XLIX, XVI, *de re milit.*
Voir dans le même sens, loi 11, § 2, D. XLVIII, XIX,
de Pœnis, et loi 12, D. XLVIII, III, *de cust. et exhibit
reor.*).

CHAPITRE III.

HOMICIDE PAR IMPRUDENCE.

L'absence d'intention, peut produire une atténuation
dans la peine. Lorsqu'un homicide a eu lieu, s'il est
reconnu que le meurtrier a voulu simplement frapper
ou blesser sa victime, il faut atténuer la peine, « lenien-
» dam pœnam ejus. »

« Divus Hadrianus rescripsit : .... sed si clavi
» percussit aut cucuma in rixa, quamvis ferro percus-
» serit, tamen non occidendi animo, leniendam pœnam
» ejus, qui in rixa casu magis quam voluntate homici-
» dium admisit » (l. 1, § 3, D. XLVIII, VIII, *ad leg.*
Cornel., *de Sicariis*).

CHAPITRE IV.

MEURTRE COMMIS PAR LE MARI EN MATIÈRE D'ADULTÈRE.

Si un mari, dans l'impétuosité de sa douleur, violant la loi, tuait sa femme, la loi ne lui décernait pas l'impunité, comme trop souvent notre jury moderne, mais sévissait contre lui. Toutefois, faisant la part du ressentiment du mari, elle admettait (comme notre loi) une excuse légale atténuante et ne punissait pas le mari comme homicide en vertu de la loi Cornelia *de Sicariis*, c'est-à-dire par la déportation ou par la mort. Toutefois, la peine était encore sévère, car on le punissait de la relégation, comme le dit Papinien, s'il était d'un état distingué, ou on le condamnait aux travaux publics à perpétuité, suivant sa condition. Il conservait la vie et la fortune, car la relégation n'emportait pas la mort civile et la *capitis diminutio*. « Imperator » Marcus Antoninus et Commodus filius rescripse- » runt : si maritus uxorem in adulterio deprehensam, » impetu tractus doloris interfecerit, non utique legis » Corneliæ de Sicariis pœnam excipiet. Nam et D. Pius » in hœc verba rescripsit Apollonio : Ei qui uxorem » suam in adulterio deprehensam occidisse se non » negat, ultimum supplicium remitti potest, cum sit » difficillimum justum dolorem temperare, et quia » plus fecerit quam quia vindicare se non debuerit, » puniendus sit : sufficiet igitur, si humilis loci sit, » in opus perpetuum eum tradi ; si quis honestior, in » insulam relegari » (l. 38, § 8, D. XLVIII, V).

Si le mari tue un homme libre, que la loi Julia lui ordonnait de respecter, ou s'il le tue hors de chez lui, lorsqu'il l'a surpris en adultère avec sa femme, il sera homicide, parce qu'il a tué injustement celui que la loi Julia ne lui permettait pas d'immoler ; mais comme il a agi sous l'empire d'une douleur inconsidérée, « in- » consulto dolore adulterum interemit, » il ne tombera pas sous la peine de la loi Cornelia *de Sicariis*, car, « justus dolor ejus relevat » (l. 4, C. IX, IX). On se contentera de l'exiler.

CHAPITRE V.

PARENTÉ, ALLIANCE.

Le Droit criminel romain, plus rigoureux que le nôtre, appliquait aux recéleurs criminels, la même peine qu'aux auteurs du délit. Mais si celui qui cherchait à dérober le coupable aux poursuites de la justice, était son parent ou son allié, son délit était moindre que celui d'un recéleur ordinaire, la loi se montrait alors indulgente à son égard et on atténuait la peine. « Eos, » apud quos *adfinis*, vel cognatus latro conservatus » est, neque absolvendos, neque severe admodum » puniendos : non enim par est eorum delictum, et » eorum qui nihil ad se *pertinentes* latrones recipiunt » (l. 2, D. XLVII, XVI).

Notre Code pénal a vu là un cas d'excuse absolutoire, mais il restreint l'excuse à certains degrés de parenté.

CHAPITRE VI.

ORDRE DU MAÎTRE.

Au titre des *Cas de justification*, nous nous sommes occupé du cas de justification, que l'esclave trouvait dans l'ordre du maître, et après avoir présenté l'explication du mot *ignoscitur*, nous avons conclu que l'esclave, tout en étant exempté de la loi Cornelia, devait néanmoins être puni. Vu la position respective du maître et de l'esclave, il est certain que le premier devait exercer une influence presque absolue sur le second ; mais aussi déclarer que l'esclave serait exempté de toute peine, s'il avait agi sur l'ordre de son maître, cela eut été un encouragement à de nombreuses infractions; le maître, par son rang, aurait souvent pu échapper à la juste répression de la loi, et de plus, il aurait été certain de voir son esclave impuni en vertu de l'ordre qu'il avait reçu. Les Romains ne pouvaient ni établir, ni supporter un pareil état de choses. Aussi les empereurs Valentinien II, Théodose et Arcadius avaient-ils établi la règle suivante : lorsque l'esclave à l'insu de son maître enfreint la loi Julia *de vi* ; qu'il soit condamné au dernier supplice. La crainte, l'ordre de son maître, l'ont-ils poussé au crime ? Le maître est déclaré infâme, et l'esclave condamné aux mines » (l. 8 *in princip.* C. IX, XII, *ad leg. Jul. de vi Public.*). Dans le dernier cas, l'esclave jouissait d'une excuse atténuante.

CHAPITRE VII.

ABANDON DE L'INFRACTION.

Le législateur romain, a su tendre une main secourable à l'agent qui abandonne l'infraction commencée.

Il y a, en effet, un intérêt très-grand à voir inachevée une tentative criminelle ; la promesse de pardon ou d'indulgence peut arrêter beaucoup de personnes, en leur fournissant l'occasion et le moyen de revenir sur leurs pas. A Rome, l'abandon de l'infraction commencée valait indulgence au coupable repentant, et le transfuge qui se remettait de son plein gré, entre les mains des autorités, était récompensé par une atténuation de peine ordinaire. (« Qui in desertione fuit, si » se obtulerit, ex indulgentia imperatoris nostri in » insulam deportatus est » (loi, 5 , § 4, D. XLIX, XVI, *de re milit.*).

APPENDICE.

Influence du rang de l'agent du délit sur la culpabilité et sur la pénalité.

Une différence dans les châtiments existait à Rome ; les Douze Tables (Tab. II, loi 1re de la seconde partie; Aulu-Gelle, l. II, chap. XVIII,) condamnaient le voleur au fouet et à la servitude , si c'était un homme libre ; au fouet et à être précipité de la roche Tarpéienne, si c'était un esclave. On réforma, il est vrai, dans la suite, une différence si injuste en condamnant au quadruple de la valeur des objets volés , que le coupable fût d'une condition libre ou d'une condition servile (Aulu-Gelle, l. XX, chap. I). Cette égalité du châtiment, ne s'étendit pas aux autres crimes. On les punissait différemment, suivant que le coupable jouissait de sa liberté ou était voué à la servitude.

Un peuple si jaloux de la liberté, méprisait nécessairement beaucoup l'esclavage. La législation romaine se déshonora au point de confondre, pour le crime et pour la peine, l'assassin d'un quadrupède et celui d'un esclave (l. 2, D. IX, II).

Pourquoi faut-il avoir à reprocher également cette confusion, à un des premiers philosophes de la Grèce. Platon voue au châtiment des parricides l'esclave qui, en se défendant, a le malheur de tuer l'homme libre qui l'attaquait. Le châtiment des parricides ! Quelle paternité, grands dieux ! que l'oppression et la servitude !

Si le rang du criminel pouvait influer sur la peine, ce devait être pour l'augmenter, puisqu'il ajoute un scandale en ajoutant à la publicité, et que les grands et les riches, recevant plus de protection de la loi, lui doivent encore plus de respect et de reconnaissance. « L'homme élevé , dit Cicéron (*République* , l. III, chap. V), commet deux fautes : il pèche par l'action et par l'exemple. » L'élévation du rang supposant une éducation plus soignée, des habitudes moins corrompues par le besoin, une connaissance plus familière des principes de la loi, des devoirs mutuels et des bornes où la justice s'arrête, on est, par cela même, plus coupable que l'homme peu instruit, élevé d'une manière négligée et dont la pauvreté menaçait sans cesse les mœurs et la vertu.

Nous n'irons pas jusqu'à accuser d'injustice volontaire et préméditée les législateurs de cette nation, ce serait aller trop loin ; leurs lois sont le reflet nécessaire de la société au milieu de laquelle ils vivaient, et cette société, quel qu'ait été son éclat, ne pouvait bien sûrement servir de modèle absolu aux générations futures. Les idées chrétiennes n'avaient pas encore épuré la fausse morale de l'antiquité païenne, en montrant à tout homme un frère et un égal dans son semblable, et préparé ainsi, l'avénement du grand principe de l'égalité devant la loi et surtout devant la loi pénale.

L'inégalité des peines est donc le vice le plus cho-
quant du droit criminel des Romains.

Vingt-quatre textes du cinquième livre des *Senten-*
ces de Paul, nous montrent que les coupables d'un rang
inférieur, seuls, subissent toute la rigueur des lois.
Il y a donc de par la loi des assassins, des empoisòn-
neurs privilégiés (Bravard, *De l'étude du Droit romain*,
p. 222 et 223).

Il nous faut, par conséquent, diviser les coupables
en deux classes.

Nous nous bornerons à présenter ainsi un tableau
indiquant pour chaque crime la peine appliquée aux
honestiores et celle appliquée aux *humiliores*.

Sacriléges. — Première catégorie (*honestiores*) : Déportation ; deuxième catégorie (*humiliores*) : Condamnation aux mines.

Incendiaires. — Première catégorie : Relégation ;
deuxième catégorie : Condamnation aux mines ou aux
travaux forcés.

« Nova et incognitæ religiones ex quibus animi
hominum moveantur. » Première catégorie : Déportation. Deuxième catégorie : Mort.

Fauteurs de troubles et séditions. — Première catégorie : Déportation ; deuxième catégorie : La croix ou
l'amphithéâtre.

« Qui noctu fructiferas arbores, manu facta ceci-
derint.

Première catégorie : Réparations civiles, exclusion
du Sénat, relégation ; deuxième catégorie : Travaux
forcés.

« Qui terminos effodiunt vel exarant, arboresve ter-
minales evertunt. » — Première catégorie : Confiscation du tiers des biens, rélégation ou exil ; deuxième
catégorie : Travaux forcés.

Meurtriers. — Première catégorie : Mort ; deuxième
catégorie : La croix ou l'amphithéâtre.

Coups et blessures in rixa. — Première catégorie :
Confiscation de la moitié des biens et relégation ;
deuxième catégorie : Les mines ou l'amphithéâtre.

Castration. — Première catégorie : Déportation ;
deuxième catégorie : Mort.

« Qui abortiones aut amatorium poculum dant. » —
Première catégorie : Rélégation ; deuxième catégorie :
Mines.

Sacrifices humains. — Première catégorie : La mort ;
deuxième catégorie : L'amphithéâtre.

Détention de livres de magie. — Première catégorie :
La déportation ; deuxième catégorie : La mort.

« Si ex eo medicamine quod ad salutem hominis vel
ad remedium datum erat, homo perierit. » — Première
catégorie : Rélégation ; deuxième catégorie : La mort.

Infractions à la loi Cornelia testamentaria. — Première catégorie : Déportation ; deuxième catégorie :
La croix ou les mines.

Faux témoignages, corruption de témoins ou de juges.
— Première catégorie : Déportation ; deuxième catégorie : La mort.

Trahison d'un Procurator ou d'un Cognitor. — Première catégorie : Relégation perpétuelle ; deuxième

catégorie : Les mines; même distinction pour les dépositaires des pièces (*instrumenta*).

Faux.—Première catégorie : Déportation ; deuxième : Condamnation aux mines.

Port illégal d'insignes. — Première catégorie ; Déportation; deuxième catégorie : La mort.

« *Abus de pouvoirs prévus par la loi Julia « de vi pupublica et privata.* » —Première catégorie : Déportation; deuxième catégorie : La mort.

Autres infractions à cette loi. — Première catégorie : Confiscation du tiers des biens et relégation perpétuelle ; deuxième catégorie : La croix ou les mines.

De ces distinctions, les unes ont passé, les autres ne se retrouvent plus dans les Pandectes.

La loi 3, § 5, *ad leg. Corn. de Sicar.*, citée par M. Bravard dans son livre sur l'étude et l'enseignement du droit romain, contient un des exemples les plus choquants de la distinction faite entre les honestiores et les humiliores. Plusieurs textes du Code rappellent ou reproduisent cet étrange système.

Décurions. — Les décurions n'étaient condamnés à mort que pour parricide. (L. 15, D. XLVIII, XIX, *De pœnis.*)

Toutes les fois qu'un décurion avait commis un crime emportant peine capitale, on faisait un rapport spécial à l'empereur. Si, par hasard, on les soumettait à ces peines, il fallait en référer au prince, qui prononçait la commutation : « Nam in primis decuriones » in metallum damnari non possunt, nec in opus me- » talli, nec furcæ subjici, vel vivi exuri : et si forte

» hujuscemodi sententia fuerint affecti , liberandi
» erunt : sed hoc non potest efficere, qui sententiam
» dixit : verum referre ad principem debet, ut ex auc-
» toritate ejus, aut permutetur, aut liberaretur. »
(L. 9, § 11, D. XLVIII, XIX.) Ulpien ajoute, dans le
paragraphe qui suit, que les parentes, *et liberi decu-*
rionum, avaient les mêmes faveurs : « Parentes quo-
» que et liberi decurionum in eâdem causa sunt. » L. 9,
§ 12, *eod.*) Les enfants nés avant ou après que le père
était devenu décurion profitaient de ces avantages. ·
L. 9, § 14, *eod.*)

Vétérans. — Les vétérans et leurs fils furent placés
dans une situation privilégiée ; parmi leurs préroga-
tives, ils comptaient celle de ne pas être livrés aux
bêtes et frappés de verges : « Veteranorum privilegium
» inter cœtera etiam in delictis habet prærogativam,
» ut separentur, a cœteris in pœnis : nec ad bestias
» itaque veteranus datur, nec fustibus cœditur. » L. 1,
D. XLIX, XVIII, *de veter.*) On ne les condamnait pas
aux peines « in metallum, et in opus publicum. »
(L. 3, *eod.*)

Les vétérans et leurs enfants étaient en quelque
sorte assimilés aux décurions et aux enfants de ceux-
ci. (L. 3, *eod.*)

Militaires. — Frappés de peines spéciales et très-
rigoureuses, les militaires n'étaient pas condamnés à
une mort ignominieuse, ou à un supplice honteux.
(L. 3, § 1, 9, 10. 16, etc., D. XLIX, XVI, *De re mi-*
lit.) Pour eux, la condamnation à mort n'entraînait
pas la confiscation du patrimoine acquis au service.

(Walter, § 827). Ces faveurs étaient un encouragement et une récompense pour la valeur des armées
romaines.

*Influence du rang de la victime du délit sur la culpa-
bilité et sur la pénalité.* — Il ne faut pas prendre à la
lettre ces paroles de Marcien : Le meurtre est puni
sans tenir compte du rang de la victime : « Et qui
» hominem occiderit, punitur non habita differentia,
» cujus conditionis hominem interemit. » (L. 1, § 2,
D. XLVIII, VIII.) Claudius Saturninus dit, en termes généraux, qu'il faut tenir compte du rang de la victime,
comme on tient compte du rang du coupable : « Per-
» sona dupliciter spectatur : ejus qui fecit, et ejus
» qui passus est. » (L. 16, § 3, D. XLVIII, XIX,
De pœnis.)

Ce texte a une portée générale; pour le prouver,
nous pouvons tirer argument du § 213 du Com. III, Inst.
de Gaïus, qui nous apprend que le meurtrier d'un
esclave pouvait s'arranger avec le maître. Si ce dernier voulait se contenter d'une réparation civile, il
usait du bénéfice de la loi Aquilia; cet arrangement
terminait l'affaire. Si le maître voulait intenter une
poursuite criminelle, il y avait lieu, seulement alors,
d'appliquer la loi Cornelia.

En matière de délits privés, l'extinction du préjudice
causé par l'injure, variait avec le rang de l'offensé.

AUTRES CAUSES DE MITIGATION.

Age. — Les anciens accordaient plusieurs priviléges à la vieillesse, ainsi que l'a dit le poète :

Magna fuit quondam capitis reverentia cani.

La loi romaine diminuait les peines en sa faveur. (Voir la loi 8, D. *de termino moto* ; loi 6, *in princip. ad legem Juliam peculatus* ; loi 108, D. *de reg. juris.*

Sexe. — Le sexe était aussi, à Rome, une cause de mitigation de la peine. Dans la loi 5, § 3, au Code, IX, VIII, il est dit que si des femmes se sont rendues coupables de lèse majesté, on leur donnera la *quarte Falcidie*, dans les biens de leur mère, soit qu'elle ait testé, ou qu'elle soit morte *ab intestat*, afin qu'elles aient plutôt des aliments de fille, qu'une part et la qualité d'héritières, parce qu'il faut être plus indulgent pour elles ; « Mitior enim circa eas debet esse sententia, » quos pro infirmitate sexus minus ausuras esse con- » fidimus », parce que la faiblesse de leur sexe, ne nous permet pas de craindre ce qu'elles oseraient entreprendre.

C'est ce que dit aussi dans la loi 6, *in prin.* D. *ad legem Jul. peculatus*, Ulpien ; le proconsul aura égard au sexe dans l'application de la peine et devra se montrer indulgent.

Du temps pendant lequel a duré l'accusation. — Quelquefois aussi, il faut avoir égard au temps pendant lequel l'accusé, a été en état d'accusation. En effet, s'il y a été longtemps , « si diutino , tempore

8

« aliquis in reatu fuerit, aliquatenus pœna ejus suble-
» vanda erit. » On doit faire dans l'application de la
peine, une différence entre ceux qui sont restés long
temps en état d'accusation, et ceux qui ont été jugés
promptement (l. 25, D. XLVIII, XIX, *de pœnis).*

DEUXIÈME PARTIE

Des cas de non culpabilité et des excuses dans notre ancienne
législation pénale.

Nous allons étudier dans cette deuxième partie, notre
matière, depuis l'invasion des Barbares jusqu'à 1789.
Pendant cette longue période de temps, notre législation pénale a suivi les vicissitudes du pouvoir social ;
elle s'est développée sous l'empire d'influences souvent
opposées, et a subi de nombreux changements. Trois
périodes bien distinctes s'offrent à nous pour cette
étude : Ere barbare ou germanique, depuis le ve jusqu'au xie siècle, féodale et coutumière du xie au xvie
siècle ; Royale, du xvie au xviiie siècle.

Nous allons en quelques mots, indiquer les sources
auxquelles nous avons puisé, et les documents que nous
avons consultés dans chacune de ces périodes ; après
cette esquisse rapide, nous suivrons la méthode que nous
avons adoptée dans notre première partie, et nous nous
efforcerons d'élargir le moins possible, le cadre que

nous nous sommes tracé, pour cette seconde partie de notre travail, tout en n'omettant rien d'important, nous n'entrerons pas dans de longs détails, car nous ne pouvons pas ici approfondir la question d'une façon complète, parce que ce travail nous entraînerait peut-être trop loin. Nous souhaitons de ne pas nous faire illusion, et de ne point nous égarer dans nos investigations.

Nous nous proposons aussi, et nous croyons que ce n'est point là un hors d'œuvre, de jeter un coup-d'œil rapide sur l'état de la législation des peuples étrangers sur notre question.

Période germanique. — L'état de la législation criminelle dans la Gaule, était celui qui existait à Rome et à Constantinople, lorsque les Germains envahirent la Gaule et rompirent l'unité nationale que la domination romaine y avait établie, et apportèrent au milieu des désordres de ces temps, l'élément nouveau de leurs mœurs et de leurs lois. Cette invasion apporta dans la législation des éléments grossiers mais nouveaux, et fortement caractérisés. Les institutions des Barbares ainsi jetées dans la civilisation romaine, vont se modifier à leur tour, et s'approprier aux faits nouveaux qui les entourent. C'est alors qu'a lieu la confusion et par conséquent la dissolution de l'une dans l'autre, de la société barbare et de la société civilisée, c'est la lutte de deux législations, qui se trouvent tout à coup face à face avec des systèmes différents et des règles contraires. Deux éléments concourent alors à la reconstruction d'une société nouvelle, l'élément germanique d'une part, et l'élément romain d'autre part, ce dernier puise à une double source la Rome païenne et la Rome chrétienne, c'est-à-dire le véritable droit romain et le droit canonique. Nous n'avons pas à rechercher, pour notre travail, quel est celui de ces deux principes, qui a eu la plus grande influence sur nos institutions nationales. Notre tâche doit se borner à exposer les quelques règles posées dans cette législation, dont notre législation moderne réfléchit peut-être encore l'ombre lointaine.

Les institutions judiciaires en vigueur sous les Mérovingiens, se prolongèrent sous le règne des Carlovingiens. Mais il faut noter ici en passant que le développement graduel de la juridiction ecclésiastique, vint exercer une grave influence sur la législation de cette époque. On sait que l'Eglise ne prononçait ni la peine de mort, ni la mutilation des membres : les peines du sang, *pœnœ sanguinis*, répugnaient à l'Eglise (*Décrétales* de Grégoire, lib. V, tit. XVII, cap. IV). Les lois barbares ne pouvaient donc au point de vue de l'excusabilité et de la mitigation des peines, que gagner à cette bienfaisante influence.

Les monuments législatifs, de cette période, que nous avons consultés, n'offrent point une théorie nette et accentuée des cas de non culpabilité et des excuses ; cependant nous avons rencontré des textes nombreux qui se rapportent à notre sujet. Les voici dans l'ordre que nous suivrons, pour l'examen de la question, dans chaque chapitre de cette seconde partie. Loi Salique, loi des Bourguignons, loi des Francs Ripuaires, loi des Allemands, des Bavarois, des Lombards, des Visigoths, des Frisons, des Anglo-Saxons, des Saxons, Capitulaires des rois de la première et de la seconde race.

Période féodale et coutumière. — Vers la fin du xᵉ siècle, la France se trouve en pleine anarchie ; cette anarchie a commencé à la chute de la dynastie carlovingienne ; elle se continue pendant les deux siècles suivants. On voit alors se modifier les institutions des rois francs ; les Capitulaires disparaissent, et l'arbre féodal, qui depuis longtemps, étend lentement ses racines dans le sol, le couvre entièrement de ses immenses rameaux.

Ce n'est que vers le xiiiᵉ siècle, époque remarquable où tout se prépare, où tout commence, où tout va naître, que la législation prend un nouvel essor. Les légistes, qui étudient alors avec ardeur le Droit romain, mêlent, quoique avec peu de discernement, il faut le reconnaître, ses règles antiques aux règles confuses des coutumes féodales, et jettent dans la jurisprudence, un élément nouveau qui la réformera, mais seulement après y avoir répandu une confusion passagère. L'idée du droit anime la société et circule dans toutes ses veines ; les institutions modernes jettent leurs premiers fondements ; la civilisation laisse percer ses premières lueurs.

Nous allons donc recourir aux documents qui contiennent l'expression de la législation de cette période féodale et coutumière ; nous pouvons dire que nous y avons trouvé une source très-importante du droit pénal, et que les dispositions qui y sont relatives y tiennent une large place. Comme nous le démontrerons plus loin, nous recueillerons dans les textes, dans les traités coutumiers et dans les coutumes de cette période, les renseignements les plus précieux, les plus caractéristiques de chaque époque.

La transformation du droit germanique ne s'opéra pas de la même manière dans toute la France : il y eut les pays de coutume et les pays de droit écrit.

Pour les pays de coutume, Philippe de Beaumanoir, dans les *Coutumes de Beauvaisis*, et Bouteillier, dans sa *Somme rurale*, nous fournissent en quelque sorte le résumé de la période féodale et coutumière.

Mais nous ne trouvons point, dans le midi de la France, des auteurs qui reproduisent d'une manière générale, les lois qui régissaient les pays de droit écrit. Nous serons donc obligés de glaner un peu partout des textes se référant à notre matière.

Voici les principaux documents, où nous pourrons puiser des renseignements utiles :

Les Libertates et Consuetudines Montispesullani (1204); les Libertates et Consuetudines Carcassonnæ; la Coutume de Bigorre ; les Statuta municipalia Arcletis; le Fors de Béarn ; la Coutume d'Acs ; la Coutume de Bayonne ; la Coutume de Toulouse.

Période monarchique. — Dans cette période, nous allons étudier la législation pénale des XVIe, XVIIe, et XVIIIe siècles ; le royaume de France est déjà constitué, la couronne, dégagée de la féodalité, agit, d'abord contenue encore par le contrôle imparfait et par les

influences intermittentes des parlements et des Etats
généraux ou provinciaux, puis libre de tout contrôle
et presque absolue dans sa volonté.

Nous devons faire remarquer, que pendant l'ère monarchique la théorie de l'imputabilité et de la culpabilité, reposait en grande partie sur les principes du
droit pénal romain combinés et complétés par des textes appartenant au droit civil (romain). Les criminalistes et la jurisprudence avaient établi ou conservé
les distinctions multiples du *dolus* et de la *culpa*. La
pénalité était plus ou moins forte, suivant la présence
plus ou moins sensible de ces éléments de culpabilité.

Pendant la période monarchique, le droit criminel
suivait encore péniblement la vieille ornière, et ne
parvenait pas, malgré les efforts des législateurs à
s'affranchir de la barbarie des siècles précédents. C'est
qu'au lieu de secouer la tradition, et de demander aux
sciences morales, à l'étude de l'histoire, les enseigne-
ments propres à vérifier leurs théories, les criminalistes
du xvi⁰ siècle ont tous travaillé sur le même plan; ils
n'articulaient jamais une proposition sans une phalange
de noms, pour la fortifier et pour la défendre.

Cependant nous devons reconnaître, que l'étude de
cette période, et des travaux de ces criminalistes n'est
pas tout à fait sans profit. Les criminalistes auxquels
nous venons de faire allusion, et dont nous citons les
opinions dans cette seconde partie, sont Julius Clarus,
Menochius, Farinacius, Imbert, Ayrault.

Les criminalistes français du xvii⁰ et du xviii⁰ siè-

cles, dont nous analyserons les travaux, sont Muyart
de Vouglans, Jousse, Rousseau de Lacombe.

Nous rechercherons aussi, dans les ordonnances
royales suivantes, les dispositions qui touchent aux cas
de non-culpabilité et aux excuses : Ordonnance de
Villers-Cotterets (1539); ordonnance d'Orléans (1560);
ordonnance de Moulins (1579); ordonnance de 1629;
ordonnance criminelle (août 1670).

TITRE I.

DES CAS DE NON IMPUTABILITÉ.

CHAPITRE PREMIER.

ALIBI.

L'alibi est un cas de non-imputabilité ; c'est improprement qu'il a été appelé par nos anciens criminalistes, fait justificatif. En effet, par l'effet de l'alibi, il
y a impossibilité physique, que le prévenu ait commis
le crime dont il est accusé.

Boutteilier, livre Ier de la *Somme rurale*, dit que
« tu peux et dois sçavoir que alibi est un fait que qui
» le preuve, il respond et preuve à négation, si comme
» d'un faict dont on serait imposé dire a estre inno-
» cent par alibi de telle distance, que nullement on ne
» puisse avoir esté au lieu où il impose avoir esté fait,
» ou autrement ne vaut. »

Par l'ordonnance du roi Louis XII, 1498, art. 3,

« il est dict que seront faictes plus amples informa-
» tions, recollements et confrontations de témoins pour
» la vérification de l'alibi, ou autre fait, si aucun y
» en a de recevable pour ou contre le prisonnier, le
» plus diligemment et secrettement que faire se
» pourra. »

Il ressort du passage de Boutteilier et du texte de
l'article 3 de l'ordonnance de 1498, que l'auteur du
fait devait démontrer, que sa présence au moment précis du fait, et au lieu où il a été commis a été physi-
quement impossible, parce qu'il a été vu à une trop
grande distance.

Rousseau de Lacombe, *Matières criminelles*, p. 356,
s'exprime ainsi : Alibi, et ailleurs : c'est la même
chose; mais enfin, il faut que la distance des deux
lieux forme une impossibilité physique dans l'action,
et démontre que l'accusé ne pouvait pas être dans le
lieu où le fait est arrivé, lorsqu'il fait connaître plus
clair que le soleil qu'il était le même jour et à la même
heure dans un autre endroit : il faudrait au moins une
distance de vingt à trente lieues, car les simples présomptions ne peuvent pas former un alibi.

Cette question de l'alibi a donc préoccupé les anciens criminalistes, surtout pour la question de la distance, pour laquelle il leur était difficile de donner
des règles ; les uns ont cru qu'il fallait que l'accusé
prouvât qu'il était à quinze lieues ; d'autres ont voulu
que ce fût à vingt ou plus. Mais la plus commune opinion, et la meilleure, il nous semble, était que cela
dépendait des circonstances, de la qualité, de l'âge et

du tempérament de l'accusé : un jeune, disaient plusieurs, ferait dix lieues en poste, pendant qu'un vieillard, un valétudinaire, ou une femme, n'en pourraient
faire deux ou trois; ainsi c'était au juge à décider de
la possibilité de l'alibi. Certains criminalistes, imbus
d'idées fausses à propos des preuves négatives, ont
hésité à admettre l'alibi. Cependant il n'y a rien d'absolument négatif dans la preuve de l'alibi; tout, au
contraire, est nettement spécifié, et c'est par une dé-
duction logique que le magistrat en induit que l'accusé
ne se trouvait pas au lieu du délit. Julius Clarus a
très-bien formulé ce principe : « Negativa non entis
» est improbabilis, secundùm omnes, simplex et in-
» determinata ; si tamen coarctetur loco et tempore,
» tunc æque probatur, ut affirmativo; quandò scilicet
» testes deponunt ipsam negativam et reddunt rationem
» quod non potuisset esse vel fieri, quia ipsi testes vi-
» dissent, vel scivissent. »

Il est question de l'alibi dans la *Caroline*, art. 47.

CHAPITRE II.

AGE.

Par rapport à l'âge considéré comme cas de non-imputabilité, voici ce que nous trouvons dans le chapitre II
au titre 47, de la loi des Bourguignons. Quand les enfants des brigands n'ont pas atteint au moment de la
perpétration de l'infraction l'âge de 10 ans, ils sont

regardés par la loi, comme irresponsables, et ne sont pas poursuivis, lorsqu'ils n'ont pas dénoncé leurs parents. « Hi vero sceleratorum filii, qui perpetrati cri-
» minis tempore intra decimum ætatis annum inve-
» nientur, ab hac amittendœ libertatis condemnatione
» habeantur immunes. Quia sicut in tam parvâ ætate
» intellectus eorum scientiam commissorum a patre
» criminum non habebit, ita nec culpari poterunt, nec
» ingenuitatis, præjudicium sustinebunt; et sortem
» parentum vel facultatem filii, qui innocentes fue-
» rint, vindicabunt. » (*Lex Burgundiorum*, t. XLVII.
chap. III).

Nous trouvons encore une disposition d'un capitulaire de Louis le Pieux (819, *de interpretatione legis Salicœ*, t. V, Baluze, t. I, p. 618) dans laquelle, par rapport à l'âge, existe un cas de non imputabilité. Elle est ainsi conçue : « Si quis puer infra duodecim annos
» aliquam culpam commiserit, fredus ei non requira-
« tur. » Ainsi dans ce capitulaire, l'enfant qui est au-dessous de douze ans n'encourt aucune responsabilité. Voici ce que nous dit à propos de l'âge, Beauma-noir dans ses Coutumes de Beauvaisis ch. XVI, § 10. « Quant enfes qui est sous aagiés fet aucun cas
» de crieme, on doit regarder la manière du fait et la
» discrétion qu'il a selon son aage ; car il avient bien
» que un enfes de dix ans ou de douze, est si pervers
» ou si plains de malice, qu'il ne se veut atorner a nul
» bien fere. Etse un tex enfes fet un murdre par se
» volonté, ou par l'ennortement d'autrui, il doit estre
» jugiés ; mais s'il faisait larrechin, il ne serait pas

» jugiées, car ses aages l'excuserait. Ne de nul cas de
» crieme noz ne creons pas que li enfes qui est sans
» aage ne perdit ne membre ne vie, fors que por mort
» d'omme ou de feme tant seulement. »

Il résulte pour nous de ce texte de Beaumanoir, que
les enfants au-dessous de l'âge de dix ans, étaient toujours irresponsables. Au-dessous de l'âge de dix ans,
ou de douze ans, il ne voyait dans l'âge qu'une simple
excuse.

D'une disposition contenue dans l'art. 281 du Forz
de Béarn, on peut conclure que les mineurs de 14 ans,
n'étaient pas poursuivis pour vol. « Domani per cos-
» tume que tale persona qui panara de VI soos Morlaas,
» ensuus de age de XIIII ans, que aqueg atou se me-
» tut au pilloret, et aqui demore tant quant au Senhor,
» et aus juratz plazera, et pagui X soos Morlaas au
» profiet et barradura de la bielo, ale tant que la furt
» sie probat claramentz. »

La coutume de Bayonne regarde l'âge comme étant
un cas de non imputabilité (t. XXVI, § 3).

Bouchel t. II, p. 333 s'exprime ainsi sur la question
d'âge : « Jeunes enfants qui ne savent encore de mal,
» sont à excuser d'homicide. Car l'homicide ne peut
» être commis sans dol, malice et mauvais vouloir, qui
» ne se montre encore ès jeunes enfants, pourtant s'ils
» tuent, aucun ne sont à punir en aucune manière, car
» les jeunes enfants sont excuséz par innocence de
» conseil, ignorance de délibération et débilité d'aage
» par laquelle ils ne scavent, ne cognoissent ce qu'ils
» font, mais il faut icy entendre jeunes enfants qui en-

» core n'ont passé les sept ans, car ils ne sont alors
» capables de dol, finesse, cautelle et tromperie. »
Les enfants disent Julius Clarus (quest. 60, n° 2, et
Farinacius , quest. 92, n° 46-50 et 115), c'est-à-dire
ceux qui n'ont pas encore atteint l'âge de sept ans étant
incapables de malice, et n'ayant point encore assez de
raison pour savoir ce qu'ils font, sont entièrement
exempts de crime, et par conséquent ne doivent être
punis d'aucune peine.

Les criminalistes des XVIᵉ, XVIIᵉ, XVIIIᵉ siècles, reconnaissent tous, qu'il est un âge tellement peu avancé,
que le discernement doit être déclaré d'une manière
générale ne pas exister. A ces différentes époques
comme aujourd'hui, une poursuite criminelle ne pouvait être dirigée contre un enfant ; c'est ce que dit
Muyart de Vouglans (Inst. au droit Criminel, part. 3,
chap. IV, § 1). « Les enfants ou impubères, ne pouvant
» commettre le crime, comme étant incapables de dol,
» et de la faute nécessaire pour les former, sont exempts
» d'accusation. »

La question de discernement devait nécessairement
être examinée, jusqu'à l'époque où le sens moral ac-
quiert tout son développement. On connaît l'épreuve à
laquelle le juge soumettait l'enfant accusé de vol : il
lui présentait une pomme et un écu ; si l'enfant prenait
la pomme, il était déclaré *doli non capax*. Cette épreuve
n'est pas à l'abri de la critique.

Avant de terminer ce chapitre, nous avons pensé
que nous pouvions citer des règles remarquables et
qui valent la peine d'être rapportées : ces dispositions

appartiennent à un monument important de la législation étrangère, aux *Partidas* du roi Alphonse.

Au-dessous de quatorze ans, un mineur ne peut pas être accusé de crimes relatifs aux mœurs, « car, dit
» la loi, quand même un enfant de cet âge tenterait de
» faire un acte de cette nature, il ne pourrait pas l'ac-
» complir, et quand il en viendrait à bout, il n'aurait
» pas le discernement nécessaire pour comprendre ou
» bien savoir ce qu'il fait. »

Pour les autres crimes, tels que le meurtre, les coups et blessures, le vol, le législateur fait commencer l'âge de discernement à dix ans et demi, et encore la peine doit-elle être beaucoup plus légère que pour un adulte. Au-dessous de cet âge, il n'y avait lieu à aucune accusation légale. (*Partidas*, VII, ley. 9.)

On peut voir *Partid.*, VI, tit. XIX, ley. 4, que le législateur entend parler en première ligne de l'adultère ; on suppose, dans ce cas, que l'enfant de moins de quatorze ans n'a pas pu être corrupteur, et que sa coopération, si elle a existé, a été passive et inconsciente.

L'empereur Frédéric II dit aussi que l'enfant, à cause de l'innocence propre à cet âge, ne peut être coupable de meurtre. (*Constit. Sicular.*, lib. I, tit. XIII.)

Dès le xiiie siècle, la loi danoise n'avait pas vu de coupables au-dessous de quinze ans. (Kolderup-Rosenvinge, Grundriss, etc., p. 222.)

Le *Statut de Lucques* de l'an 1538, liv. IV, ch. LVIII, limitait la période d'irresponsabilité à dix ans et demi.

CHAPITRE III.

ALIÉNATIONS MENTALES. DÉMENCE. FOLIE. IMBÉCILLITÉ.
AFFECTIONS MENTALES. IVRESSE. SOMNAMBULES.

Après avoir soigneusement exploré, les différentes lois barbares et les Recueils de Capitulaires, nous nous sommes assuré, qu'il n'existait aucune disposition, qui put nous éclairer sur ce point. Ce n'est que vers le XIIIᵉ siècle, au commencement de la période coutumière de notre ancien droit français, que nous trouvons dans les recueils, que nous avons consultés, quelques passages relatifs à cette matière. On avait peut-être dès cette époque, et l'étude que nous en avons faite nous permet cette affirmation, des idées saines et justes sur l'aliénation mentale. Mais la science médicale n'en avait pas encore fait connaître toutes les variétés et toutes les nuances. La folie partielle, que nous désignons aujourd'hui sous le nom de *monomanie*, n'est caractérisée par aucune expression propre, et nous voyons qu'un seul terme exprime à la fois l'imbécillité et la démence.

Beaumanoir ne distingue que deux espèces de folie : l'une qui s'appelle folie naturelle, et l'autre désignée par le mot *forsennerie*. Les fous, dont veut parler Beaumanoir, quand il se sert de ces mots : « li fols naturex, » seraient, d'après nous, les idiots ou *mente capti* des Romains, ceux, en un mot, dont la folie est congéniale. Au contraire, l'expression « forsennerie » peut s'appliquer à toute folie acquise, et surtout à ce genre d'aliénation mentale, si connue des Latins, sous le nom de *fureur*, mais scientifiquement appelée *manie.*

Dans la *Somme rurale*, Boutellier ne distingue pas d'ordinaire les variétés de l'aliénation mentale ; il les comprend toutes sous cette dénomination générale : la forsennerie ; il emploie aussi le mot *furiosité.*

« Mais, si aucun par maladie de chief ou de forsen-
» nerie qui luy prenne, se désespère, sçachez que pour
» ce le corps ne doit estre mené à justice, ne ses biens
» sont forfaicts ne confisquez, combien que les cou-
» tumiers en usent du contraire, et mènent le corps
» à exécution de justice, et confisquent les biens »
(lib. II, t. XL, p. 869). Boutellier, dans ce passage, regarde le suicide du fou comme non imputable à l'agent, et veut que son corps soit à l'abri des peines qui frappent d'ordinaire les suicidés.

Voici encore au sujet de la *Somme rurale* de Bou-
tellier, (l. I, t. XXIX, note *e*), une annotation de Charondas le Caron: « Mais les delicts qui se commet-
» tent par douleur ou collere, sont plus doucement
» punis, d'autant qu'ils sont passions de la fragilité
» humaine, qui offusquent la raison, comme Cicéron
» monstre en plusieurs lieux. »

Terminons nos citations relatives à la période cou-
tumière par un passage emprunté au *Grand Coutumier de France* : « Et toutes fois les meffaicts aggravent ou allegent les peines en sept manières ; la première pour
» cause de la personne, si comme..... quand aucun

» excès est faict par une personne folle ou yvre. »
(*Grand Coutumier de France*, l. IV, chap. 6, p. 536).

C'est surtout l'état de la jurisprudence, et les règles
posées par les criminalistes des xvie, xviie et xviii^e
siècles, que nous allons retracer, sans trop insister
dans cette dernière partie du chapitre, qui a trait à la
démence et à la folie.

La théorie de la démence était suffisamment exposée,
mais l'application pratique laissait beaucoup à désirer.
Les magistrats étaient embarrassés, lorsqu'on préten-
dait invoquer ce moyen de défense. Cela se conçoit
facilement ; la science médicale des aliénistes étant
fort peu avancée à cette époque, ne pouvait servir
d'auxiliaire à la justice, et l'aider de ses lumières dans
des questions si délicates.

Les criminalistes, avaient pris pour point de départ
de leur théorie, ce principe de raison naturelle, consacré par le Droit romain, que l'acte d'un fou ne lui est
pas imputable : « Si per furorem occiderit, impunitus
» erit. »

Ils admettaient généralement, que ceux qui sont
attaqués de cette maladie, n'ayant aucune volonté, ne
peuvent être regardés comme criminels. La personne
atteinte de folie ou de démence était protégée par le
malheur qui l'avait frappée. Aucune peine ne pouvait
être prononcée contre elle. Cette règle, que les crimes
commis par les fous furieux ne sont point punis a lieu,
même à l'égard des fous qui viendraient à recouvrer
l'usage de la raison (Farinac, *Quest.* 94).

Il en serait de même (*Quest.* 74, n° 5-10), dans le cas où le fou aurait des intervalles lucides, mais il serait nécessaire de prouver que l'accusé était fou au moment où il a commis l'action.

Bouchel, dans son *Dictionnaire de Droit criminel*, t. II, p. 333, s'exprime ainsi : sont aussi à excuser d'homicide, les enragés, et gens qui sont hors de leur bon sens, qui par grande faute de sens sont enragés et se nomment frénétiques; car tels ne sont en nulle manière punissables pour homicide, car leur malheur, pauvreté ou faute de sens, les excuse, ce qui les afflige et tourmente assez en eux-mêmes, sans qu'on les punisse par dehors; car les délicts et meffaicts ne sont commis sans cognaissance d'entendement, et de consentement. Pourtant, tout ce qu'ils font à un autre est tenu, estimé et réputé pour un malheur ou accident. »

Le même Bouchel, est non moins affirmatif dans d'autres passages, où il cite des exemples que nous ne croyons pas inutile de rapporter : « Les lois tant divi- » nes qu'humaines excusent les actes et forfaicts com- » mis par les furieux insensés et mélancholiques, pré- » sumant n'avoir esté faicts par malice, délibération, » ou de guet à pens ains par une imprudence, ou plus » tôt rage et fureur. » Ici l'auteur rapporte que de son temps à Montauban, un avocat du nom de Testete et sa femme furent tués par un autre avocat appelé N. de Piscatoribus, leur voisin et leur intime ami devenu fou à la suite de jalousie; un arrêt fut rendu, sur le rapport des médecins, et de Piscatoribus fut confié à la garde du sieur Merlanes, son proche parent, qui dut prendre soin de sa personne et le surveiller sous sa responsabilité. Ce malheureux vécut encore vingt ans dans cet état, enfermé dans une chambre.

En l'an 1582, dit-il plus loin, un gros paysan des environs de Fronton, « au retour de sa folie qui avait » de grands intervalles, tua sa mère à coups de cou- » teau, au moment où s'apercevant que les accès de » folie reprenaient, elle voulait le retenir et l'enfer- » mer ; de quoi estant prévenu, il fut visité par des » médecins, qui déclarèrent dans un rapport qu'il était » fou ; il fut relaxé par arrêt de la cour, et remis aux » consuls du lieu, qui durent s'occuper de sa per- » sonne et le faire soigner. »

Ici se place une question qui doit appeler toute notre attention et que nous allons développer d'une façon complète, parce qu'elle nous servira à traiter plus facilement une question de même nature dans notre législation pénale actuelle. Nous faisons allusion aux règles de procédure suivies autrefois pour la constatation de la folie.

Le crime a lieu dans la folie, ou la folie est survenue depuis le crime.

Dans le premier cas, on appliquait les principes dont nous venons de parler.

On prouvait la folie par les discours, par les faits ou indices, et, par le rapport des médecins. Déjà on reconnaissait les services immenses que devait rendre la médecine en cette matière, et Zachias, en ses questions médico-légales (décis. 4, § 5), dit que le rapport des médecins était d'une grande nécessité, parce que la folie étant une maladie du cerveau, le médecin pouvait se prononcer d'une façon plus sûre.

Le juge devait, 1° interroger l'accusé en particulier ; 2° le faire visiter par les médecins, auxquels il faisait prêter serment avant la visite et leur rapport ; 3° faire une enquête des actes de folie, qu'il a faits pour savoir, si cet accusé a eu des intervalles lucides et si avant le crime il avait déjà eu des accès de folie ; les parents pouvaient demander cette enquête.

Dans le second cas, on suppose que l'agent était sain d'esprit, au moment où il a commis le crime, mais lors des poursuites dirigées contre lui, il est devenu fou. Ici on distinguait trois cas : 1° la folie est survenue, avant que l'instruction du procès ait été achevée ; 2° elle est survenue après l'instruction achevée, mais avant la condamnation ; 3° elle n'est survenue qu'après la condamnation.

Dans le premier de ces trois cas, il fallait distinguer si l'instruction avait été déjà commencée, si l'accusé avait été entendu en ses défenses, avant que la folie fût survenue, de sorte qu'il ne restait plus à prendre contre lui que des conclusions, et à procéder à son jugement ; dans ce cas, il pouvait être condamné, mais seulement à une peine pécuniaire (Julius Clarus, *quœst.* 60, n° 7). Mais si l'instruction et la procédure n'étaient point encore achevées, lorsque cette folie est survenue, alors l'accusé, après que la folie avait été constatée, ne pouvait être condamné, même à une peine pécuniaire, parce qu'il est juste, qu'un accusé soit entendu en ses défenses avant de pouvoir être con-

damné ; il n'y aurait pas lieu de lui donner un cura-
teur, comme au sourd-muet, puisqu'il serait incapable
de lui indiquer ses moyens de défense, tandis que le
sourd-muet peut se faire comprendre par signes ou
autrement (Muyart de Vouglans, *Inst. au Droit crim.*,
p. 55).

Dans le second cas, la folie est survenue après l'instruction entièrement achevée, mais avant la condamnation. Jousse dit que, dans ce cas, la peine ne doit
être que pécuniaire. Muyart (p. 656) admet qu'elle
peut être corporelle ou pécuniaire, mais qu'elle ne doit
point aller jusqu'à la mort.

Dans le troisième cas, enfin, où la folie survient après
la condamnation, si la condamnation prononcée contre
l'accusé est de quelque peine corporelle, elle ne doit
point être exécutée, mais seulement quant à la peine
pécuniaire et quant à la confiscation, s'il en a été prononcé quelqu'une, et il faut alors le condamner à être
renfermé dans quelque maison de force. Tel était l'avis
de Jousse ; Muyart de Vouglans, a émis la même opinion ; cependant, il n'admettait pas que l'accusé,
devenu fou, depuis la condamnation, fut déchargé de
la peine de mort ; le crime qui lui était reproché était
au nombre de ceux qui demandent une punition exem-
plaire, et pour lesquels l'ordonnance criminelle de
1670 voulait que le procès fut fait au cadavre, ou à la
mémoire du défunt.

Il nous reste avant de passer à la législation étrangère, à signaler l'opinion des criminalistes par rapport
à certains états pathologiques, que la science médicale

de nos jours a rattachés à l'aliénation mentale, et qui en sont en quelque sorte des variétés. Nous verrons aussi rapidement ce que pensèrent du somnambulisme et de l'ivresse quelques-uns de nos anciens auteurs, nous réservant de compléter nos observations et nos recherches sur ces questions, dans notre quatrième partie.

Bouchel prétend que de son temps, les hommes appelés Loups-garous, étaient des malheureux *possédés de l'humeur mélancolique*, maladie que les médecins d'alors désignaient sous le nom de *Lycantropie*; voici un exemple rapporté par lui : » Un habitant de la cam-
» pagne, enclin à l'*humeur mélancolique*, pressé par la
» famine et voyant l'état de détresse de sa famille, de-
» vint fou et se persuada qu'en devenant loup, il pour-
» rait en chassant nourrir sa famille ; il revêtit une
» peau de loup, *auquel pour mieux se transmuer et*
» *ressembler*, et se mit à marcher à quatre pattes. Il
» courait ainsi les champs en hurlant ; il enlevait les
» petits enfants qu'il mordait, étranglait et dévorait
» ensuite. Il fut pris un jour, et on découvrit que ce
» n'était pas un loup, mais un homme. Sur le rapport
» des médecins constatant son état de folie, il fut ren-
» fermé dans une prison, jusqu'au moment de sa gué-
» rison. » Voir aussi La Roche Flavain, arrêts notables du Parlement de Toulouse.

Somnambules. — Charlemagne dans ses capitulaires, dit que le somnambule homicide n'encourait aucune irrégularité ; il était assimilé à l'enfant et à l'homme en démence (cap. *si furios.* Ext. de *Hom. volunt. vel casual*).

Les Clémentines portent au liv. V, t. IV, I, *de Hom. volunt et casual.* « Si furiosus aut infans seu dormiens » hominem mutilet, seu occidat, nullam ex hoc irregu- » laritem incurrit. »

Bouchel dit, que *dormeurs qui tuent en dormant,* ne sont pas coupables d'homicide, parce qu'ils n'ont *ni sens, ni entendement.* Barthole, dit qu'il faut regarder comme malheureux, les faits qui commis pendant le sommeil, ne sont pas imputables à l'agent. Cependant s'il était prouvé que le somnambule nourrissait des idées de vengeance contre son ennemi, et s'il venait à le frapper mortellement pendant son sommeil, certains auteurs en concluaient que, c'était là une réalisation pure et simple des projets arrêtés pendant la veille ; ils prétendaient, que ceux qui connaissaient leur état, devaient se renfermer la nuit, pour que toute action nuisible, fut ainsi évitée. Assurément la mesure recommandée était bonne, mais supposons qu'elle ait été omise, il n'en fallait pas déduire la culpabilité.

Ivresse. - Il est question d'ivresse dans un passage du Grand Coustumier de France, ch. VI p. 536, dont nous avons parlé plus haut. Bouchel ne voit aucune criminalité, dans l'homicide accompli dans un état complet d'ivresse.

Cas d'aliénation mentale dans la législation étrangère. — En traitant de la non-responsabilité en cas d'insanité, la loi des *Partidas* emploie encore une grande abondance de paroles, après lesquelles nous trouvons cette conclusion assez rationnelle : « Quand un pareil

» homme a fait une chose, pour laquelle un autre au-
» rait été pris et mis à mort, s'il n'a pas agi dans son
» bon sens, on ne doit pas le lui imputer à faute comme
» on le ferait à l'égard de quelqu'un, qui aurait agi
» dans la plénitude de son entendement. » (*Partidas* I,
t. I, ley XXI, *et Partid.* VII, t. I, IX, *Ibid.* VII, ley. 3).

L'ivresse atténue le délit, suivant les *Partidas* ; c'est
même quelquefois suivant cette législation, un cas de
non-imputabilité. Ainsi « quand un homme qui a bu
» avec excès, dit du mal du roi, il n'est nullement
» punissable. » (*De regul. juris, lex* 184).

« Dans ce même état d'ivresse, si quelqu'un commet
» un meurtre, au lieu d'être condamné à mort, il sera
» relégué pour cinq ans dans une île. » (Partid. VII,
II, ley. 6).

CHAPITRE IV.

CONTRAINTE.

Dans le droit germanique, il nous a été difficile de
recueillir des dispositions se référant à la contrainte.
Voici cependant un passage d'un capitulaire de Dagobert II (630, Baluze, t. I, p. 126) d'où résulte la non
imputabilité, dans le cas de contrainte :

« Si quis oves in pignus contrà legem tulerit, taceat
» de causà pro quà pignus tulit, et cum solido com-
» ponat. Nisi forte ille homo alias res non habet per
» quas possit pignus tollere, si nisi ipsas oves nihil

» aliud habet, non erit culpabilis, quia necessitas hoc
» compellit facere. »

Deux autres cas sont indiqués, le premier dans un
capitulaire de Louis le Pieux, de 829 (Baluze, t. I,
p. 672); le second dans un capitulaire de Louis le
Bègue. (879, cap. 6, Baluze, t. II, p. 280.) Ce dernier
cas est mieux caractérisé que le précédent.

A la page 320 du Commentaire de Soulatges, sur la
Coutume de Toulouse, nous voyons la contrainte considérée comme cas de non-imputabilité, dans le cas
suivant : La femme ne peut pas être accusée d'adultère
par son mari, lorsqu'elle a été violée de force (et cela
suivant la loi 13, § 7, et la loi 39 ff *ad leg. Jul. de adult.*)
La contrainte (*justum impedimentum*) mettait à l'abri
de toute peine, celui sur lequel elle avait pesé. (*Statuta
municipalia Arelatis*, art. 1, § 1.)

Quant à l'ancienne Jurisprudence générale, en matière de contrainte, à défaut de textes suffisants dans les
ordonnances, elle construisait sa doctrine théorique
sur ceux du droit romain, qu'elle empruntait indiffé-
remment, soit aux matières civiles, soit aux délits
privés, fort peu au véritable droit pénal public. (Lois
6 et 9, IV, II : « Quod metus causâ gestum erit. » D.
— Lois 2 et 3, D. IV, VI : « Ex quibus causis majores
» in integrum restituuntur. » — Loi 13, II, IV :
« De transact. » — Loi 9, II, XX : « De his quæ vi
» metusve causa gesta sunt. »

Voici, au sujet de la contrainte, ce que dit un ancien criminaliste, Muyart de Vouglans, *Lois criminelles*, p. 31, qui énonce les conditions dans lesquelles

on devait se trouver, pour que la contrainte constituât un cas de non imputabilité : « Toutes sortes de » craintes et de violences, dit-il, ne sont pas capables » d'exempter de crimes et de peines; il faut qu'elles » soient justes, et fondées sur des causes graves et ca- » pables de faire des impressions assez fortes, pour que » l'homme le plus ferme en fût ébranlé. »

C'était aussi, comme nous l'avons déjà vu, la défi- nition des jurisconsultes romains : « Vani timoris ex- » cusatio non est. (Loi 184, D. *De reg. Juris.*) Metum » autem non vani hominis, sed qui merito et in homi- » nem constantissimum cadat. » (Loi 6, Dig. *Quod metûs causa.*)

La force et la violence ne se présumant point, c'était à celui qui alléguait ces faits, à les prouver par des conjectures et par les circonstances de l'action.

Dans un titre des *Partidas* (*Partid.*, VII, XXXIII, *ley.* 7), il est dit qu'on peut être déchargé de toute responsabilité morale, pour avoir obéi à une force ma- jeure : « Ce qui peut ôter toute criminalité à un acte, » c'est ce qu'on appelle en latin *metus*, et ce qui se » traduit en langue vulgaire par la crainte de la mort, » ou des tortures du corps, ou de la perte de la liberté, » ou d'une flétrissure à subir ; enfin toutes les espèces » de craintes qui, comme nous l'avons dit ailleurs, » sont de nature à annuler les conventions et les juge- » ments, et qui peuvent faire impression, non seule- » ment sur les plus faibles, mais sur les plus forts; il » n'en est pas de même des craintes que l'on pourrait » appeler vaines, etc. »

CHAPITRE V.

Dans la loi des Bavarois (chap. VI du titre XIX),
il est dit que, si un juge a rendu une sentence injuste
par erreur, il est à l'abri de tout reproche ; il n'y
aura pas pour lui de faute imputable. Ce texte est ainsi
conçu : « Si vero nec per gratiam, nec per cupidita-
» tem injustè judicaverit, judicium ipsius quo errasse
cognoscitur, non habeat firmitatem ; judex vacet a
culpâ. «

La loi des Wisigoths (lib. II, t. I, chap. XX,) ren-
ferme une disposition conçue dans le même sens : « Si
» autem per ignorantiam injustè judicaverit et sacra-
» mento se potuerit excusare, quod non per amicitiam
» vel cupiditatem, aut per quodlibet commodum sed
» tantummodo ignoranter hoc fecerit, quod judicavit
» non valeat, et ipse judex non implicetur in culpa. »

Il nous a semblé voir un cas d'ignorance de fait au
chapitre I, t. VI : « De conjugiis ignoratis, lex Fri-
« sionum. »

Dans un capitulaire de Dagobert II, de 630, Baluze
(tome I, p. 606) « le judex qui per errorem injustè
» judicaverit », est déclaré non coupable.

Il est question d'ignorance, dans plusieurs passages
des Capitulaires (voir Baluze, tome I, p. 118, 155, 890),
« Si quis de jure nesciens aliquid emerit, quærat ac-
» cepto spatio furem. Quem si non potuit invenire,

» probet se sacramento et testibus innocentem, et rem
» restituat, et furem quærere non omittat. »

A propos de l'ignorance, et de l'erreur de droit en
matière pénale, Beaumanoir, dans les Coutumes de
Beauvaisis, s'exprime ainsi, (p. 448, n° 94, t. I). « On
» doit moult secorre les negligens qui ne sevent pas
» les coutumes. » Et plus loin (tome II, p. 63, n° 6) :
« On se doit peure plus près en jugement d'assaure
» (absoudre) que de condamner, quand cil que le def-
» fend, met en se deffense, cause de bonne foi » (t. II,
p, 63, n° 6).

Les §§ 9 et 12, chap. XXX, *des Meffès*, ont trait
seulement à l'ignorance et à l'erreur de fait. Nous
pouvons faire la même observation pour le § 7, *des
Larrechins*, etc.

L'ignorance et l'erreur de fait sont clairement établies, comme excuses dans divers cas par la *Somme
rurale*, v. chap. XXIX, l. I, § *Pour cas d'adventure*, et
§ *Quand plusieurs sont à un délit*.

Les *Statuta municipalia Arelatis* regardaient comme
exempte de culpabilité la conduite de celui qui, à son
insu, donnait l'hospitalité au *fur* et au *latro*, ou faisait
ou employait une *cartulam falsam* (art. 24 et 30).

La Coutume d'Acs contient une excuse légale reposant sur l'ignorance et sur l'erreur (*Coutume d'Acs*,
t. XIII, § 5).

Les anciens criminalistes, pour l'ignorance et l'erreur soit de fait, soit de droit, avaient adopté les principes de la doctrine et des lois criminelles de Rome, en
les mélangeant de certains textes du droit civil. Le

pouvoir arbitraire des juges leur permettait de s'appuyer largement sur l'intention de l'agent, et la théorie compliquée du *dolus* et de la *culpa*.

Nous croyons devoir rappeler quelques-uns des principes qu'ils ont posés.

L'ignorance et l'erreur de droit peuvent contribuer à faire diminuer la peine, dans les crimes et délits (Farinacius, *Quest.*, nos 91 et suiv.).

Lorsque l'ignorance de droit a lieu à l'égard de choses défendues par le droit naturel ou divin, ou par le droit des gens, elle ne peut excuser du dol (Farin., *Quest.*, 90, nos 98-101).

L'ignorance et l'erreur de droit ne se présument jamais, et c'est à celui qui l'allègue à le prouver; ce qu'il peut faire par des indices et autres conjectures (Farin, *Quest.*, 90, nos 105-107).

A l'égard de l'ignorance de fait, quelque grossière qu'elle soit, elle excuse toujours du dol, et par conséquent de la peine; par exemple, si on trouve quelque chose qu'on croit être à soi, et qu'on l'emporte, et que cette chose se trouve être à autrui. Il en est de même si, voyant quelque chose de loin remuer dans un bois, et croyant que c'est un animal, je tire sur lui, et que je tue un homme sans le savoir (Farin., *Quest.*, 90, no 94).

TITRE II.

CAS DE JUSTIFICATION.

CHAPITRE PREMIER.

LÉGITIME DÉFENSE.

Il est question de légitime défense au chap. XIX, tit. VI, lib. VI, loi des Wisigoths, en matière d'homicide et de parricide. Si pater filium, aut mater filiam, » aut filius patrem, aut frater fratrem, aut quemlibet » sibi propinquum, gravibus coactus injuriis, aut » dum repugnat, occidit, et hoc idoneis testibus, qui- » bus merito fides possit adhiberi, apud judicem potue- » rit approbare, quod parricidium, dum propriam » vitam tuerit admiserit, securus abscedat, nec ullum » vitæ periculum, aut dispendia facultatum, vel tor- » menta formidat, illa discretione servata, quæ in » cunctis casibus est de homicidiis constituta. » Dans ce passage de la loi des Wisigoths, le cas de justification tiré de la légitime défense est nettement caractérisé.

On peut tuer impunément le voleur de jour quand il » se défend. « Fur qui per diem se gladio defensare » voluerit, si fuerit occisus, mors ejus nullatenus re- » quiratur (loi des Wisigoths, VII, II, XV).

On a le droit de tuer le voleur de nuit (défense des biens. « Fur nocturnus captus in furto, dum res furti-

» vas secum portare conatur ; si fuerit occisus, mors
» ejus nullomodo vindicatur » (loi des Wisigoths, VII,
II, XVI).

Il est permis de faire périr, celui qui viole le domicile
avec armes.

« Si. quis evaginato gladio, vel quolibet genere
» armorum munitus, præsumptivo modo in domum
» alienam intraverit, cupiens dominum domus occi-
» dere, si ipse fuerit occisus, mors ejus nullatenus
» requiratur » (loi des Wisigoths, VI, IV, II).

La loi des Allemands, au chap. 107, § 1, nous offre
un cas de justification reposant sur la légitime défense.

« Si quis res alienas, aut ecclesiæ malo ordine invaserit,
» et alius facienti violentiam repugnaverit, is nullum
» crimen admittit ; quia non facit violentiam, qui vim
» repellit, aut qui malè agenti contradicit.»

Les décrets « Tassilonis ducis » contiennent un cas
de légitime défense, *de popularibus legibus*, § 3. « Ut
» si quis domum tam liber, quam servus alterius effo-
» dierit, et ibi occisus fuerit, sine compositione in sua
» damnatione permaneat. Si autem suppellectilia abs-
» tulerit, de eâdem domo, et eo fugiente in curtem,
» vel extra curtem hic qui damnum tulit, consequere-
» tur, et interfecerit, pari subjaceat sententiæ, » etc.

Parmi certains passages des lois des Lombards, nous
citerons un texte qui forme le *principium* du chap. XX,
du livre IV, des lois de Luitprand.

Il est question dans cette disposition de la légitime
défense.

Le passage est ainsi conçu : « Si quis liber homo

» se defendendo hominem occiderit, et si probatum
» fuerit, quod se defendendo liberum hominem occi-
» derit, sic eum componat, sicut in anteriore edicto
» continetur, quod Rotharis gloriosissimus Rex insti-
» tuit. »

Un capitulaire de Dagobert, II, 630 ; Baluse, t. I,
p. 90, reproduit un cas de justification tiré de la légitime défense, emprunté à la loi des Allemands.

Le cas de justification de la légitime défense, est
formellement constaté par Beaumanoir.

En indiquant les cas où l'on peut tuer sans être
poursuivi, Beaumanoir dit qu'il y a deux cas : dans le
cas de guerre et dans le cas de légitime défense, « si
» est de tuer autrui, sor soi deffendant. Mestre autrui
» a mort, sor li deffendant, est quant aucuns ne se
» done garde, c'on le doie assalir, et on l'assaut par
» haine, ou par roberie, ou à la requeste d'autrui par
» loier. Le cil qui en tel manière est assalis, voit qu'il
» getant ali, sans merci, caus qui portent peril de
» mort, et est si apressès, qu'il ne se pot mettre a ga-
» rant, il li loist a li deffendre ; et se il, en soi deffen-
» dant, en met aucuns à mort, on ne l'en doit riens
» demander, car il le fet por la mort esquiver. Et s'il
» est appelés en jugement, sor celx ocizion, il pot bien
» venir avant, et atendre droit : mais qu'il puist bien
» estre prové qu'il le fit sor li deffendant, si comme dit
» est. » Les conditions dans lesquelles doit se trouver
celui qui est l'objet de l'agression, sont parfaitement
décrites, comme l'indique la fin du passage, celui qui in-
voque l'état de légitime défense doit en faire la preuve.

Voici la doctrine de Bouteiller dans sa *Somme rurale* :

« ..... S'il advient que...., les assalis, en eux deffen-
» dant, navrent ou tuent aucun des assailleurs, sachez
» que par raison escrite amender ne le doivent les
» assalis..... en justice. » (Bouteillier, II, XL, §,
d'Assalir sur son lieu).

Voici encore d'autres passages du même auteur, relatifs à la légitime défense : « Encores y a autre de-
» cretale qui dit que celuy qui occist le larron en
» emblant, ne doit porter pénitence.

» Encores y a-t-il, loy de civil qui veut que qui occist
» larron en emblant, qu'il n'en soit à nulle peine, par
» especial, quand c'est de nuict (II, XL, §, d'occire
» le larron en emblant.) »

Dans le Fors de Béarn, nous voyons que l'assaut de
la maison, peut donner naissance au droit de légitime
défense. (Fors de Béarn, art. 23.)

Au sujet de la légitime défense, la Coutume d'Acs,
s'exprime ainsi : « Si en se départant ou en se défen-
» dant, l'on fait blessure, ou playe, celuy qui fait la
» playe n'encourt aucune amende. » (Coutume d'Acs,
XIII, § 5.)

La Coutume de Bayonne parle aussi de la légitime
défense. (XXVI, § 9.)

Dans l'ordonnance de Villers-Cotterets (1539), il est
question de légitime défense (art. 168.)

L'art. 2 du titre XVI de l'Ordonnance criminelle de
1670 (août 1670) fait mention de la légitime défense.

La théorie de la légitime défense est une de celles
qui furent le mieux comprises des anciens crimina-

listes. Jamais on n'a contesté à celui qui est victime
d'une attaque, le droit de la repousser par la force.
Nous avons vu, dans notre première partie, que les
jurisconsultesromains n'avaient pas manquédesignaler
les conditions de légitimité, que devait remplir cette
défense, lorsqu'elle avait pour résultat la mort de
l'agresseur. Nous venons de constater plus haut, que
les Coutumes et les Ordonnances s'accordaient à proclamer l'exemption de la peine, au profit de celui qui
est obligé de lutter pour défendre sa personne.

Les anciens criminalistes admettaient aussi, que le
droit de légitime défense pouvait être exercé pour repousser une attaque injuste dirigée contre la personne,
les biens, l'honneur, et qu'il était même permis de
prendre, dans certaines circonstances, la défense d'autrui. Muyart de Vouglans autorise, en pareil cas, la
défense des proches ; il admet que le père peut être
légitimement défendu par son fils, le fils par son père,
la femme par son mari, le maître par son domestique.

Voici les conditions prescrites par les anciens auteurs,
pour exercer le droit de légitime défense : Quand l'agression est dirigée contre la personne, on peut tuer l'agres-
seurlorsque la vie est en danger ; mais celui qui vient
invoquer la légitime défense, doit prouver qu'il a été
attaqué, et avec un tel avantage de la part de l'agresseur, qu'il était impossible de sauver sa vie, autrement
qu'en le tuant. A ce propos, Damhoudère conseille la
fuite si elle est possible (ch. LXXVI, nº 9), tout en
faisant une distinction, qui met en lumière un curieux
trait de mœurs : Cependant, dit-il, si vous appartenez

à une nation qui regarde la fuite, comme une action déshonorante, si, par exemple, vous êtes citoyen de Pérouse, ne fuyez pas, et frappez, les magistrats vous acquitteront ; si, au contraire, vous êtes Florentin, fuyez , et ne vous laissez pas frapper par derrière. Il fallait encore prouver, que la mort avait été donnée sur le champ pour repousser l'attaque, de sorte qu'elle était le résultat de la défense et non de la vengeance.

Il était aussi permis de tuer le voleur, qui s'introduisait avec armes dans une maison, lorsque, ne tenant aucun compte des cris « Au secours ! » il persistait dans son dessein ; on pouvait être porté à croire que ce n'était pas un voleur vulgaire, et qu'il ferait usage de ses armes.

Quant au malfaiteur, qui pénétrait dans une maison la nuit, comme nous l'avons vu en droit romain, les anciens auteurs étaient d'avis, qu'il était permis de le mettre à mort, parce qu'on ne connaît pas ses intentions.

Il était licite, autrefois, de donner la mort pour défendre son honneur ; pour éviter un soufflet, on avait le droit de tirer l'épée : la perte de l'honneur était considérée comme aussi grande, que celle de la vie et des biens ; alors, comme aujourd'hui, l'honneur et la bonne réputation étaient préférés à l'argent.

Une circonstance plus grave, était celle assurément où l'honneur d'une fille était en jeu. Celui qui tuait l'homme qui voulait porter atteinte à l'honneur d'une fille, devait rester impuni. Les anciens criminalistes étaient, sur ce point, d'accord avec la loi romaine qu'ils prenaient si souvent pour guide : « Qui stuprum » sibi, vel suis per vim inferentem occidit, dimittendus est (l. 1 § 4 *ad leg. Cornel.*).

Nous citerons, pour terminer, ce qui est relatif à la légitime défense dans notre ancien droit français, un arrêt du Parlement de Toulouse, du 2 juin 1582. Une mère, qui avait tué d'un coup de couteau un capitaine qui voulait violer sa fille, fut mise en liberté et obtint même une réparation sur les biens du ravisseur.

Plus la police sociale est imparfaite, plus on laisse le champ libre à la défense individuelle.

Celui qui tue sciemment, disent les *Partidas* (*Partidas*, VII, tit. VIII, l. 2), un homme, soit libre, soit esclave, doit subir la peine de l'homicide. Mais il en sera autrement, s'il a vu venir contre lui l'homme qu'il a tué avec un instrument tranchant, épée, pierre, épieu ou autre arme quelconque, car il aurait pu arriver que s'il avait attendu d'être frappé le premier, il n'aurait plus pu se défendre ensuite.

Un peu plus loin, les *Partidas* permettent de tuer le voleur de nuit, ou l'incendiaire nocturne de maison, de moissons ou d'arbres (*Partid.* VII, tit. VIII, ley 3).

Les *Partidas* semblent admettre dans cet article, que l'on peut tuer non seulement pour se défendre soi-même mais pour défendre un tiers.

La *Caroline* traite de la Légitime défense, dans les art. 139, 145, 150, 154.

CHAPITRE II.

ORDRE. PERMISSION DE LA LOI. D'UN CHEF LÉGITIME.

Dans la loi des Lombards, au titre 89, se trouve un passage qui justifie l'arrestation des malfaiteurs.

Il est permis de tuer l'esclave en fuite, que l'on poursuit et qui résiste. On sera à l'abri de toute action.

L'ordre du maître, justifie certaines infractions de l'esclave (lib. VI, tit, XL, cap. IV *in fine*, Loi des Wisigoths).

Dans le même ordre d'idées, nous trouvons cette disposition vraiment remarquable au lib. VII, tit. II, cap. 5, 1. des Wisigoths, à propos du vol, que l'esclave restera impuni s'il a agi d'après les ordres de son maître. « Servus autem ideo erit idempnis, quia Domini jubentis obedivit imperiis.

Il en est de même en matière de plagiat (lib. VII, tit. III, ch. V) : « Si servus ingenuum plagiaverit, ex » jussione domini, ipse dominus compositionem, quæ » est de ingenuis constituta compellatur implere : ita » ut dominus centum flagella publica suscipiat, et » servum jussa complentem molestia non attingat. » Le texte est formel, et nous dispense de tout commentaire.

Ceux qui auront commis des *invasiones* et des *direptiones*, pour obéir à leur patron ou à leur maître, ne seront pas regardés comme coupables, « culpabiles ha- » beri non poterunt, quia non suo excessu, sed majoris » imperio, id commisisse probantur » (loi des Wisigoths, lib. VIII, t. I, c. I).

L'ordre de la loi justifie d'avance les résultats du duel judiciaire (t. XCIV, loi des Allemands).

L'ordre d'un chef légitime, justifie le vol et le pillage du subordonné en campagne (t. II, cap. V, § 1, loi des Bavarois).

Celui qui aura tué, pour obéir au roi ou à son chef légitime ne pourra être poursuivi (t II, cap. VIII, § 1, loi des Bavarois).

Dans un Capitulaire de Charlemagne, de 789, il est dit qu'on ne peut tuer un homme, que lorsque la loi le commande , et non *occidatur homo, nisi lege jubente*. (Baluze, tom. I, p. 236, 518, 770, 991.)

Un cas de justification tiré, de l'ordre du roi, d'un chef légitime, se trouve dans un Capitulaire du roi Dagobert II, 630 (Baluze, tome I, p. 104).

Les Capitulaires des rois Carlovingiens reproduisent ce passage.

Voici les cas de justification fondés sur la permission de la loi, que nous pouvons signaler dans les Coutumes de Beauvaisis : « En son fief, put bien li gentix hom
» tenir armes, qui se doute, et ses amis avec ques li, mes
» qu'il ne mefface à autrui; ains le fait proprement, et
» por son corps garder et défendre comme par guerre
» aouverte ou por manaces qui lui ont esté faites. (Des
» *Meffès*, § 35). Se li borgeois ou cil de poeste..... ne
» volent requerre, ou ne daignent requerre, et ils ont
» meffet ax gentils homes et li gentil home s'en vengent,
» on ne lor en doit rien demander. (*Des guerres*, § 6),
» Voici un cas de justification qui est très-important :
» Il est commun porfis à toz que la justice luis puist

» penre, por cas de crime et abus, et lois, et avant
» tuer, s'ils se deffendent, (*por*) qu'ils n'escapent (*Des*
» *Meffès*, § 61). » Ce principe est largement appliqué
pour la poursuite de la capture des coupables : « Il est
» commun porfis que cascun soit sergans et ait pooir
» de penre et d'arrester les malfaiteurs. » (*Des Lar-*
rechins, § 14).

Il est question de l'ordre, ou de la permission de la
loi dans la Somme rurale, à propos de l'homicide sous
commandement de justice.

Les dispositions relatives à l'ordre, ou à la permission
de la loi, sont assez nombreuses dans les *statuta muni-*
cipalia Arelatis ; l'article 14 justifie celui qui porte des
armes dans certaines conditions ; l'atteinte à la liberté
individuelle des meurtriers est protégée par l'autorisa-
de la loi (art. 49).

« Cum homo juste occidetur, lex eum occidit, non
» tu. Corpus juris Canonici, decreti secunda pars, causa
» 23, quest. 5, cap. 41, prin. I, § 2. » Ce texte explicite était aussi juste en droit pénal, qu'en droit Canon. Il est évident en effet, que l'ordre ou la permission
de la loi justifie la conduite de l'instrument, qu'elle
emploie ou autorise.

Bouchel (t. II, p. 331), nous dit : « qu'il est permis
» de tuer le banny, ou autre ennemy du pays, lequel
» le juge ordonne d'estre tué. »

Il est permis de tuer par charge, et autorité du juge,
ainsi que font les bourreaux et officiers de hautes-œu-
vres. (Bouchel, p. 332, t. II).

TITRE III.

CHAPITRE I.

DROIT CONCÉDÉ AU MARI OU AU PÈRE EN MATIÈRE D'ADULTÈRE.

Les cas de justification établis sur la permission, ou l'autorisation de la loi, se trouvent dans une foule de textes de la loi des Wisigoths : par exemple en fait d'adultère par viol, ou du consentement de la femme, le mari peut faire ce qu'il veut des coupables (lib. 3, t. IV, cap. 1, 3).

« Si quis uxori alienæ adulterium intulerit violen-
» ter, si ipse adulter filios habens legitimos talia per-
» petraverit, ipse solus absque rebus addicatur marito
» mulieris. Si autem filios legitimos non habuerit,
» quibus facultas sua deberi legitime possit, cum om-
» nibus rebus suis in potestatem mariti mulieris de-
» veniat, ut in ejus potestate vindicta consistat, quod si
» mulieris fuerit fortasse consensus, marito similis sit
» potestas, de his faciendi quod placet.

« Si cujuslibet uxor adulterium fuerit, et depre-
» hensa non fuerit, ante judicem competentibus signis,
» et indiciis maritus accuset. Quòd si mulieris adul-
» terium manifeste patuerit, adulter et adultera se-
» cundum superioris legis ordinem ipsi tradantur ! ut

» quod de eis facere voluerit, in ejus proprio consistat
» arbitrio. »

Le mari qui donne la mort à sa femme, et au complice de cette dernière « ne perd ne cors, ne avoir »
quoiqu'il n'ait pas surpris les coupables en flagrant délit d'adultère, pourvu que ceux-ci se fussent enfermés
pour être à l'abri de ses regards et de son courroux.
(Beaumanoir, *Des Meffès*, §§ 102, 103). Il faut observer que le mari ne devait pas laisser passer le fait
présent.

Le mari ou le père, nous dit Bouteillier (Somme rurale,
p. 275), « qui trouveroit un autre couché avec sa
» femme ou sa fille, par l'ire qu'il a et peut avoir, peut
» mettre à mort hastivement et incontinent celuy que
» ainsi trouverait, sans porter peine ciminelle ni ci-
» vile. »

La Coutume de Toulouse (3ᵐᵉ partie, p. 322), nous
enseigne que les lettres de rémission étaient facilement
données au mari qui avait frappé à mort, les coupables
surpris en flagrant délit d'adultère.

Examinons les dispositions des *Partidas,* en matière
d'adultère. L'honneur de la famille, en Espagne, n'était
pas seulement sous la garde du mari : il était confié
surtout au chef de famille, c'est à dire au père, et
après la mort du père, au fils aîné.

Si le père trouve dans sa maison, dit le *Fuero real*
(IV, VI, ley. 6), quelqu'un couché avec sa fille, il
peut, sans encourir aucune peine, la tuer ainsi que
celui, avec qui il l'a prise en flagrant délit. Il peut aussi
ne tuer, que l'un des deux complices et laisser aller

l'autre. Le frère de la sœur qui n'aura point de parent, ou le plus proche parent, qui l'aura recueillie dans sa maison, aura le même droit et le même pouvoir.

Voici comment statue le *Fuero real* par rapport au mari : Si une femme, *casada*, commet un adultère, elle et son complice doivent tous les deux être mis entre les mains du mari, qui en fera ce qu'il voudra, ainsi que de leurs biens ; mais il ne peut pas tuer l'un et laisser l'autre. (*Fuero real*, IV, VII, ley, 1 et 2.)

En matière d'adultère, quand le mari pardonne à sa femme, l'action judiciaire n'est plus possible ; le droit d'accuser s'éteint. (*Partidas*, IV, IX, ley. 6.)

Le mari qui trouve un homme de basse naissance dans sa maison ou dans un autre lieu, couché avec sa femme, peut le tuer sans encourir aucune peine. (*Partidas*, VII, XVII, ley. 13.)

Voici ce que disent les *Partidas* par rapport au chef de famille : Le père, surprenant sa fille mariée en flagrant délit d'adultère, dans sa maison ou dans celle de son gendre, peut la tuer, ainsi que l'homme qui est avec elle ; mais il ne peut pas tuer l'un des deux et pardonner à l'autre. Le législateur des *Partidas* en donne les raisons, que nous avons trouvées en droit romain. Il refuse, et en cela il suit l'exemple du droit romain, ce pouvoir au mari.

Néanmoins, disent les *Partidas*, dans le cas où le père n'aurait tué que le complice de sa fille, et aurait pardonné à celle-ci ; dans le cas où le mari aurait tué sa femme trouvée avec un autre, et cet autre aussi, ce père et ce mari ne doivent pas être punis, comme pour

un homicide ordinaire non excusable. (*Partidas*, VII,
XVII, ley. 14.)

CHAPITRE II

PROVOCATION.

Au sujet de la provocation, nous trouvons, au tit. 77
de la loi des Ripuaires, une disposition très étendue,
qui établit dans divers cas, une excuse absolutoire. Le
tit. 77 indique les conditions, qui doivent être remplies
dans ce cas, si l'on veut éviter d'être déclaré coupable
d'homicide.

Beaumanoir nous enseigne, que la violence de l'in-
sulte met à l'abri de toute peine, celui qui s'est vengé
par « grand ire ; » au sujet d'un cas particulier, il
s'exprime ainsi : « ... Cil a qui tel vilonie fu dite, en
» quoy aussitôt en si grant ire qu'il saca un coutel,
» et ocist celi qui le vilonie lit at dite... et il fu déli-
» vrés par jugement par le bon roy Philippe et par
» son conseil. » Puis il ajoute, que si un pareil fait se
représentait, « cil qui occirait en tel cas n'en perdrait
» ne corps, ne avoir. » (Beaumanoir, Coutume de
Beauvaisis, chap. *des Meffès*, § 101.)

Dans les « libertates et consuetudines Montispesul-
» lani, » le § 9 contient une excuse légale de provocation : « Plenam habent, et habere debent potesta-
» tem et licentiam ulciscendi suâ propriâ aucto-
» ritate. »

La Coutume de Bigorre admet, dans le passage suivant, l'excuse de provocation : « Nemo rusticorum mi-
» litem cognitum invadat, nisi domum ejus cremave-
» rit, aut boves abstulerit. » (Coutume de Bigorre,
§ 41.)

La Coutume de Bayonne parle de la provocation, au
tit. VI, § 10.

Il est question de provocation par injure, dans la
Coutume de Toulouse. (Commentaire de Soulatges,
1re partie.)

CHAPITRE III.

CAS OU L'INTENTION FAIT DÉFAUT.

La loi des Ripuaires prenait en considération la volonté des prévenus ; il est en effet question de l'intention au titre 70 § 1 *in fine*.

Ce passage, nous devons l'observer, ne vise qu'un
cas particulier. La loi des Bourguignons, fait une large
part à l'intention de l'agent ; elle émet en effet ce principe général : *quod casus operatur, non debet ad damnum aut inquietatem hominis pertinere* (18, I, II).

Nous trouvons ce principe, confirmé par le titre 41,
cap. 2, pour incendie fortuit. Il est déclaré dans ce
chapitre, que celui qui a allumé le feu dans son terrain,
est à l'abri d'une demande en dommages, pour le préjudice causé, lorsque le feu s'est communiqué à la haie,
ou à la moisson du voisin.

Ce même principe est confirmé par le titre 46, à

propos de meurtre. Il s'agit dans ce chapitre d'un individu, qui a tendu des piéges, pour tuer des loups; s'il a rempli les conditions requises par la loi, c'est-à-dire s'il a fait savoir à ses voisins, d'avoir à prendre leurs précautions, et de ne pas être imprudents, si après ces avertissements salutaires, il arrive un accident, il y a mort d'homme ou blessures, l'individu sera à l'abri de toutes poursuites.

Dans la loi des Wisigoths, de nombreux passages se réfèrent à l'intention de l'agent, notamment à propos d'homicide involontaire. Au livre 6, tit. 5, chap. Ier, *De cæde et morte hominum*, il est dit, que celui qui tue un homme sans avoir l'intention de commettre un meurtre, est à l'abri de toute peine.

Il en est de même, dans le cas où quelqu'un *dum non vidit venientem, vel prœtereuntem ignorando occiderit*. S'il n'y a entre ces deux personnes, aucune cause d'inimitié, le meurtre est involontaire. Le chapitre III est conçu dans le même sens. Les chapitres 7, 8, 9 et 10 qui ont trait au meurtre commis en jouant ou par imprudence, contiennent à peu près les mêmes dispositions. Dans ces derniers cas, l'absence de projet coupable met le prévenu à l'abri de toute peine (du moins d'ordinaire) et sauf des dommages civils.

Voici ce que dit Beaumanoir, à propos de l'absence d'intention.

Dans un texte, où il s'agit de guerre entre *gentix hons*. « Je suis avec un des miens, por li aidier à » se guerre, et nostre anemi noz queurent sus ; et en » moi défendant, je quide tuer un de mes anemis et je

» tue un de mes amis..... por ce m'en doit-on rien,
» demander en pareil cas. (Beaumanoir, Coutumes de
» Beauvaisis), chap. 49, § 2). Il en est de même du
» meurtre involontaire commis par le hons (qui) trait
» avec autres à estaques, ou par cix qui traient à oziax,
» ou à bestes sauvages (eod. § 3), ou par cil qui coupe
» un arbre (eod. § 4). Celui qui a son enfant mort par
» malvèse garde est exempt de peine (eod. § 5),
» comme celui qui a occasionné « mors, méhaignage
» ou afolure » quand il est « à perte coze que ses ce-
» vaux l'emportast par dure gole, ou par desroi
» (eod. § 6). On peut en dire autant du cas où quel-
» qu'un est tué « ou par juer os bares ou par autres
» autres jus (eod. § 17). »

Il y a bien d'autres textes dans Beaumanoir, où règne
le même esprit, notamment dans le chapitre des cas
d'adventure (§§ 18 à 28), dans celui des Meffès (les §§
12, 14, 30).

Bouteilier parle du défaut d'intention, dans le passage suivant : « L'homicide en personne d'autrui en
» action criminelle engendre, si ce n'est que le faiseur
» puise avoir pour luy exception..... par adventure
» resnable (Somme rurale, lib. I, tit. 39, § des homi-
» cides, voir encore lib. 2, tit. 40, § d'occire autre
» par adventure.) »

Bouchel, à propos du défaut d'intention, tient le langage suivant : « L'homicide casuel est, quand quel-
» qu'un, sans y avoir pensé, de cas fortuit, tue un
» homme. Celuy-là ne doit pas être réputé coulpable
» du crime d'homicide, qui, sans science, et sans vo-

» lonté, a tué quelqu'un (Bouchel, p. 325, tome II). »

Dans l'ordonnance criminelle (août 1670) il est question de l'homicide involontaire. Vu l'absence d'intention, on accordait des lettres de rémission. Nous pouvons donc conclure qu'il existait, en matière d'homicide involontaire ou par imprudence, une excuse absolutoire.

La loi 4 du titre 8 des Partidas, dit que lorsque l'homicide a été involontaire, il n'y a lieu à aucune peine.

CHAPITRE IV.

PARENTÉ. — ALLIANCE.

On ne punissait pas, sous notre ancienne jurisprudence, les vols commis par les enfants au préjudice de leurs pères, ni les vols commis par les femmes au préjudice de leurs maris. On se bornait à la restitution des objets.

Quant au vol de la femme au préjudice du mari, on n'en avait pas compris la poursuite, parce que l'honneur et la dignité du lien conjugal, ne permettaient pas que le mari accuse sa femme de larcin, dont la peine est infamante. (Jousse, IV, p. 105.)

L'affection démesurée des parents et des alliés, qui les portait à favoriser l'évasion des criminels, et leur rébellion à la justice, constituait pour eux une excuse absolutoire.

« Datur venia adfectione parentum vel adfinium (loi 4, § fin.). De re milit. (Muyart de Vouglans, I, III, p. 15.)

CHAPITRE V.

SECOURS A LA JUSTICE.

« On trouve aucuns docteurs, soustenant que d'ho-
» micide peuvent être excusez, et absous du juge, les
» homicides qui accusent et décèlent, autres plusieurs
» meurdriers et malfaicteurs, en cas qu'ils le facent
» par promesse du juge, qui pour ce les a promis ab-
» soudre du corps ; mais telle promesse ne contrainct
» le juge. (Bouchel, t. III.)

TITRE IV.

EXCUSES ATTÉNUANTES.

CHAPITRE PREMIER.

AGE.

Comme la raison a ses degrés, disaient nos anciens
criminalistes, la loi veut aussi que la punition soit ré-
glée, suivant les degrés de l'âge. Si celui qui avait
commis le crime était proche de la puberté, il n'était
pas entièrement excusable, mais il devait être puni
d'une peine moindre que la peine ordinaire, suivant
les circonstances et la qualité du crime. (Julius Clarus,
question 60, n° 2.)

Cette question d'âge, était abandonnée à la prudence

du juge, qui devait en pareil cas, considérer la qualité de la personne, ainsi que la nature et les circonstances du crime. Il devait aussi examiner, si le crime est au nombre de ceux « in quibus malitia supplet » ætatem. » (Farinacius, nᵒˢ 15 et 19.)

CHAPITRE II.

IGNORANCE. — ERREUR.

Dans la loi des Bourguignons, nous voyons que l'ignorance de fait sert d'excuse légale dans le cas de secours prêté à ceux que l'on ne savait pas être « fugitivi. » (tit. VI, cap. IV.) Les anciens criminalistes regardaient l'ignorance et l'erreur de droit, comme pouvant contribuer à faire diminuer la peine dans les crimes et délits. (Farinacius, quest. 90, nᵒˢ 91 et suiv.)

CHAPITRE III.

PROVOCATION.

Au tit. II, chap. II, « de Homicidiis » de la « lex Burgundionum, » nous voyons que la provocation par coups et blessures, amenait un adoucissement dans la peine encourue, quand l'agresseur était tué.

La loi des Allemands nous offre un cas d'excuse résultant de la provocation, d'abord à propos de rixes, dans le titre XLV : « De rixis quæ sæpe fieri solent in

» populo, » comparé avec le § 2. Puis, à propos d'homicide, au tit. XCVII, § 5.

La loi des Bavarois cite un cas d'excuse résultant de
la provocation au titre VII, I, ₂ 2.

CHAPITRE IV.

ÉTAT DE MALADIE. — PASSIONS. — AMOUR. — COLÈRE.
IVRESSE.

Les anciens criminalistes regardaient certaines passions, comme susceptibles d'agir sur la volonté et de
pousser au crime. L'amour était regardé comme une
des causes, qui pouvaient faire diminuer la peine, car
cette passion est comparée à la folie ou à l'ivresse. (Julius Clarus, quest. 60, n° 4.) Voici à cet égard l'opinion de Menochius : « Amore captus delinquens fu-
» rioso similis est, amoris vis ad insaniam et furorem
» homines vertit, quum sit amor igne potentior ; im-
» possibile est mulierem amore captam se posse conti-
» nere ; amore capta ipsius amoris est serva. » (De
arbit., cas 328.)

Voilà, pour un auteur aussi grave, un véritable
chapitre de roman. Il est inutile de dire que ces dé-
ductions étaient inadmissibles, au point de l'imputabilité. L'amour, quelque violent qu'il fût, ne pouvait
justifier le crime. Le juge pouvait y voir une excuse,
suivant les circonstances.

La loi, dit Muyart de Vouglans (liv. I, tit. III,
chap. XIV), met la colère au nombre des passions, qui

rendent le crime moins punissable, parce que ceux qui sont dans cet état, ne jouissent pas de l'entière liberté de leur esprit.

Certains de nos anciens criminalistes étaient d'avis, que lorsque l'ivresse était l'effet de la surprise, elle pouvait servir, si elle était complète, à rendre le crime moins punissable, tandis que l'ivresse qui dégénère en habitude, et qu'on peut appeler ivrognerie, ne pouvait jamais excuser ceux qui commettaient le crime en cet état.

CHAPITRE V.

RANG OU QUALITÉ DE L'AGENT.

Le rang, la nationalité, la qualité, le sexe de l'agent ou du patient, donnaient souvent lieu à une excuse légale qui, d'ordinaire, était simplement atténuante. Il faut remarquer cependant, que la loi salique s'occupe beaucoup plus du patient que de l'agent : il est d'ailleurs facile de s'en convaincre en comparant le nombre de textes, qui se réfèrent à l'un ou à l'autre cas. Le vol commis par l'esclave, était moins puni que le vol commis par l'ingénu (loi salique, tit. XII, XIII). L'*Expoliatio* du *Salecus francus* par le *Romanus* était frappée d'une plus forte composition que celle du *Romanus* par le *Francus salecus* (*eod.*, tit. XXVII, § 2 et 3). L'adultère de l'*ancilla aliena* et de l'ingénu, était plus sévèrement réprimé que celui de la même personne avec le *servus* (*eod.*, tit. XXIX, § 1, 2, 3 et 4). La sagesse de cette

disposition est véritablement remarquable : Au titre
« de ligaminibus ingenuorum, » le « Romanus qui
» ligat Francum (sine causâ), » est frappé d'une composition supérieure à celle du « Francus qui ligat
» (sine causâ) Romanum. » (*eod.*, tit. XXXV, § 3 et 4.)
Le ravisseur d'une *puella ingenua* ordinaire encourt une
composition plus faible, que si sa victime était *in verbo
regis* (tit. XIV, § 4 et 5). La réparation prononcée pour
le vol du *servus* entraînait une composition supérieure à
celle qui était exigible pour le vol de l'*ancilla* (*eod.*,
tit. II, § 2, 6 et 7). Il en était de même au sujet de
l'homicide *parvulorum* (tit. XXVIII, § 1, 2 et 3).

Nous n'entrerons pas dans de longs détails pour les
autres lois barbares, en ce qui concerne le rang ou la
qualité de l'agent; nous nous contenterons de mentionner les textes, où il en est question : Loi des Ripuaires
(tit. VII, VIII, IX, X et XI) ; loi des Wisigoths (liv.
III, tit. IV, cap. XIV, XV, XVI, XVII et XVIII.)

La Coutume de Bayonne parle du rang de l'agent
(t. XXVI, § 6).

D'après les anciens criminalistes, tels que les Clarus, les Farinacius, Loisel (Instituts, tit. *des Peines*,
art. 31 et 32), Jousse, Muyart de Vouglans, la noblesse
et la dignité de celui qui avait commis un crime con-
tribuaient à diminuer la peine, même dans le crime
d'homicide, et autres qui méritent une peine corporelle. Les princes et les personnes qui approchent de la
personne du roi bénéficient de cette excuse.

APPENDICE.

Voici d'autres causes regardées, par nos anciens criminalistes, comme pouvant amener une diminution de la peine :

1° Rusticité ; 2° Fragilité du sexe ; 3° Extrême vieillesse ; 4° La confession volontaire de l'accusé ; 5° Le repentir ; 6° Talents distingués et services rendus à l'État ; 7° Bonne réputation de l'accusé avant le crime ; 8° Événement heureux du crime ; 9° L'extrême pauvreté, dans le cas de vol de choses nécessaires à la vie ; 10° Longue durée de l'accusation.

TROISIÈME PARTIE

Des cas de Non Culpabilité, et des Excuses dans la législation
pénale intermédiaire

Nous avons étudié dans nos deux premières parties,
notre matière dans les différents recueils de lois barbares, et dans les coutumes, traités, commentaires et ordonnances, sources de notre ancien droit pénal ; nous
nous proposons maintenant d'examiner les dispositions
relatives à notre sujet, contenues dans les lois qui ont
été édictées après la révolution de 1789. A dater de
cette époque, en effet, il n'y a plus en France qu'une
loi criminelle, et cette loi est la même pour tous.

Nous entrons dans une période de rénovation ; les
publicistes et les philosophes du XVIIIe siècle ont attaqué l'ancien système pénal par sa base, ils n'ont point
procédé par voie de correction et d'amélioration, ils ont
proposé hardiment de faire table rase, de tout ce qui
avait été écrit jusque là sur le droit criminel, et la
réaction a été assez violente, pour que tous ces immen-

ses travaux fussent à jamais engloutis sous la même réprobation.

Le droit criminel a quitté la vieille ornière ; il est parvenu, après les nombreux efforts tentés depuis long-temps par les législateurs, à s'affranchir de la barbarie des siècles précédents.

On connaît la grande colère des adeptes de l'ancien système pénal, à l'apparition du livre de Beccaria. Cependant malgré l'anathème de plusieurs auteurs, qui prétendaient que les idées nouvelles du traité des délits et des peines, si elles étaient adoptées, étaient de nature à porter atteinte à la religion, aux mœurs, aux idées sacrées du gouvernement, la religion, les mœurs, les principes du gouvernement n'ont retiré que des directions salutaires, de cette œuvre remarquable de conscience et de sentiment.

Les monuments de la législation intermédiaire, ren-ferment-ils au sujet des cas de non culpabilé et des excuses, une théorie plus claire et plus précise, que celle des époques antérieures? Incontestablement on peut affirmer que le droit intermédiaire a sur ce point une supériorité ; mais hâtons-nous de dire, que cette supériorité n'est que relative, car la plupart des dispo-sitions manquent d'ordre, de méthode et de clarté ; nous n'y trouvons pas une théorie nettement déter-minée ; nous adresserons plus loin la même critique au législateur de 1810.

CAS DE NON IMPUTABILITÉ.

Age. — L'assemblée constituante dans son code pénal de 1791, se sépara de tous les précédents. Elle in-
troduisit le système encore en vigueur chez nous aujourd'hui : une limite unique seize ans accomplis, d'où
seulement deux périodes : l'une au-dessous, l'autre
au-dessus de cet âge.

Le Code pénal de 1791, sur ce point était ainsi
conçu : « Lorsqu'un accusé, déclaré coupable par
» le jury, aura commis le crime pour lequel il est
» poursuivi, avant l'âge de seize ans accomplis, les
» juges décideront dans les formes ordinaires de leurs
» délibérations, la question suivante : Le coupable
» a-t-il commis le crime avec ou sans discernement ?
» (Part. I, t. V, art. I). » Puis dans les articles suivants, 2, 3 et 4 du même titre, se trouvaient réglées
les conséquences de la réponse. C'est ce système qui a
passé dans le Code pénal de 1810, art. 66, 67, 68.

ALIÉNATION MENTALE, DÉMENCE, FOLIE ET AUTRES ÉTATS PATHOLOGIQUES.

Les lois de la Constituante, le Code pénal de 1791,
notamment, et plus tard celui de brumaire, an IV, ne
parlent point de l'aliénation mentale. La question de
l'acquittement pour cause de démence, ne s'en est pas
moins présentée, et n'en a pas moins été résolue, en
vertu des seuls principes de raison.

En matière de police municipale ou de police correctionnelle, elle s'est trouvée au pouvoir du tribunal chargé de décider en définitive, si l'inculpé était ou non coupable. Loi des 19-22 juillet 1791, sur la police municipale et sur la police correctionnelle, (t. I, art. 39, et t. II, art. 58, Code de brumaire, an IV. art. 188).

Pour ce qui concerne les faits portés devant les tribu-bunaux criminels, ce n'était que dans la troisième série de questions, celles relatives à l'intention que pouvait venir la considération de la démence, parce que les questions, suivant la procédure d'alors, se trouvaient subdivisées, et parce que le jury avait à décider en premier lieu, si le fait était constant, et en second lieu, si l'accusé était convaincu d'en être l'auteur. (Loi des 16-29 septembre 1791), concernant la police de sûreté, la justice criminelle, et l'établissement des jurés, (t. VII, art. 20 et 21. Code de brumaire an VI, art. 374, 389, 390, 393). Lorsque le jury avait déclaré dans ses réponses, que l'accusé avait commis le fait en état de démence, sans volonté ou sans intention coupable, un acquittement aurait dû certainement être prononcé. (Loi des 16-29 septembre 1791, t. VIII, art. 2, Code de brumaire, an IV, art. 425).

Contrainte.

En ce qui concerne la contrainte, les lois de la Constituante sont aussi muettes, qu'elles l'ont été pour la démence.

Ce que nous pouvons dire, c'est que la contrainte en matière de police correctionnelle et de police municipale rentrait dans les pouvoirs généraux du juge, chargé de décider si l'inculpé est coupable ou non. Quant aux affaires portées devant le jury, la question de contrainte devait rentrer, suivant la procédure d'alors, dans les questions intentionnelles.

CAS DE JUSTIFICATION.

Légitime Défense. — Le Code pénal de 1791, non pas dans sa partie générale et pour toutes les conséquences de la lutte, mais seulement à propos de l'homicide, a prévu particulièrement celui qui serait commis en état de légitime défense, qu'il a qualifié du nom spécial d'homicide légitime, déclarant qu'il n'y aurait lieu à prononcer aucune peine, ni même aucune condamnation civile (Code pénal du 26 septembre, 6 octobre 1791, 2e partie, tit. 2, section I, art. 5. En cas d'homicide légitime, il n'existe point de crime, et il n'y a lieu à prononcer aucune peine, ni même aucune condamnation civile. — Art. 6 : L'homicide est commis légitimement, lorsqu'il est indispensablement commandé par la nécessité actuelle de la légitime défense de soi-même et d'autrui.

Ordre de la loi.

Le Code pénal de 1791, toujours à propos de l'homicide seulement, exigea cette double condition : que l'homicide fût ordonné par la loi, et qu'il fût commandé par une autorité légitime ; il le qualifia alors d'homicide légal, disposant, qu'il n'y aurait lieu à

prononcer aucune peine, ni aucune condamnation civile. — Code pénal du 25 septembre-6 octobre 1791,
2e partie, tit. 2, section I, art. 3 : « Dans le cas d'homicide légal, il n'existe point de crime, et il n'y a lieu
à prononcer aucune peine, ni aucune condamnation
civile. » — Art. 4. « L'homicide est commis légalement, lorsqu'il est ordonné par la loi, et commandé par
une autorité légitime. »

Excuses absolutoires et atténuantes.

Nous allons commencer par examiner les cas d'excuses absolutoires et atténuantes qui se trouvent dans
le Code pénal de 1791 ; nous passerons ensuite à l'examen de ceux qui se trouvent contenus dans les dispositions du Code de brumaire an IV.

Excuses absolutoires et atténuantes sous l'empire du
Code pénal de 1791.

Comme nous l'avons vu dans les deux chapitres précédents, le législateur de 1791, n'a pas fixé les cas
d'excuse d'une manière complète ; il n'a pas voulu
organiser un système d'excuses, sauf quelques cas que
nous allons citer tout à l'heure. Il entend laisser au
jury la plus grande latitude. Après la première question : « Tel fait est-il constant ?..... » et la seconde :
L'accusé est-il convaincu de l'avoir commis ?..... » La
loi veut que le jury puisse scruter les motifs, les circonstances et la moralité du fait.

La loi ordonne aux jurés, lorsqu'ils ont re-

connu que le délit existait et que l'accusé l'avait commis, « de faire une troisième déclaration d'équité sur
» les circonstances particulières du fait. » Ils devront
examiner la moralité du fait, dit l'instruction du 29
septembre 1791, c'est-à-dire les circonstances de volonté, de provocation, d'intention, de préméditation,
qu'il est nécessaire de connaître pour savoir à quel
point le fait est coupable.

Voici les dispositions qui contiennent des excuses :
L'article 25 de la section 3 du titre Ier, nous offre un
cas d'excuse absolutoire ; le texte de cet article est
ainsi conçu : « Dans tous les cas mentionnés en la
» présente section, et dans les précédentes, où les mi-
» nistres sont rendus responsables des ordres qu'ils
» auront donnés ou contre-signés, ils pourront être
» admis à prouver que leur signature a été surprise,
» et, en conséquence, les auteurs de la surprise seront
» poursuivis, et s'ils sont convaincus, ils seront con-
» damnés aux peines que le ministre aurait encourues. » La loi est impérative. Il suffit que le ministre
soit admis à faire cette preuve et qu'il la fasse.

Voici un autre cas dans l'article 16 de la sect. 1re
du titre II, 2e partie : « Si toutefois avant l'empoison-
» nement effectué, ou avant que l'empoisonnement des
» aliments ou breuvages ait été découvert, l'empoi-
» sonneur arrêtait l'exécution du crime, soit en sup-
» primant lesdits aliments ou breuvages, soit en empê-
» chant qu'on en fasse usage, l'accusé sera acquitté. »
Il s'agit, dans ce cas, d'une tentative inachevée ; c'est
l'empoisonneur qui l'a suspendue lui-même.

Faisons immédiatement cette observation, que la loi dit *l'empoisonneur*. Elle le considère encore comme un coupable, parce que, d'après toutes les données de la science, le délit est commencé. Mais l'utilité sociale commande ici, de donner à l'empoisonneur un grand intérêt à s'arrêter ; cet intérêt, c'est l'impunité même. Si l'exécution du crime était arrêtée par une circonstance fortuite, l'article du Code de 1791 est inapplicable.

Les deux cas d'excuses absolutoires, que nous venons de citer sont fondées sur des motifs d'utilité sociale. Il reste un certain fond de culpabilité dans les deux cas ; le ministre n'aurait pas dû laisser surprendre sa signature. La loi, en lui accordant ce bénéfice, l'excite à rechercher les auteurs de la surprise ; l'intérêt social exige encore une certaine indulgence envers des fonctionnaires chargés de veiller à tant d'intérêts publics. Dans le second cas, il faut, avant tout, détourner le coupable de la consommation du crime.

Deux cas constituant des excuses atténuantes, se trouvent dans le Code pénal de 1791 : 1° Minorité de seize ans ; 2° provocation violente en cas de meurtre. Les jurés devaient décider, dans les formes ordinaires de leur délibération, la question de savoir si le mineur de seize ans a commis le crime avec ou sans discernement. S'il est décidé que le mineur a agi sans discernement, il sera acquitté. C'est là un cas de non imputabilité dont nous avons déjà parlé.

S'il était décidé, au contraire, que le mineur avait agi avec discernement, dans ce cas se plaçait l'excuse.

La peine était atténuée dans une vue d'équité : si le
coupable avait encouru la peine de mort, il était condamné à vingt années de détention dans une maison de
correction ; s'il avait encouru les peines des fers, de la
réclusion dans les maisons de force, de la gêne ou de
la détention, il était condamné à être renfermé dans
une maison de correction pendant un nombre d'années,
égal à celui pour lequel il aurait encouru l'une desdites peines, à raison du crime qu'il a commis. Enfin
le mineur de seize ans ne devait subir l'exposition que
dans un seul cas, quand la peine de mort aurait été
commuée en vingt années de détention dans une maison de correction, auquel cas l'exposition devait durer
six heures.

Le second cas d'excuse atténuante se trouve contenu
dans les articles 9 et 10 de la section I du titre II de
la deuxième partie du Code pénal de 1791 : « Lorsque
» le meurtre sera la suite d'une provocation violente,
» sans toutefois, que le fait puisse être qualifié homi-
» cide légitime, il pourra être déclaré excusable, et
» la peine sera de dix années de gêne. La provocation
» par injures verbales ne pourra, en aucun cas, être
» admise comme excuse de meurtre. Si le meurtre est
» commis dans la personne du père ou de la mère
» légitimes ou naturels, ou de tout autre ascendant lé-
» gitime du coupable, le parricide sera puni de mort,
» et l'exception portée au précédent article, ne sera
» point admise. »

La discussion du 4 juin 1791, à l'Assemblée nationale, donne quelques éclaircissements sur cet article

et sur la théorie générale des excuses organisée par la Constituante. Lanjuinais ayant critiqué l'abolition des lettres de grâce, il lui fut répondu que le droit de miséricorde existait dans la nouvelle législation criminelle ; on rappela que l'homicide involontaire donnait lieu jadis aux lettres de grâce , mais qu'aujourd'hui l'usage en était inutile, puisque la première question proposée aux jurés était : Le fait a-t-il été commis volontairement ? et qu'un verdict négatif entraînait un acquittement.

L'homme qui tue volontairement, mais pour se défendre, est encore absous par la seule déclaration du jury. La question de savoir, si le fait a été commis par négligence ou par imprudence, est proposée au jury d'accusation, et sur une déclaration affirmative, l'accusé est renvoyé au tribunal correctionnel : « Epui- » sons tous les cas, poursuit l'orateur ; un homme a » pu être tué volontairement ; il a été tué sans impru- » dence, mais cependant il a existé dans le fait quel- » ques circonstances atténuantes. Par exemple, l'homme » qui a donné la mort, a été provoqué d'une manière » grave. Il n'avait cependant pas le droit de donner la » mort, sa propre vie n'était pas en danger. Il est » coupable, mais il l'est moins que celui qui a tué de » dessein prémédité. Aussi existe-t-il, dans notre Code » pénal, une disposition particulière, parce qu'il a » existé dans le fait quelques circonstances qui en » atténuaient la gravité.

» Poussons plus loin les hypothèses et parcourons » toutes les objections. On dit que l'homme a pu être

» tué, sans que le fait eût été accompagné d'aucune des
» circonstances dont je viens de parler, mais que,
» cependant, l'accusé peut encore être, sous certains
» égards, excusable ; que les grands services qu'il a
» rendus à la patrie, peuvent faire pardonner la fougue
» d'un tempérament violent. Eh bien ! notre loi crimi-
» nelle prévoit encore ces inconvénients, et après que
» toutes les questions précédentes ont été posées et
» soumises aux jurés, on vient encore leur dire : Des-
» cendez dans votre cœur ; voyez dans toutes les cir-
» constances du crime, s'il existe un motif d'excuse.

» C'est là qu'est exercé, au nom de la société, le
» droit de miséricorde, mais une miséricorde raison-
» nable et réfléchie. »

Malouet s'écria, que lorsque les jurés avaient déclaré
le délit excusable, c'était là le moment d'appliquer le
droit de miséricorde, et demanda qu'après la déclaration d'excusabilité, l'accusé fut renvoyé pardevant le
roi. D'après Lepelletier, il y avait deux réponses fort
simples à faire à la proposition de Malouet ; l'une
était l'article de la loi sur la procédure par jurés portant que : « Quand le jury aura répondu « excusable,
le juge prononcera que l'accusé est innocent ; » l'autre, c'est que la justice devant être rendue au nom du
roi, il en résultait que le tribunal en prononçant, l'accusé est acquitté, prononçait réellement ce jugement
au nom du roi. L'amendement de Malouet fut rejeté à
une grande majorité.

Il est assez étrange de voir ici la déclaration
d'excusabilité, représentée comme l'exercice d'un droit

12

de grâce, confié à la nation et délégué au jury.

La loi du 16 septembre 1791, s'exprime ainsi : lorsque les jurés auront déclaré, que le fait de l'excuse proposée par le président est prouvé, les juges prononceront, ainsi qu'il est dit dans le Code pénal. Mais le Code pénal n'employait, qu'une seule fois le mot *excusable* à propos de la provocation, et réduisait la peine de vingt années de fers à dix années de gêne. Le sens juridique du mot *excuse* était-il donc fixé ?

L'instruction du 29 septembre 1791, vint parler assez vaguement dans une note de la *prononciation* d'excusable. Il s'agit, dans le texte, de la *provocation.* C'est particulièrement aux faits de cette nature, dit la note, que se rapporte la prononciation d'excusable, mesure juste et salutaire qui fait concourir l'équité avec la justice. Les lettres de grâce étaient destinées à remplir cet objet dans l'ancien régime.

Nous pouvons donc conclure, qu'il y a deux sortes d'excuses, dans le langage des lois criminelles de la Constituante.

1° Dans certains cas prévus par la loi, la peine est nécessairement atténuée ou supprimée ;

2° Dans certains cas non prévus par la loi, le jury pourra déclarer l'excusabilité. Comme la Constituante au grand criminel établit des peines non susceptibles d'atténuation, la conséquence est claire : ces excuses auront, comme le dit l'instruction, l'effet des lettres de grâce.

Les conséquences singulières d'un pareil système, sont faciles à comprendre. Dans son Répertoire, Merlin découvre une foule d'excuses improprement dites, qui devront influer sur la décision des tribunaux criminels, par exemple, le repentir, les grands talents, la haute naissance, la longue détention dans les prisons, les services rendus à l'État. Il blâme énergiquement les auteurs qui voudraient obliger les magistrats, à ne considérer que le crime et la loi. « A ne prendre le crime, que pour ce qu'il est matériellement, et à n'avoir d'autre mesure pour le punir, que le texte matériel de la loi. »

Avant de passer à l'examen des dispositions du Code de brumaire an IV, nous devons dire un mot, d'une excuse absolutoire d'utilité sociale, qui se trouve dans le décret du 25 février 1792, relatif à la fausse monnaie. Le 23 février 1792, l'assemblée législative rendit d'urgence un décret destiné à assurer la découverte et la conviction des fabriques de faux assignats, et de fausse monnaie.

Les art. 9, 10 et 11, empruntent à l'ancien droit, les dispositions si blâmées par la philosophie dans les ordonnances royales, et qui intéressaient les coupables à se dénoncer les uns les autres, à mettre la justice sur la trace des faux monnayeurs. L'art 9, remet la peine encourue au particulier, complice de fabrication de fausse monnaie, qui l'aura dénoncé le premier. L'art. 10, ajoute que si ce complice procure l'arrestation des faussaires et la saisie des matières et instruments de faux, il recevra en outre une somme d'argent.

L'art. 11 exempte de la peine le coupable qui, même après qu'une fabrique de fausse monnaie a été dénoncée aux autorités, procure de son propre mouvement, l'arrestation des faussaires et la saisie des matières et instruments de faux. L'art. 12 étend les dispositions précédentes, aux complices d'une fabrication de fausse monnaie, entreprise hors du royaume, qui la dénonceraient ou procureraient l'arrestation des coupables.

Code de brumaire an IV.

Le Code des délits et des peines de brumaire an IV, n'est véritablement qu'un code de juridiction et de procédure criminelle ; quant à la pénalité proprement dite, il est très-bref et n'abroge pas les lois antérieures. La théorie des excuses atténuantes, résultant de la provocation violente et de la minorité de seize ans, ne sont sont pas changées. Mais nous devons constater maintenant, que l'interprétation du système général de cette loi sur les excuses, souleva d'immenses difficultés.

Voici les deux textes fondamentaux :

Art. 574. « Il s'agit des questions posées au jury. » La première question tend essentiellement à savoir si le fait qui forme l'objet de l'accusation, est constant ou non.

La seconde, si l'accusé est, ou non convaincu de l'avoir commis, ou d'y avoir coopéré.

« Viennent ensuite les questions qui, sur la moralité » du fait, et le plus ou le moins de gravité du délit, » résultent de l'acte d'accusation, de la défense de » l'accusé, ou du débat. Le président les pose dans » l'ordre dans lequel les jurés doivent délibérer, en » commençant par les plus favorables à l'accusé. »

Voici comment les tribunaux criminels devaient prononcer, lorsque les accusés étaient déclarés excusables par les jurés.

Art. 646. « Lorsque le jury a déclaré que le fait de
» l'excuse proposée par l'accusé est prouvé, s'il s'agit
» d'un meurtre, le tribunal criminel prononce ainsi
» qu'il est réglé par l'art. 9 de la section première du
» titre 2, de la seconde partie du Code pénal. »

« S'il s'agit de tout autre délit, le tribunal réduit
» la peine établie par la loi à une punition correction-
» nelle qui, en aucun cas, ne peut excéder deux an-
» nées d'emprisonnement. »

Voici, d'après nous, ce qui résulte de ces textes :

1° Le jury aura les mêmes questions à résoudre que sous l'empire de l'instruction législative du 29 septembre 1791 ;

2° Le Code des délits et des peines fixe et maintient formellement le texte du Code pénal de 1791, relatif à l'excuse de la provocation ;

3° Mais l'article 646 va plus loin : il généralise cet adoucissement de la peine toutes les fois qu'il s'agit d'un meurtre et que le fait de l'excuse proposée par l'accusé est prouvé.

On conteste cette proposition.

4° Nous la supposons démontrée. Le Code des délits et des peines, comblant une lacune, déroge au principe de la fixité des peines au grand criminel, toutes les fois que pour un délit quelconque, le fait d'excuse est admis par le jury. La déclaration du jury, n'a plus l'effet des lettres de grâce. Le tribunal réduit la peine établie par la loi à une punition correctionnelle, qui ne peut excéder deux années d'emprisonnement.

Notre système n'est peut-être pas à l'abri de toutes les critiques, mais nous pensons pouvoir soutenir que c'est celui du législateur de l'an IV. La jurisprudence, constatons-le, l'entendit tout d'abord ainsi.

Le Code de brumaire an IV, est conçu dans le même esprit que le Code de 1791. Le législateur de 1791 n'avait pas compris la nécessité d'établir deux théories distinctes, l'une des excuses, l'autre des circonstances atténuantes ; l'importance qu'il y avait à fixer et à déterminer à l'avance les motifs d'atténuation qui peuvent influer sur la culpabilité absolue, lui avait complètement échappé. Le Code des délits et des peines nous prouve clairement, que le législateur de brumaire an IV néglige aussi ce point important. Nous devons cependant signaler une innovation sur un point : la déclaration d'excusabilité allait aboutir à la réduction, et non plus à la suppression de la peine.

Mais la théorie des questions intentionnelles subsiste toujours ; bien plus, c'est à peine si on retrouve la trace des excuses, prévues par la loi.

Le Code de brumaire an IV, se contente de rappeler l'article 9 de la section 1re du titre II de la seconde partie du Code pénal de 1791, relatif à la provocation. Il reproduit la théorie des lois de 1791.

Nous pensons devoir expliquer ici une difficulté, qui s'est élevée sur le texte du Code des délits et des peines.

Comment concilier l'article 646 modifiant la théorie

du Code de 1791, avec l'article 425 qui ordonnait l'acquittement et la mise en liberté de l'accusé, dès que le jury aurait répondu négativement aux questions intentionnelles ?

Une circulaire du ministre de la justice, du 22 frimaire an V, vint apporter quelques éclaircissements sur cette question. Le tribunal criminel du Jura, sur une déclaration du jury, portant qu'une personne accusée de faux avait commis le fait , mais n'avait point agi sciemment et à dessein de nuire, l'avait condamnée, par fausse application de l'article 646 du Code des délits et des peines, à une année d'emprisonnement. Ce jugement avait été cassé le 13 messidor an IV. Le ministre de la justice approuve et développe la théorie du tribunal de cassation. D'après cette circulaire, il faut bien distinguer la question de l'excuse et la question intentionnelle : « L'effet d'une déclaration » favorable sur celle-ci, dit le Ministre, c'est de ren- » dre l'accusé à la société, et sur la première, d'atté- » nuer seulement le délit et d'alléger la punition. »

Remarquons les conséquences de la confusion : quand la question d'excuse, n'est pas séparée de la question intentionnelle, et que la déclaration du jury se trouve favorable, la loi absout, là où elle ne devait remettre qu'une partie de la peine.

Cette distinction entre la question d'intention et la question d'excuse, est sans doute un progrès. Cependant, il est important de remarquer que la circulaire ministérielle, restreint le sens du mot excuse. L'art. 646, sainement entendu, il n'y a plus d'excuse absolutoire.

Avant de terminer ce chapitre de notre troisième partie, nous avons à examiner une dernière question.

A qui appartenait-il de prononcer la question d'excusabilité? au jury ou aux juges? Sur ce point, les interprètes n'étaient pas d'accord. Le tribunal de cassation, par des jugements du 24 ventôse an VI et du 27 floréal an VIII, conférait ce droit aux jurés, et c'était la première opinion de Merlin. Le tribunal annulait la position des questions, quand le jury gardait le silence sur l'excusabilité dans le cas de provocation. Plus tard, Merlin changea d'avis ; cependant le texte de la loi de brumaire, ne prêtait guère à la controverse. L'art. 646 du Code des délits et des peines, était précédé de cette rubrique : « De la manière dont les tribunaux criminels doivent prononcer lorsque les accusés sont déclarés excusables par le jury. » L'article 646 lui-même ajoutait : « Lorsque le jury a déclaré que le fait de l'excuse proposée par l'accusé est prouvé, etc. » et semblait bien réserver purement et simplement aux juges, le droit de réduire la peine conformément aux lois.

Comme on le sait, lorsque Merlin changea d'opinion, il s'appuya sur le texte de l'instruction législative du 24 septembre 1791, ainsi conçu : « Le Code pénal
» règle aussi les condamnations auxquelles la peine
» doit être réduite, lorsque le juge prononcera d'après
» la déclaration des jurés, que le délit est excusable.
» Cette prononciation sera employée, lorsque le juge
» aura estimé que les faits de provocation allégués par
» l'accusé, ou résultant du débat renferment une

» excuse suffisante, et aura posé la question de savoir
» si ou non, cette provocation a existé. Si les jurés
» trouvent que les faits de cette provocation, soient
» bien justifiés, et en font la déclaration sur la ques-
» tion intentionnelle, alors le juge prononce que le
» délit est excusable. » Mais voici ce qu'on peut répondre : la loi du 29 septembre 1791, est abrogée par
l'article 594 du Code des délits et des peines. Merlin
avait prévu l'objection, et répondit que l'instruction
législative du 29 septembre, n'en est pas moins un
commentaire infiniment respectable de la loi du 16
septembre 1791. Mais cette loi du 16 septembre, est-
elle même abrogée par le même article 594 ! Quelle
que puisse être l'analogie des lois d'instruction criminelle de 1791 et de la Convention, quel argument tirer
du texte précis des lois nouvelles ? Est-il besoin de
rappeler les expressions de la circulaire ministérielle
du 22 frimaire an V? « La question de l'excuse doit
» être présentée au jury, et lorsqu'elle est admise, les
» tribunaux prononcent, etc. »

Comme nous l'avons dit plus haut, le Code de brumaire an IV, n'avait point établi deux théories distinctes, l'une des excuses, l'autre des circonstances
atténuantes, et avait conféré au jury les plus larges
pouvoirs d'appréciation ; il en était résulté que les
accusés invoquèrent comme excuses, tous les faits qui
leur semblèrent atténuants. Le tribunal de cassation
avait sanctionné lui-même, en cassant des procédures
qui s'en étaient écartées, cette interprétation du Code
de brumaire an IV, d'après laquelle ce Code dans l'ar-

ticle 645, donnait à l'accusé, d'une manière indéter-
minée, la faculté de proposer en sa faveur tel fait d'excuse, qu'il jugerait convenable. Mais la multiplicité,
l'insignifiance, la contradiction, quelquefois même
(suivant le texte des arrêts de la Cour de cassation)
l'ineptie ou la moralité des faits invoqués comme atténuants firent revenir sur ces premiers pas (Ortolan.
Eléments· de droit pénal, p. 466, tome Ier. Cour de
cassation, 16 frimaire an IX). La Cour de cassation
cessa de prendre en considération la nature des pouvoirs conférés au jury, et l'esprit du Code de brumaire
an IV.

D'après un arrêt du 6 ventôse an IX, on ne put proposer au jury d'autres motifs d'excuse, que les faits
déclarés tels par la loi. La Cour de cassation persista
dans cette dernière jurisprudence. Voir arrêts du 6
ventôse an IX, 7 prairial an IX, 15 thermidor an XII
(14 août 1807).

L'influence des dernières solutions de la Cour de
cassation, se fit sentir dans la rédaction du Code d'instruction criminelle (1808) et du Code pénal (1810).

QUATRIÈME PARTIE

Des cas de Non Culpabilité et des Excuses dans notre législation
pénale actuelle.

Dans les trois premières parties de notre travail,
nous avons montré la confusion et l'incertitude, qui
régnaient dans les textes des lois et les traités des
commentateurs, qui se rapportaient à notre sujet. Soit
en droit romain, soit dans l'ancien droit, soit dans le
droit intermédiaire, il nous a été facile de constater
que les différents législateurs avaient peu tenu compte
des données de la science rationnelle, et fidèle au plan
que nous nous sommes tracé pour cet ouvrage, nous
avons essayé cependant de suivre les divisions, que la
science rationnelle imposaient, et que nous croyons,
comme nous l'avons déjà dit dans notre préface, résulter des dispositions de notre Code pénal de 1810.

La voie adoptée par le droit intermédiaire, n'a pas
été abandonnée · par le Code de 1810, dans lequel se
trouve réalisé un grand progrès ; dans tout son ensemble, il règne un sentiment de justice, qui se retrouve

nécessairement dans les matières de notre sujet ; l'absence d'imputabilité innocente l'agent, la criminalité plus ou moins affaiblie de l'acte entraine une atténuation correspondante dans la peine ; de graves motifs d'utilité sociale amènent, malgré la criminalité reconnue de l'acte imputé, soit atténuation, soit exemption de la peine.

Le Code pénal de 1810, a parfaitement marqué la différence, qui existait entre les cas de non culpabilité et les excuses.

Dans les cas de non culpabilité, le Code dit : « Il n'y a ni crime, ni délit, » Art. 64 (*Cas de non imputabilité*) ; Art. 327, 328 (*Cas de justification*).

En matière d'excuses, le Code a posé, dans l'art. 65, la règle générale suivante : « Nul crime ou délit ne peut être excusé, ni la peine mitigée, que dans les cas et dans les circonstances, où la loi déclare le fait excusable, ou permet de lui appliquer une peine moins rigoureuse.

Cette disposition de notre Code et les dispositions des art. 321 et suiv., sous la rubrique *Crimes et délits excusables et cas où ils ne peuvent être excusés,* nous permettent de déclarer, qu'il y a dans notre Code des excuses absolutoires et des excuses atténuantes.

Cette explication nous a paru utile, parce qu'il semblerait résulter au premier abord des termes de l'art. 65 et de l'opposition qu'on y remarque entre excuser et mitiger la peine, déclarer le fait excusable et permettre d'y appliquer une peine moins rigoureuse, que le législateur de 1810 n'aurait eu en vue, sous le titre d'excuses, que les excuses absolutoires.

Les dispositions des art. 339 et 367 du Code d'instruction criminelle, relatives aux questions à poser à ce sujet au jury, aux votes et aux conséquences de la déclaration, ont trait aux excuses absolutoires et aux excuses atténuantes.

Comme exemples d'excuses absolutoires, nous pouvons citer les art. 138, 247, 357, C. p.

Comme exemples d'excuses atténuantes, les art. 321, 322, 324, 325.

Il ne faut pas confondre les excuses atténuantes avec les circonstances atténuantes.

Les excuses légales sont prévues et déterminées par la loi (art. 65, C. p.).

Les circonstances atténuantes, résultent de situations et de faits non prévus par les dispositions expresses du législateur. Ces situations, ces faits sont si divers, que le législateur n'a pas pu les spécifier : ils sont partout, où le juge croit les apercevoir, dans les circonstances qui ont précédé l'infraction, dans les circonstances qui l'ont accompagnée, dans les circonstances qui l'ont suivie, dans la qualité, dans la position, dans les antécédents de l'agent, dans son repentir. En conséquence, le législateur a voulu que dans chaque fait, dans chaque cause, les jurés et les juges eussent à apprécier les faits et les circonstances devant amener une atténuation dans l'application de la peine. Pour l'admission des circonstances atténuantes, le juge du fait est un véritable souverain.

Dans notre Code pénal, l'excuse ne détruit pas la criminalité de l'action ; elle en modifie seulement le caractère ; il en résulte qu'elle n'est pas exclusive des poursuites, et que dès lors, ni les juges d'instruction, ni les chambres d'accusation, ne peuvent connaître des excuses alléguées par le prévenu

La jurisprudence est constante en ce sens.

D'ailleurs, les art. 339 et suiv. du Code d'instruction criminelle, en attribuant au jury la connaissance des excuses, prouvent par là même que cette connaissance n'appartient ni aux juges d'instruction, ni aux chambres d'accusation.

Puisque les excuses ne modifient pas la criminalité, et qu'il appartient au jury de les apprécier, il faut en conclure que les cours d'assises ne peuvent, sous prétexte qu'elle ne résulterait pas des débats, refuser de poser une question d'excuse, dès qu'elle porte sur un fait admis comme excuse par la loi. Cette conséquence, méconnue avant la révision de 1832, par la jurisprudence de la cour de cassation, était enseignée par un grand nombre d'auteurs.

Le ministère public peut, comme l'accusé, poser une question d'excuse. En effet, si l'art. 339 ne parle que de l'accusé, c'est parce que la loi statue, *de eo quod plerumque fit,* mais le ministère public est le défenseur de tous les intérêts, et par cela même il a, comme l'accusé, et dans le silence de celui-ci, le droit de faire poser des questions d'excuses légales. « Contester ce

» pouvoir au ministère public, dit M. Blanche (t. II,
» n° 232), ce serait avoir la prétention de le contrain-
» dre à donner à un crime ou à un délit une impor-
» tance, qu'il ne lui reconnaît pas ; ce serait le frapper
» dans ce qu'il doit avoir de plus cher, dans la liberté
» de sa conscience ; ce serait, en un mot, abaisser ses
» fonctions et en méconnaître la noblesse. »

D'après nous, le ministère public aurait même le
droit de faire poser la question d'excuse, malgré l'opposition de l'accusé. En effet, l'exercice de ce droit,
de la part du ministère public, est nécessaire à la ma-
nifestation de la vérité. L'accusé ne peut être admis à
s'opposer à cet exercice, pour s'assurer l'impunité, en
forçant le jury de s'expliquer sur des faits détruits ou
modifiés par les débats, et en le plaçant dans l'impossibilité de se prononcer sur les circonstances nouvelles,
que les débats viennent de révéler.

Dans le cas même, où ni l'accusé, ni le ministère public, ne requerraient la position d'une question d'excuse résultant des débats, nous croyons que le président ne devrait pas moins poser cette question. En
effet, c'est un principe fondamental que le jury doit
juger l'accusation telle que les débats la font, et non
telle que la procédure écrite l'avait établie ; le président doit donc poser toutes les questions, qui résultent des débats et tendent à modifier l'accusation. Il le
doit d'autant plus, qu'il est spécialement chargé d'employer tous les moyens, qu'il juge utiles pour la mani-
festation de la vérité (art. 268 et 269, Code d'inst.
crim.).

Les excuses peuvent être rangées dans deux classes :
1° Il y a des excuses qui s'appliquent à tous les faits
punissables ; 2° Il y a des excuses qui ne s'appliquent
qu'à certains délits, et d'un certain ordre.

TITRE I.

CAS DE NON IMPUTABILITÉ

CHAPITRE PREMIER.

DES MALADIES MENTALES, ET DE CERTAINS ÉTATS PHY-
SIOLOGIQUES QUI ALTÈRENT LES FACULTÉS INTELLEC-
TUELLES.

SECTION PREMIÈRE.

ALIÉNATION MENTALE

Nous avons cru devoir employer l'expression « aliénation mentale » comme titre de cette section, parce
qu'elle nous semblait mieux répondre que toute autre
au sens des dispositions de l'art. 64. En effet, le mot
« démence, » dont s'est servi le législateur, ne doit
pas être entendu dans le sens technique et spécial de
la médecine légale, comme nous le verrons plus loin,
ni dans le sens restreint du droit civil (Code civ.,
art. 489), où il se trouve, à propos de l'interdiction,
en opposition avec ceux d'imbécilité et de fureur.
L'expression « démence, » de l'art. 64, est générique,

et désigne toute espèce d'absence de raison. Afin d'é-
viter toute confusion, nous pensons pouvoir la remplacer avantageusement par les mots « aliénation men-
» tale. »

Avant d'examiner les effets juridiques de l'aliénation
mentale en droit pénal, et de décrire ses diverses variétés, nous allons la définir, et en donner une idée
d'une manière générale.

L'aliénation mentale consiste pour le légiste, dans
un état pathologique des facultés affectives et intellectuelles, qui exclut le discernement et détruit le moi juridique.

Il y a des folies continues et des folies intermittentes : de là des difficultés assez grandes pour préciser les moments de raison, les intervalles lucides.

L'aliénation mentale provient-elle d'une altération
perceptible des organes, ou bien a-t-elle son siége dans
les facultés intellectuelles ? telle est la grave question,
examinée par les physiologistes, les philosophes et les
légistes.

L'aliénation mentale ne provient pas d'une altération perceptible des organes, d'après les remarquables
observations d'Esquirol. Il y a chez l'aliéné un état
anormal de ses facultés affectives, il est en proie à des
illusions, à des hallucinations. Il voit les choses
autrement qu'elles ne sont dans la réalité, ce qui tient
à l'état de ses sens.

Les hallucinations consistent dans des sensations
perçues, alors que nul objet extérieur n'a pu produire
une impression, les sens étant hors de leur portée.

Elles forment un phénomène tout interne; elles font voir réellement des objets, qui ne sont que dans l'imagination, et l'halluciné ne sait pas rectifier par la raison, par le jugement, les impressions qu'il éprouve.

Les hallucinations peuvent n'atteindre, dans un temps donné, qu'un seul sens ou en affecter plusieurs. Michéa, *du Délire des sensations*, et Brierre de Boismont, *des Hallucinations*, citent des exemples de ces différents cas. Le nombre des hallucinations par rapport aux sens va croissant à peu près dans l'ordre suivant : l'odorat, le toucher, le goût, la vue et l'ouïe. D'autres fois, la perception est objectivée par l'esprit, sans être rapportée à l'organe qui en devrait être comme l'instrument. Des individus se figurent converser avec des personnages invisibles, éloignés, par un échange immédiat de la pensée, sans que les sens interviennent, mais en supposant toutefois, en dehors de leur personne physique, dans l'espace, des interlocuteurs. L'imagination placera, sans le secours de la vue, des fantômes dans l'espace ; le malade lui-même saura que ses yeux ne sont pas affectés, qu'ils ne semblent pas même l'être.

Les hallucinations ont été très fréquentes et connues de tout temps ; des hommes de la plus haute intelligence en ont eu.

Brutus, au rapport de Plutarque, la veille de la bataille de Phillippes, vit le fantôme de son mauvais génie, impressionné qu'il était par les grands événements qu'il voyait, et par une veille prolongée. Cassius à qui il raconta ce qui lui était arrivé, lui donna l'explication de son état.

Walter Scott, rapporte que, venant de lire les détails de la mort de Byron, et vivement excité par cette lecture, il vit devant lui, en entrant dans la salle à manger, l'image de son ami mort. Il s'arrêta un instant pour admirer le soin minutieux avec lequel son imagination avait reproduit dans leur originalité l'habillement et la pose du poëte ; puis s'avançant de plus près, il reconnut que cette vision était due à l'agencement bizarre d'une draperie étendue sur un écran.

Pascal, avait failli être entraîné dans la Seine par ses chevaux ; à la suite de cet accident, il croyait voir un précipice à ses côtés.

L'hallucination produit la folie, ou en est produite. Plus ordinairement, elle en est le fait, quand elle la précède, elle étonne plus ou moins l'esprit, l'effraie, le trouble et le jette dans de fausses convictions à l'égard des choses extérieures.

L'aliéné est atteint d'hallucinations ; il raisonne logiquement quant à lui, mais non quant à la réalité des choses. Les facultés intellectuelles et affectives ne sont pas dans un état normal.

L'aliénation à donc son siége dans les facultés intellectuelles et affectives. L'aliéné ne possède plus son moi juridique ; il n'a plus de volonté, de libre arbitre ; ses actions ne prennent plus naissance dans les libres et spontanées déterminations de sa volonté.

§ 1.

Effets de l'Aliénation Mentale.

En matière pénale, l'aliénation mentale en établissant l'absence du moi moral, établit l'absence des éléments moraux qui entraînent la responsabilité. Elle constituera donc, d'après les principes que nous avons posés plus haut, un cas de non imputabilité. De là, les dispositions de notre article 64 : « Il n'y a ni crime, ni délit, » lorsque le prévenu était en état de démence, au mo- » ment de l'action. »

Il faut remarquer les expressions, « il n'y a ni crime, ni délit, » dont se sert le législateur. En effet, il peut y avoir un fait matériel commis par l'aliéné, mais le fait est dépourvu de toute criminalité, parce qu'il émane d'un individu qui n'est pas en possession de ses facultés intellectuelles, d'un individu qui manque de raison et ne jouit pas de la plénitude de son libre arbitre.

Toutes les fois qu'une personne, se trouvant dans des cas d'absence de raison, aura commis un fait punissable, l'art. 64 lui sera applicable, et de son application devra résulter, une déclaration de non culpabilité, et un acquittement, je dis acquittement et non absolution, ainsi qu'il arriverait dans le cas des articles 159, 191 et 364 du code d'Instruction criminelle.

Quoique le texte de l'article 64 ne parle pas des contraventions, les juges devront déclarer l'aliéné non coupable, en vertu de leurs pouvoirs généraux. Les conditions de l'imputabilité font défaut chez l'agent ; il a manqué d'intelligence, de liberté, il ne saurait y avoir faute quelconque de sa part. Il devra être acquitté.

Une observation qui a d'après nous son importance, doit être faite ici sur une autre conséquence de l'art. 64; soit le juge d'instruction chargé de mettre la procédure en état, soit le procureur général, remplissant les mêmes fonctions auprès des chambres de mises en accusation, (art. 217, Code d'Instruction criminelle) devront vérifier si l'aliénation mentale alléguée, est réelle ou feinte, si le prévenu est de bonne foi, ou s'il y a fraude de sa part. Il appartient donc au juge d'instruction et à la chambre des mises en accusation, après avoir examiné la situation intellectuelle du prévenu, de se prononcer en toute connaissance de cause. Il résulte de là, que la question d'aliénation mentale, n'est point une question préjudicielle et que cette première juridiction ne pourrait surseoir à statuer, en attendant que le tribunal eût déclaré qu'il y a lieu d'interdire le prévenu. Ce principe a été consacré par un arrêt de la Cour de Cassation. (Cass. 9 décembre 1814, S. 15, 1, 284).

Lorsque l'aliénation mentale au temps de l'action sera présumée ou alléguée, le juge d'instruction pour constater cet état, et apprécier la véritable situation morale du prévenu, devra procéder à des interrogatoires et à des visites et recourir à la science médicale, afin d'obtenir des hommes de l'art des renseignements, qui lui seront de la plus grande utilité. Si cet état est constaté, il est inutile de continuer la poursuite, la procédure sera suspendue et le juge d'instruction ou

la chambre des mises en accusation, rendront une ordonnance de non-lieu, puisque l'imputabilité faisant
défaut, il ne peut y avoir ni crime ni délit.

Nous déciderons, que si après la constatation de l'aliénation mentale du prévenu, des poursuites avaient
été dirigées contre lui, et qu'il fut déclaré non coupable par le jury ou le tribunal correctionnel, il devrait
être affranchi des frais de la procédure. Lorsque l'état
de maladie mentale n'est pas suffisamment caractérisé,
la connaissance de l'état du prévenu et de l'affaire en
sera laissée au jury ou au tribunal correctionnel, suivant qu'il s'agira d'un crime ou d'un délit. Au moment
des débats, peut s'élever une question qui a un certain
intérêt ; l'exception tirée de l'état d'aliénation mentale peut-elle être posée au jury ? Nous nous prononce-
rons pour la négative, et notre décision est basée sur
les principes que nous avons posés plus haut, que les
excuses laissent subsister le délit, tandis qu'au contraire l'aliénation mentale anéantit toute imputabilité,
et par conséquent fait disparaître tout délit ; d'où il
suit qu'en posant la question de savoir si l'accusé est
coupable, on demande nécessairement au jury s'il était
sain d'esprit et jouissait de son libre arbitre au moment
de l'action. Nous allons étudier maintenant les effets
de l'aliénation mentale, après que l'infraction a été
commise, soit relativement à l'instruction, soit relativement à la prononciation du jugement, soit relativement à l'exécution de la condamnation qui aurait été
prononcée.

L'aliénation mentale est survenue depuis que l'in-

fraction a été commise, mais avant l'instruction ou pendant l'instruction.

Dans ce cas, l'état mental de l'agent ne lui permet pas de fournir les renseignements et les explications utiles ou nécessaires au juge d'instruction : la tâche de celui-ci restant imparfaite, le tribunal compétent ne peut guère procéder au jugement de cette cause insuffisamment éclairée. Nous avons vu dans notre deuxième partie, quel était l'état de la question dans notre ancienne jurisprudence. Le juge devait surseoir à toute procédure, et s'attacher uniquement à constater la vérité de la maladie mentale.

L'aliénation mentale s'est manifestée après l'instruction écrite, et avant l'ouverture des débats. Dans ce cas, le prévenu ne devra pas y être soumis : il est en effet, de principe dans l'état actuel de notre législation, que l'accusé doit être entendu en personne aux débats, ce qui revient à dire, qu'il doit être admis à présenter lui-même sa défense. Or, comment pourrait-il y pourvoir, s'il était frappé d'aliénation mentale ? On répond que son avocat le remplacera ; mais le remplacera-t-il suffisamment et le principe rapporté ci-dessus sera-t-il respecté ? Evidemment non ; la loi veut que les juges puissent s'éclairer par la bouche même du prévenu : admettre le contraire, serait courir vers un double écueil, la trop grande indulgence ou une excessive sévérité, et livrer au hasard un arrêt qui ne reposerait pas sur des éclaircissements suffisants. Il faut ajourner les débats de la manière suivante : si l'aliénation n'est qu'un accès momentané, le président

des assises renverra l'affaire à la session suivante ; si
elle semble de nature à persister, le président devra
faire délibérer la cour d'assises, sur la question de savoir
s'il y a lieu de suspendre le jugement jusqu'à ce que
l'aliénation mentale ait cessé.

La question de savoir si l'accusé est ou non dans
un état d'aliénation mentale au moment des débats, est
de la compétence de la cour d'assises et non du jury,
qui ne doit connaître que du fait de l'accusation et des
circonstances qui se rattachent à ce fait lui-même.
(Blanche, t. II, n° 191 ; Arrêt de la Cour de Cassation,
6 juin 1839, *Bull.* n° 181).

Lorsque l'aliénation mentale survient pendant l'ins-
tance du pourvoi en cassation, contre l'arrêt qui a con-
damné l'accusé, comment doit-il être statué ?

La Cour de Cassation devra surseoir à statuer sur
le pourvoi, jusqu'à ce qu'il soit fait apport à son greffe
de documents conformes aux dispositions de la loi
du 30 juin 1838, et de nature à constater les changements qui pourront survenir dans l'état mental du demandeur (Arrêt, 25 janv. 1839. J. P. , 23 déc.
1859 ; *Bull.* n° 287).

Nous allons examiner maintenant ce qui a lieu à
propos de l'exécution des peines, lorsque la condamnation a été prononcée.

Il faut distinguer les peines corporelles et les peines
pécuniaires. Nous croyons, que l'aliénation mentale
survenue après la condamnation prononcée doit, sans
aucun doute, faire surseoir à l'exécution de toute condamnation corporelle. Au motif donné par le juriscon-

sulte romain, et tiré de ce que l'aliéné est assez puni par sa maladie, *satis ipso furore punitur*, nous ajouterons que l'exécution de la peine corporelle sur l'aliéné, serait, sans utilité pour la société, qui n'y verrait qu'un supplice barbare, infligé à un être incapable de ressentir la peine morale, qui doit être une grande partie de la punition des coupables.

Il ne suffirait pas d'un simple intervalle lucide chez le condamné, pour que l'exécution des peines corporelles pût avoir lieu. On a cependant soutenu l'opinion contraire ; mais pour les motifs que nous venons de donner plus haut, il nous semble que la justice porterait atteinte à sa dignité, en frappant un aliéné ; il faudra attendre sa guérison pour exécuter la condamnation ; l'humanité le commande.

Quant aux condamnations aux peines pécuniaires ou aux dépens, le recouvrement, d'après nous, n'en pourra être exigé en vertu d'un jugement émanant d'un tribunal correctionnel ou de simple police, contre lesquels il y aurait appel. Observons ici, que si l'aliénation mentale était survenue avant l'expiration du délai d'appel, ce délai devrait être regardé comme suspendu, et par cela même la condamnation pécuniaire ne pourrait recevoir d'exécution. En effet, tant que le condamné peut appeler, on ne sait pas si le jugement qui l'a condamné, sera maintenu. Aucune des parties de la condamnation ne peut être exécutée.

Ajoutons que lorsque la condamnation pécuniaire n'est point susceptible d'appel, elle ne devrait être exécutée, malgré l'aliénation mentale survenue, qu'autant que le délai pour se pourvoir en cassation, serait expiré au moment où l'aliénation mentale se serait manifestée.

Lorsque la condamnation est devenue définitive, l'aliénation mentale survenue ne mettra point obstacle à l'exécution des condamnations pécuniaires (V. Chauveau et Hélie, t. I, p. 554).

Par une de ses faces, notre matière se lie à la prescription : celle-ci court-elle en faveur de l'agent, quand la suspension des poursuites est amenée par l'aliénation mentale ? La doctrine est loin d'être unanime sur cette question, et la controverse est vive parmi les auteurs. Au nombre de ceux qui se sont prononcés pour l'affirmative, nous citerons MM. Legraverend, Chauveau et Faustin Hélie, Le Sellyer, Mangin, Blanche. Par un arrêt du 22 avril 1813 (Affaire Artoy), la Cour de cassation a décidé que la prescription de l'action publique court en faveur du prévenu, pendant la suspension des poursuites occasionnée par l'aliénation mentale.

Nous croyons devoir adopter l'affirmative, pour les raisons suivantes : les articles 637 et 638 du Code d'Instruction criminelle déclarent, que l'action publique et l'action civile résultant d'un crime ou d'un délit, se prescrivent par dix ou trois années révolues à compter du jour où le crime ou le délit a. été commis, si dans cet intervalle, il n'a été fait aucun acte d'instruction ou de poursuite. Voilà la règle générale, sans restriction aucune. Puisque, comme le dit Merlin,

l'article 637 du Code d'instr. crim. n'est modifié par
aucune exception, on est forcé de le prendre dans la
plus grande généralité, sans pouvoir mettre à sa disposition, des limites que le législateur n'a pas jugé à
propos d'y apporter lui-même. Nous ajouterons qu'après
un certain laps de temps, les preuves en faveur du
prévenu ont pu disparaître ou dépérir, et que, par
suite, il lui serait difficile, peut-être même impossible
d'établir son innocence. N'y a-t-il pas aussi à redouter que le temps qui amènera l'affaiblissement et le
dépérissement des preuves de l'accusé, ne laisse à la
partie prétendue lésée, le temps de se procurer contre
lui des preuves mensongères.

La prescription de la peine prononcée, court-elle en
faveur du condamné? La solution de la question pré-
cédente, entraîne la solution de celle-ci dans le même
sens, c'est-à-dire dans celui de l'affirmative.

Occupons-nous, pour terminer ce paragraphe, de
l'accusé dont l'aliénation mentale a motivé l'acquittement. L'aliéné étant irresponsable, doit échapper aux
lois répressives, parce qu'il serait barbare d'appliquer
une peine à des êtres inconscients, qui n'en compren-
draient ni la raison, ni les effets. Après avoir proclamé
l'état de maladie de l'aliéné, la société ne doit pas rester désarmée à son égard, et il importe que la conscience publique soit rassurée par les mesures préventives qui seront prises et qui empêcheront l'aliéné de
menacer la vie des personnes. Il faudra donc protéger
en même temps la société, et le malheureux aliéné.

Les dispositions de notre législation qui ont trait aux précautions administratives ou judiciaires à prendre contre les aliénés sont les suivantes : loi des 16-24 août 1790 sur l'organisation judiciaire, qui confie à la vigilance et à l'autorité des corps municipaux « le soin d'obvier ou de remédier aux événements fâcheux qui pourraient être occasionnés par les insensés ou les furieux laissés en liberté » (t. II, art. 3, § 6). Code pénal, art. 475-7°, qui punit d'une amende de police « ceux qui auront laissé divaguer des fous ou des furieux étant sous leur garde » (loi spéciale du 30 juin 1838 sur les aliénés, avec l'ordonnance du 18 décembre 1839).

§ 2.

Diverses espèces d'aliénations mentales.

Nous allons voir ici, combien ont été utiles comme moyens d'arriver à l'appréciation en fait de l'état de l'agent dans chaque affaire, les travaux de la science médicale sur les différentes maladies mentales. Nous avons trouvé dans les nombreux ouvrages de médecine légale, que nous avons consultés, la distinction de ces maladies en classifications diverses, et les observations générales dont chacune de ces classifications peut être susceptible.

On a essayé, pour cette matière, de nombreuses divisions ; on a proposé de nombreux systèmes. Nous ne les retracerons pas.

En admettant à peu près complètement le classement

des maladies mentales du docteur Esquirol, on trouve deux grandes divisions : I. *Imbécillité* ; II. *Folie*.

I. — *Imbécillité*.

L'imbécillité offre un défaut de développement des facultés de l'intelligence ; elle comprend :

1° l'Idiotie ; 2° l'Imbécillité proprement dite.

Idiotie. — L'Idiotie résulte soit d'un vice congénital, soit d'un grand obstacle au développement des facultés intellectuelles, survenu après la première enfance, lorsque le sujet avait déjà acquis quelques connaissances. Cet état est accompagné généralement d'une conformation vicieuse du crâne, qui en est le principe.

L'Idiotie est caractérisée, non seulement par l'absence de toute activité intellectuelle ou morale, mais encore par le défaut de développement des instincts les plus nécessaires à la conservation de la vie.

L'Idiotie est surtout marquée par l'absence de la parole ; quand l'intelligence fait presque entièrement défaut, la parole n'est plus possible. Aussi, Esquirol a-t-il dit avec raison, que l'on peut juger du degré d'intelligence des idiots, d'après l'étendue de leur vocabulaire. La faculté de juger, de comparer, de raisonner est absolument nulle.

L'appréciation médico-légale de l'Idiotie, ne peut donc soulever de difficultés. Elle implique l'absence du discernement légal. Les dispositions de l'article 64 seront applicables.

Imbécillité proprement dite. — Elle résulte d'un vice congénital moins grand que dans l'Idiotie, ou d'un grand obstacle, moins grand encore que dans l'Idiotie, au développement des facultés intellectuelles.

Monneret et Fleury disent tout simplement, que l'imbécillité est le premier degré de l'Idiotie.

Les imbéciles possèdent l'usage de la parole, mais ils ont souvent des difficultés pour articuler certains mots.

Presque toujours, ils ont des penchants pervers et se laissent aller sans scrupule à tous les entraînements de leurs instincts ou de leurs passions.

En matière criminelle, l'imbécile doit être considéré comme irresponsable, parce qu'il n'a pas une intelligence assez développée, pour comprendre la gravité et la valeur morale de ses déterminations. Il n'obéit qu'à des penchants grossiers ou à des instincts brutaux ; les facultés de l'ordre supérieur lui font défaut.

Les médecins légistes citent des cas où des imbéciles ont commis des crimes, sans avoir l'intention de nuire, sans motif, par plaisir, ou sous le plus léger prétexte.

Ainsi un imbécile à qui on donne imprudemment sa sœur à garder, s'amuse à lui enfoncer des épingles dans la bouche et dans les yeux (Tardieu).

Un autre tue ses deux neveux, et vient ensuite en riant, apporter cette nouvelle à leur père (Marc).

Faiblesse d'esprit. — Il existe dans la société, des êtres qui se rapprochent des Imbéciles par un développement médiocre de l'entendement, des Faibles d'esprit, ou demi-imbéciles, dont les connaissances sont

très-bornées, et qui n'ont que des notions fort impar-
faites des vérités, sur lesquelles repose l'ordre social.

La faiblesse d'esprit, éclate souvent dans la conduite
des individus de cette catégorie, et dans certains cas,
leur état mental, doit faire l'objet d'une expertise médico-légale. Nous ne voulons pas dire, qu'ils se laissent
entraîner irrésistiblement par des impulsions instinctives, mais comme ils ne savent opposer aux mauvais
conseils, aux suggestions coupables, qu'une résistance
vaine et impuissante, il y a certainement chez eux
une notable atténuation de responsabilité morale.

Cet état se rapproche de celui du mineur et devra
toujours être examiné, parce que, il faut bien le remarquer, ces demi-imbéciles ne sont pas doués de facultés
suffisantes, pour comprendre toute l'étendue des devoirs sociaux.

II. — *Folie.*

La folie offre une lésion des facultés affectives et intellectuelles, survenue après leur entier développement.

Elle comprend la Démence et la manie.

Démence. — La démence désigne un état d'épuise-
ment ou d'affaiblissement, des facultés intellectuelles
et affectives. La démence diffère de l'imbécillité, en ce
que celle-ci fait un homme ébauché, tandis que la première attaque un homme qui a joui de la plénitude de
ses facultés intellectuelles, et désorganise un esprit qui
a été complet.

D'après Esquirol (*des Maladies mentales*, II, p. 219),
la démence est une affection cérébrale, ordinairement
sans fièvre, et chronique, caractérisée par l'affaiblissement de la sensibilité, de l'intelligence et de la
volonté.

Dans l'état de démence, dit Pinel, la pensée est
comme abolie.

Pour bien distinguer la démence, de l'idiotie et des
autres formes de débilités intellectuelles congénitales,
Esquirol dit : « L'homme en démence, est privé des
» biens dont il jouissait autrefois : c'est un riche de-
» venu pauvre ; l'idiot a toujours été dans l'infortune,
» dans la misère. »

L'homme en démence, a donc joui de ses facultés ;
mais des maladies énervantes, des excès qui épuisent,
ou d'autres causes analogues, quelquefois le simple
effet de la vieillesse, les ont annihilées ou presque
éteintes en lui.

Les progrès de cette déchéance intellectuelle et morale, sont habituellement assez lents. Au début, l'intelligence perd de sa vivacité ; la mémoire est une
des facultés, dont la perte est précoce ; l'attention
devient difficile, et la fatigue intellectuelle se produit
très-rapidement. Plus tard, les perceptions deviennent
obscures, incomplètes et mal liées ; l'hallucination est
fréquente ; l'attention alors est très-faible et très-lente,
la comparaison presque nulle, et par conséquent la gé-
néralisation très-restreinte, peu rapide et peu nette.

L'irresponsabilité des déments, est pour nous certaine. Sans pouvoir s'en rendre compte et sans être

dirigés par une volonté active et libre, ils peuvent se livrer à des actes répréhensibles, et quelquefois même criminels.

Souvent les déments sont agressifs et violents, et peuvent, dans la période d'excitation, mettre en danger la vie des personnes. Mais nous devons faire observer, que l'irresponsabilité du dément, ne sera pas fondée sur le fait d'une impulsion instinctive et irrésistible subie par lui, mais simplement sur l'inconscience, sur l'obscurcissement du sens moral.

Manie. — La manie est un état d'exaltation, de surexcitation des facultés intellectuelles et affectives.

D'après Esquirol (*des Maladies mentales*, t. II, p. 139), la manie est une affection cérébrale chronique, ordinairement sans fièvre, caractérisée par la perturbation et l'exaltation de la sensibilité, de l'intelligence et de la volonté.

La manie, avec ou sans délire, avec ou sans fureur, quoique généralement accompagnée de désordres intellectuels et d'agitation extraordinaire, et sans motifs raisonnables (P. Pinel, 100, 102), est la folie dans le sens vulgaire du mot : c'est l'aberration de toutes les facultés, surtout des facultés de l'entendement.

La manie est continue ou périodique avec des retours réguliers ou irréguliers des accès ; elle est marquée au moral, comme au physique par une vive excitation nerveuse, par l'incohérence des idées et la violence tumultueuse des actes.

Dans l'état de manie, l'insensibilité physique, apparente du moins, est cependant digne de remarque.

14

Des malades supportent le froid, la faim, sans paraître souffrir.

Quant aux rapports intellectuels avec le monde extérieur, ils semblent parfois anéantis partiellement ou fort troublés, alors surtout que les souvenirs et les imaginations l'emportent sur les perceptions, et sont pris pour elles. Le toucher se trompe sur le volume, le poids, la figure des corps ; le goût est souvent dépravé ; l'odorat est affaibli ou dénaturé ; les hallucinations de l'ouïe et de la vue sont fréquentes.

L'activité elle-même ne s'appartient plus ; elle flotte au gré des idées les plus extravagantes, des sentiments les plus déraisonnables. La mobilité de la pensée est extrême, la volonté sans cesse entraînée, perd toute espèce de pouvoir, et l'attention distraite par la multitude des impressions extérieures et intérieures ne peut plus se fixer sur aucun objet.

La manie peut être complète, Polymanie, ou partielle Monomanie.

Polymanie. — La Polymanie manifeste une perturbation complète des facultés, rendant le malade incapable de discernement, et en proie, à des idées et à des impressions incohérentes.

Elle est tantôt permanente, continuelle, et tantôt mêlée d'intervalles lucides.

Lorsque la polymanie est permanente, mettant un obstacle complet à l'exercice normal du libre arbitre, elle dégage l'agent de toute responsabilité, s'il n'a pas d'intervalles lucides. S'il a des intervalles lucides, pour qu'on puisse lui appliquer une peine, il faudra prouver

que l'acte a été commis pendant un des intervalles lucides, et attendre pour le jugement que le mal ait cessé,
afin de ne pas mettre obstacle à l'exercice de la défense
personnelle.

Il convient donc maintenant, d'examiner avec le plus
grand soin, cette question si délicate des intervalles
lucides.

Intervalles lucides. — Le point de psychologie judiciaire, fait remarquer Legrand du Saulle, le plus difficile à résoudre, et celui qui laisse si souvent dans le
vague et l'obscurité, consiste dans la question de savoir,
si le crime commis pendant un intervalle lucide, doit
être mis sur le compte de la propension maladive, ou
bien s'il a été déterminé par les suggestions d'une conscience indépendante. La justice fera-t-elle dans ce cas,
jouir le coupable de l'immunité, qui s'attache à l'absence
de discernement, le considérera-t-elle comme en possession de son libre arbitre, et le frappera-t-elle alors
avec la sévérité égale pour tous ?

Quels sont les termes de l'art 64 ? Pour qu'il y ait
cas de non imputabilité, il faut un état d'aliénation
mentale existant au moment de l'action. Si elle n'e-
xiste pas au temps de l'action, si le sujet était en possession du discernement, le fait ne sera pas couvert par
le principe de l'art. 64. C. p. On a prévu ce cas dans
le code pénal espagnol publié en 1848, art. 8. Les individus en état d'aliénation mentale, lorsqu'ils sont dans
un intervalle lucide, auront leur responsabilité engagée,
s'ils ont commis un crime. Le Code pénal espagnol,
publié en 1870, contient une disposition analogue.

L'art. 23 du Code pénal de Portugal est conçu dans les mêmes termes.

Dans ce cas, comme nous venons de le faire observer avec M. Legrand du Saulle, la difficulté qui se présente est celle de savoir, si l'état habituel d'aliénation a pu, ou non exercer une influence sur la détermination de l'agent par rapport à l'action qu'il a commise. Il faudra donc rechercher, si pendant l'intervalle lucide l'inculpé a joui de la plénitude ses facultés, et établir qu'il n'a pas fléchi, tout en conservant les apparences d'une activité intelligente, sous l'oppression mentale.

Dans un examen de cette nature, il faudra peser à leur juste valeur les penchants et les dispositions antérieures de l'individu, et tâcher de recueillir à ce sujet des témoignages ou des révélations capables de jeter du jour sur les débats. Au nom de la morale publique et de la vérité, une pareille enquête devra être entourée des soins les plus minutieux.

Voyons comment cette question redoutable, est résolue par les criminalistes. MM. Rauter, Le Sellyer sont d'avis qu'il ne faut pas négliger entièrement de tenir compte des intervalles lucides ; il faut cependant présumer plutôt l'absence, que la présence d'une volonté libre chez celui qui a ces intervalles. La même doctrine est enseignée, quant au fond, par Rossi (t. II, p. 178), Chauveau et Hélie (t. I, p. 528), tout en admettant la responsabilité morale, se demandent si cette responsabilité doit entraîner des effets légaux. Les intervalles lucides leur semblent bien difficiles à constater, et ils continuent en s'exprimant ainsi : « Quels

juges, disent-ils (t. 1, p. 532), oseraient affirmer que
cette intelligence, tout à l'heure éteinte, a repris subitement toutes ses clartés? Enfin, faudra-il attendre
pour le jugement. un autre intervalle lucide? Et la
folie ne pourra-t-elle pas survenir au milieu de l'instruction et avant que la justice ait achevé son cours?
La folie pourrait d'ailleurs se produire dans un moment
prétendu lucide?

Nous pensons, avec d'Aguesseau, que le véritable
intervalle lucide n'est appréciable pour le médecin,
comme pour le jurisconsulte, que lorsqu'une durée
suffisante en traduit l'existence; que cependant la folie
la plus complète peut par instant diminuer d'intensité,
et permettre à une lueur de bon sens de se produire,
sans constituer pourtant cette trève, cette guérison
momentanée, mais complète, qui est l'intervalle lucide;
or, il suffit d'un instant pour accomplir une action
libre, capable d'engager notre responsabilité.

Nous appuyant sur l'autorité de d'Aguesseau, nous
admettons, que pendant l'intervalle lucide la responsabilité de l'agent pourra être engagée, si l'acte a été
accompli, en dehors de l'action de la maladie.

Monomanie. — Nous arrivons à la question la plus
difficile, au problème le plus compliqué de notre
matière, à la monomanie.

De toutes les formes de l'aliénation mentale, considérées au point de vue médico-légal, elle est, sans con-
tredit, celle qui doit attirer au plus haut degré, l'attention du médecin et du légiste. Autrefois méconnue et

confondue sous le nom de mélancolie avec beaucoup
d'autres affections mentales, elle n'a été bien appréciée
dans sa nature, et ses formes que vers le commencement de ce siècle.

La doctrine de la monomanie, qui devait soulever
de si vives discussions, a été créée par Pinel et Esquirol, qui ont développé la doctrine du délire partiel ou
de la monomanie, état dont le caractère consiste en un
petit nombre d'idées fixes, dominantes, exclusives, souvent même en une seule idée, sur lesquelles roule le
délire, le raisonnement étant d'ailleurs sain sur tout
autre objet. Ce mot de monomanie (μονος μανια) généralement accueilli et adopté aujourd'hui par les médecins et les jurisconsultes, sert à désigner la folie partielle avec ou sans délire.

Le mot monomanie exprime un état anormal de la
sensibilité physique ou morale, avec ou sans délire
circonscrit et fixe.

Elle embrasse toutes les mystérieuses anomalies de
la sensibilité, tous les phénomènes de l'entendement
humains, tous les efforts de la perversion de nos penchants, tous les égarements de nos passions.

La monomanie est essentiellement la maladie de la
sensibilité ; elle repose tout entière sur nos affections.
Son étude est inséparable de la connaissance des passions ; c'est dans le cœur de l'homme, qu'elle a son
siége : c'est là qu'il faut fouiller, pour en saisir toutes
les nuances.

La monomanie est d'autant plus fréquente, que la

société est plus avancée : c'est une maladie de la civilisation.

Elle comprend deux variétés : la monomanie avec délire, et la monomanie sans délire.

Monomanie avec délire. — La monomanie avec délire est facile à constater, parce qu'elle se manifeste chez l'agent, par des actes extérieurs.

Elle résulte soit d'une affection des sens, qui engendre des illusions, soit d'un état des facultés intellectuelles qui vicie le raisonnement et qui engendre de fausses interprétations. Celui qui est en proie à la monomanie avec délire, paraît raisonnable sur tous les points, sauf sur un seul; d'autres fois, on remarque toute une série d'idées fausses, à côté d'autres idées paraissant raisonnables.

Dans cette variété de l'aliénation mentale, les malades partent d'un principe faux, dont ils suivent sans dévier les raisonnements logiques, et dont ils tirent les conséquences légitimes qui modifient leurs affections et les actes de leur volonté; hors de ce délire partiel, ils sentent, raisonnent, agissent comme tout le monde; des illusions, des hallucinations, des convictions erronées et bizarres, sont la base de ce délire, appelé monomanie intellectuelle par Esquirol.

D'Aguesseau, dans son second plaidoyer sur l'affaire du prince de Conti, a très-nettement caractérisé l'état de ceux qui ne sont atteints, que d'une monomanie partielle : « L'un, dit-il, croit voir toujours des princes, l'autre s'imagine qu'on veut l'arrêter; celui-ci se transforme en bête ; l'autre, dans une folie encore plus outrée, croit être Dieu même. Qu'on ne les interroge pas sur ces matières, dans tout ce qui reste, ils paraissent sages ; mettez-les sur ces points, aussitôt ils découvriront leur faiblesse : ce fou qui croyait que toutes les marchandises qui entraient dans le port de Pirée étaient à lui, ne laissait pas de juger sainement de l'état de la mer, des orages, des signes qui pouvaient faire espérer l'heureuse arrivée des vaisseaux ou craindre leur perte. Si un pareil fou commettait un délit, il y aurait lieu d'appliquer la doctrine, qu'exposait avec tant d'habileté et d'éloquence Erskine devant la cour du banc du roi, dans la célèbre affaire de James Hadfield. James Hadfield était un monomane, qui voulait mourir pour la rédemption du genre humain. Il avait tiré en plein spectacle un coup de pistolet sur le roi d'Angleterre, Georges III. Erskine fut chargé de sa défense : il sut, par la modération et la sagesse de ses doctrines, entraîner ses juges, qui prononcèrent l'acquittement de l'accusé. (Voir *Barreau anglais*, t. II. Plaidoyer d'Erskine pour James Hadfield.)

Il faut rechercher, si l'acte a été exécuté sous l'influence de la folie partielle, ou s'il se rattache aux idées par rapport auxquelles, l'exercice des facultés intellectuelles serait intact. Lorsqu'il sera prouvé que l'agent avait, au temps de l'action, une notion du précepte qu'il a enfreint, et d'une pénalité attachée à l'infraction, il doit être considéré comme responsable, lors même qu'antérieurement il aurait donné des signes de folie partielle.

Les médecins aliénistes soutiennent, qu'il est dans
ce cas, difficile d'affirmer qu'une folie partielle se référant à un ordre spécial d'idées, n'a exercé aucune
influence sur les actes, qui ne se rapportent pas à ces
mêmes idées, et qui peuvent avoir été déterminées par
une cause cachée. Nous soutenons, que c'est là une
question de fait, qu'il appartient aux juges seuls de résoudre, en s'éclairant à l'aide des rapports des médecins, et en se guidant par les règles du droit. En principe, tout individu qui a exécuté avec discernement
un acte illicite et incriminé par la loi, doit être puni.
En fait, une folie partielle peut ne pas exclure le discernement, pour des actes par rapport auxquels il n'y a
jamais eu de délire.

Monomanie sans délire. — Cette monomanie, que
Marc appelle monomanie instinctive, est caractérisée
par une lésion de la volonté, telle que l'individu qui
en est atteint, ne peut plus commander à ses passions
plus ou moins perverties. Celui que domine une monomanie sans délire, instinctive, se sent irrésistiblement
poussé au mal : il tue, vole, incendie, parce que des
instincts qu'il ne peut dompter, l'entraînent et qu'une
force invincible l'ont subjugué. La volonté, nous le ré-
pétons, est ici affectée, mais la raison ne semble pas
ébranlée. Nous ne nous dissimulons pas que l'appréciation de la monomanie sans délire, est d'une rare
difficulté. La monomanie avec délire, a un caractère
plus net, plus déterminé, et par conséquent on peut
la connaître plus facilement, par la constatation du délire, qui étend son influence sur certains actes ; on dé-

cide sans peine, que l'action commise sous l'influence
de ce délire, ne tombe pas sous le coup de la loi.

Au contraire, dans la monomanie sans délire, rien
d'apparent, rien de saisissable : obsédé par des idées
de vol, d'incendie, de meurtre, qu'il s'efforce en vain
d'écarter, l'homme qui en est atteint, sent toute l'horreur de semblables désirs, et cependant sa volonté est
vaincue. Sans motif, sans intérêt, il vole, il brûle, il
tue. Dans une telle situation, il est difficile de déclarer
de *planò* l'irresponsabilité , parce qu'on est porté à
croire, que l'auteur de l'action délictueuse, pour se
soustraire au châtiment, a intérêt à tromper ses juges ;
on peut penser que l'agent a voulu donner satisfaction
à de mauvais penchants , et que sa nature dépravée
trouve un horrible plaisir à commettre d'effroyables
crimes. Nous n'entendons pas assurément par ces
réflexions, contester l'existence de la monomanie sans
délire, nous voulons seulement signaler le danger qui
existerait pour la société, si on se laissait aller à appliquer, dans tous les cas, comme y concluent la plupart
des médecins, les dispositions de l'art. 64. Sans adopter
complètement son opinion, nous rappellerons ici ce
que M. Collard de Martigny (Examen médico-légal de
la monomanie homicide) dit de la monomanie instinctive ou sans délire. Elle n'est, dit-il, autre chose qu'une
passion, qu'on pouvait étouffer dès sa naissance.

De l'excès des passions à la monomanie, il n'y a
qu'un degré de plus ; c'est précisément ce degré, prétendent les médecins, qui imprime à l'acte commis un
caractère différent Or, il importerait de connaître

exactement les caractères précis de la folie ou de la
monomanie, et ceux des passions. Mais là vient échouer
la science, et les médecins ne peuvent se refuser de
reconnaître, qu'elle ne saurait déterminer avec une rigoureuse précision, où finit la passion, où commence la
monomanie.

Avant de donner au problème si difficile de la monomanie notre solution, et de présenter notre opinion
sur cette question grave qui divise les médecins et les
légistes, nous allons passer en revue les principaux
cas de monomanie, en indiquant rapidement leurs caractères, que nous emprunterons aux ouvrages des mé-
decins-légistes, que nous avons étudiés avec le plus
grand soin. Nous emprunterons aux annales médico-
légales et aux procès criminels les faits, qui se rapportent
à chacun des cas de monomanie ; ils nous seront d'un
grand secours pour discuter les doctrines des médecins
et les réfuter, et enfin pour écarter en principe, l'irresponsabilité absolue en matière de monomanie. An-
ticipant sur le système, que nous allons soutenir plus
loin, nous disons qu'il y a chaque fois une question de
fait à examiner, et que la justice ne doit pas s'arrêter
devant cette réponse vraiment facile et commode qui
lui sera faite par un accusé, interrogé sur son crime :
j'ai tué, j'ai volé, parce que j'y étais poussé, je n'ai
pu me vaincre ; je ne me possédais pas.

Différents cas de monomanie. — Suivant l'objet du
délire, on distingue plusieurs espèces de monomanies,
ainsi, il y a la monomanie homicide, la monomanie incendiaire ou pyromanie, la cleptomanie ou monomanie

du vol, la monomanie érotique ou érotomanie, enfin la dipsomanie ou ivresse dont nous nous occuperons plus loin.

Monomanie homicide. — Suivant Esquirol, la Monomanie homicide est un délire partiel caractérisé par une impulsion plus ou moins violente au meurtre.

On en distingue trois sortes, suivant qu'il y a manie raisonnante, ou instinct aveugle, ou hallucination.

Tel est, pour la première espèce, l'homicide commis sur ses enfants par un père, qui veut ainsi les soustraire à la damnation éternelle, qu'ils pourraient encourir, lorsqu'ils seraient devenus hommes. Tel encore, l'homicide en vue de périr de la main du bourreau, et d'échapper ainsi, après confession et repentir, à la peine qu'on croit réservée dans l'autre vie, au malheureux suicidé.

A la seconde espèce, appartient l'homicide par impulsion secrète, par obsession, malgré l'horreur qu'il inspire et les efforts déployés pour y résister ; c'est la situation d'une mère qui, saisie d'horreur à la pensée qu'elle peut tuer son enfant, finit par succomber à cette idée.

A la troisième espèce, appartiennent les homicides commis sur des personnes bien connues d'ailleurs, mais dont la forme se trouve dénaturée par l'hallucination ou sur l'ordre de personnages imaginaires, mais qu'on prend pour des êtres surnaturels.

Tout le monde connaît aujourd'hui, les procès justement célèbres de Léger, Papavoine, Henriette Cornier, Jobard, en faveur desquels les aliénistes les plus distingués, ont rédigé des consultations médico-légales. (Voir Discussion médico-légale sur la folie, Georget. Examen médico-légal des procès criminels des nommés Léger, Papavoine. Consultation médico-légale pour Henriette Cornier (Marc). De la Monomanie envisagée sous le rapport de la loi pénale. Revue de législation et de jurisprudence, An. 1853, p. 253).

Dans le courant de l'année 1826, le meurtre d'un enfant s'accomplissait dans des conditions épouvantables, et dans les circonstances suivantes : Une fille de service nommée Henriette Cornier, avait pour la petite fille d'une de ses voisines une vive affection ; un jour elle l'emmène, la conduit dans sa chambre et lui donne la mort. Lorsque la mère de l'enfant vient la réclamer, Henriette Cornier lui répond, qu'elle l'a tuée ; l'infortunée mère croit d'abord à une plaisanterie, mais après avoir pénétré dans la chambre, elle pousse un cri d'horreur en présence du cadavre de son enfant décapitée. Henriette Cornier fut arrêtée, et dit qu'elle avait commis cet acte horrible, cédant à un désir auquel elle ne pouvait plus résister. Elle fut soumise à l'expertise des médecins, qui déclarèrent qu'elle était en proie à une monomanie latente, qui avait triomphé de sa volonté. Dans cette affaire, les jurés rendirent un verdict de culpabilité, en écartant la préméditation. Henriette Cornier fut condamnée à la peine des travaux forcés à perpétuité.

Le 15 septembre 1851 une jeune femme enceinte de

cinq mois, assistait à côté de son mari au théâtre des Célestins, à Lyon, à une représentation du drame intitulé : *Adrienne Lecouvreur*. Elle tombe tout-à-coup mortellement frappée au sein gauche, d'un coup de poignard porté par un homme placé derrière elle, qu'elle n'avait jamais connu, et qui n'avait pas même vu, au moment où il exécutait le crime, le visage de sa victime. Cet homme, du nom de Jobard, âgé de 20 ans, expliquait, quelques instants après, avec un calme et une naïveté effrayantes, sa conduite et les motifs de son crime. Voulant mettre un terme aux désordres d'une vie de débauche, qui lui était devenue insupportable, il avait résolu de mourir. Le suicide répugnait à ses idées religieuses, et l'assassinat convenait mieux à son but, parce que l'intervalle placé entre le crime et l'expiation, lui fournissait le temps de se repentir et de se réconcilier avec Dieu (Voir les détails de cette affaire dans le journal *le Droit*, du 25 mars 1852 et des jours suivants). Nous reviendrons plus loin sur l'appréciation de ces faits, que nous avons cités comme exemples.

Monomanie incendiaire ou pyromanie. Cleptomanie. — «La monomanie incendiaire, dit Legrand du Saulle (p. 462) ou pyromanie, consiste en un penchant instinctif pour le feu, en une envie irrésistible, suivie ou non d'effet, d'incendier sans motif.

Elle naît de causes multiples : l'âge, le sexe, l'influence de l'hérédité, le développement de la puberté, les difficultés de la menstruation, la nostalgie, le penchant à l'imitation, etc., peuvent la produire.

L'imagination est la magicienne, qui ensorcelle les malheureux atteints da cette monomanie, qui les pousse au mal en allumant dans leur sang une ardeur fébrile qui les tourmente, les met hors d'eux-mêmes et les porte à détruire la propriété ou la demeure des personnes qui leur sont chères et même la leur propre.

Lorsque cet état de monomanie est allégué, il faut procéder à un minutieux examen de l'accusé, parce que si ce cas de responsabilité était admis facilement, il y aurait un moyen d'impunité doublement dangereux pour l'ordre social. En effet, comme le dit Marc (*Annales de médecine légale*, t. X, p. 388), la torche de l'incendiaire s'éteint dans les flammes qu'il allume, c'est-à-dire que le crime d'incendie est aussi difficile à exécuter que difficile à découvrir.

Dans la monomanie du vol, ce penchant peut être indépendant de l'intérêt ; on vole pour le plaisir seul de voler ; on volera des objets sans valeur, on les restituera même, ou leur valeur, au-delà s'il le faut, quelques instants plus tard ; on volera le pauvre, comme le riche. Suivant Marc, cette monomanie est toujours instinctive.

Pour notre part, nous serions peu disposé à admettre comme cas d'irresponsabilité la cleptomanie, parce qu'il faut remarquer qu'assez souvent la cleptomanie a eu pour principe une passion mauvaise, telle que l'envie, l'avarice.

Monomanie érotique ou érotomanie. Perversions horribles des sens. Violation de sépultures. — L'érotoma-

nie, dit Esquirol , est une affection mentale dans
laquelle les idées amoureuses sont fixes, dominantes,
et portant tantôt sur un être réel, tantôt sur un être
imaginaire. Il y a lésion de l'imagination, erreur de
l'entendement. Dans la nymphomanie et le satyriasis
l'affection a plutôt un siége organique. L'origine peut
être une imagination libertine, comme elle peut avoir
sa raison dans les mouvements instinctifs des organes
sexuels.

Tant que l'érotomanie n'entraîne que des extrava-
gances ou du désespoir, la maladie reste silencieuse-
ment cachée dans l'intérieur des familles ; mais lors
que des actes graves sont commis, ils viennent nécessairement retentir devant les tribunaux. Il arrive, par
exemple, que lorsque l'amour est mutuel et qu'il est
menacé d'être invinciblement entravé, l'un des amants
tue l'autre et se suicide immédiatement.

Nous trouvons consignée dans les Annales judiciaires l'affaire suivante, qui vint se dérouler devant la cour
d'assises de Seine-et-Oise (mars 1838, Affaire Ferrand).

Il s'agissait d'un jeune homme qui aimait éperdu-
ment une jeune ouvrière. L'affection était mutuelle.
Les intentions restèrent pures. Les familles s'oppose-
rent au mariage. Les deux jeunes gens résolurent
alors de se donner un dernier rendez-vous, pour en
finir. Dans le bois de la Groue, près Chars , et, après
des adieux touchants, Ferrand tira deux coups de pistolet sur la jeune fille ; puis, la croyant morte, il
essaya de se suicider. Après s'être tiré un coup de pistolet dans la bouche, il tomba sans connaissance, mais

ne mourut pas à la suite de ses blessures. Il fut arrêté, passa devant la Cour d'assises et fut acquitté.

De tous les désordres propres aux facultés affectives ou morales, les aberrations de l'instinct de l'amour sont les plus fréquentes. Nous devons ici faire la relation de faits véritablement monstrueux, de profanations de cadavres et de violations de sépultures. Nous faisons allusion à l'affaire du sergent Bertrand, qui comparut devant un conseil de guerre, sous la grave inculpation de violation de sépultures dans plusieurs cimetières. Depuis une période de deux ans, le sergent Bertrand s'introduisait dans les cimetières et commettait de nombreuses violations de sépultures. Dans les cimetières d'Ivry et de Montparnasse entre autres, il déterrait des cadavres et les coupait en morceaux ; quelquefois, après avoir exhumé des cadavres de femmes, il se livrait sur eux à d'horribles attentats. Les gardiens des cimetières avaient fait feu sur lui trois fois, mais les balles avaient troué seulement sa capote de militaire. Rien n'avait pu l'arrêter. C'est alors que, pour découvrir l'auteur des profanations qui avaient lieu dans les cimetières, on imagina une machine infernale qui, au moindre effort, devait faire explosion.

Dans la nuit du 15 mars 1849, Bertrand escalada le mur de clôture du cimetière Montparnasse, et fut blessé en sautant. Dans son interrogatoire, Bertrand, avoua que pour lui, la mutilation n'était qu'un accessoire, que son but était la cohabitation avec les morts. Sa passion satisfaite, il restait dans une sorte d'état convulsif, se couchait en plein air, quelquefois recevant la pluie, sous l'empire d'une léthargie qui se prolongeait plusieurs heures, et ne lui enlevait aucunement la conscience de ce qui se passait autour de lui. Bertrand déclara aussi, que lorsqu'il déterrait des cadavres d'hommes, il les repoussait avec dégoût.

Le Conseil de Guerre rendit un jugement qui reconnût Bertrand coupable de violation de sépultures, et le condamna, à un an de prison, maximum porté par l'art. 360 du Code pénal.

Nous ne saurions adopter l'opinion des médecins, entre autres de M. Michéa et du docteur Marchal de Calvi, pour qui, il était évident que Bertrand était aliéné. Nous allons quelques pages plus loin, exposer les raisons pour lesquelles, nous refusons de regarder Bertrand comme irresponsable des actes qui lui étaient imputés.

Influence de la Monomanie instinctive ou sans délire sur l'Imputabilité. — Dans les observations que nous allons présenter maintenant, sur la Monomanie sans délire, nous n'avons pas l'intention de contester aux médecins, la nécessité de leur intervention et l'utilité de leur concours. Nous devons reconnaître que la science médicale a rendu d'éminents services à la justice, mais il doit nous être permis aussi, de constater que dans toutes les affaires, dans lesquelles les faits attestaient que l'accusé avait cédé à l'impulsion d'un penchant insolite, les médecins déclaraient que l'acte avait été exécuté sous l'influence d'une monomanie excluant le libre arbitre ; que très-souvent la solution de pareilles affaires portaient l'empreinte de leurs hésitations, et que le spectacle de ces désaccords amenait les jurés et les tribunaux, à s'écarter des conclusions et des rapports des experts, et à prononcer des condamnations contraires à leurs avis. Aussi pensons-nous, que si les médecins aliénistes, se sont montrés si favorables aux monomaniaques dans leurs rapports, et ont critiqué les arrêts de la justice dans leurs livres, c'est parce qu'ils ont méconnu les nécessités sociales, et n'ont pas suffisamment étudié les bases sur lesquelles repose la pénalité.

La loi pénale a pour mission de protéger l'état, les institutions politiques, les personnes, et les propriétés, contre les attentats qui violent les droits, et qui menacent la sécurité publique. Aussi le pouvoir souverain a-t-il organisé des mesures préventives et répressives, pour maintenir l'ordre au sein de la Société.

Les mesures préventives que contiennent les dispositions de la loi de 1838, ne peuvent être employées que lorsque la folie se manifeste à l'extérieur par le délire; mais ces dispositions ne peuvent être appliquées aux monomaniaques, parce que aucun signe extérieur ne révèle les désirs et les passions ensevelis dans leur cœur. La société ne peut donc recevoir quelque protection à l'égard des monomaniaques, qu'au moyen des mesures répressives et de la crainte qu'inspirent les châtiments. Si comme le prétendent certains médecins, les monomaniaques ne sont pas punissables, et s'il est établi que la crainte des peines, est sur eux sans action, la société se trouvera livrée à leurs attentats, sans aucun moyen de défense.

On objecte que ces dangers sont inévitables, et qu'ils ne seront pas conjurés, en faisant subir des supplices inutiles à ceux que la crainte de la peine ne peut arrêter. Cette objection, il faut l'avouer, aurait de la valeur, s'il était complètement démontré, que la loi pénale se trouve dépourvue de toute efficacité préventive à l'égard des monomaniaques.

De tous les criminalistes dont nous avons consulté les ouvrages, M. Molinier, le savant professeur de droit pénal de la Faculté de Toulouse, est celui qui a le mieux fait ressortir l'importance, pour la défense sociale, de la solution à donner à une pareille question. Il a présenté en faveur du système qui consiste à soutenir que dans la monomanie sans délire il y a presque toujours culpabilité, parce que l'agent a son discernement et l'exercice de ses facultés, des raisons si originales et si lumineuses qu'il nous semble presque impossible, de les réfuter, à moins de nier le libre arbitre.

C'est grâce à ses leçons si disertes sur le droit pénal, que nous pouvons aujourd'hui exposer un système, que nous croyons entièrement conforme à la vérité et à la justice.

Nous trouvons chez l'homme envisagé au point de vue physiologique et psychique deux ordres de facultés : les facultés affectives et les facultés intellectuelles.

Aux facultés affectives se rattachent les phénomènes qui manifestent un amour, une propension pour certaines choses, et une haine, une répulsion pour certaines autres. Celui qui se livre à ses facultés affecti-

ves, agit sous l'impulsion de ses passions et se propose
dans ses actes, la satisfaction de ses désirs.

Les facultés intellectuelles éclairent les déterminations de la volonté, sur la conformité ou la non-confor-
mité des actions avec les préceptes de la morale. Les
actes de celui qu'elles éclairent, seront déterminés par
le mobile moral ou le mobile intéressé. Si l'agent a le
sentiment de l'obligation de conformer ses actions aux
préceptes de la morale, il fera le bien en vue du bien ;
s'il n'agit que dans le but égoïste d'augmenter son
bien-être, il se déterminera par la raison ; s'il ne se
guide que par ses facultés affectives, il fera le bien par
amour (V. Laugel, *Problèmes de l'âme*. Tissot, *De la
Folie considérée dans ses rapports avec la psychologie
normale*).

Examinons maintenant l'état du monomaniaque :
chez la plupart des hommes, les facultés affectives sont
bonnes, sont sympathiques. C'est par une perversion
de ses facultés affectives et par l'effet des faux cal-
culs de l'égoïsme, que l'homme déchu devient mé-
chant. Cette perversion a des degrés, et peut devenir
si profonde, que celui qui en sera atteint, éprouvera
des désirs qui lui feront trouver du plaisir, dans ce
qui cause aux autres de la répulsion.

Ces phénomènes peuvent exister, sans que les facultés intellectuelles en reçoivent une très-vive atteinte,
et sans qu'aucune perturbation morale se soit manifestée d'une manière apparente. Henriette Cornier faisait régulièrement son service, lorsqu'elle immola cet
enfant, qu'elle couvrait chaque jour de caresses. Le

sergent Bertrand accomplissait aussi avec intelligence
ses fonctions militaires, à l'époque où il pénétrait dans
les cimetières, pour s'y livrer à des attentats qui font
frémir d'horreur.

Ces monomaniaques avaient le sentiment des devoirs
qu'ils violaient ; chez eux, l'altération des facultés affectives était manifeste, mais il était également constant, qu'ils avaient conservé le discernement. Dès lors,
la perversion des facultés affectives n'est pas, d'a-
près nous, suffisante pour innocenter les actions humaines.

Si on admettait le contraire, il faudrait dire que la
plupart des coupables ont été punis à tort. Un individu
a été poursuivi et condamné par les tribunaux pour
attentat à la pudeur sur une enfant : quel est son
état ? La crainte du châtiment ne l'a pas effrayé, et il
a donné satisfaction aux désirs érotiques, sous l'empire
desquels il se trouvait. Incontestablement, il y avait
chez lui une altération plus ou moins profonde ; il a
cédé à une puissance d'impulsion qui l'entraînait. Pou-
vait-on laisser son action impunie ? Non, assurément,
parce qu'il a agi avec discernement.

La situation du monomaniaque est semblable : une
idée l'obsède, le domine, le tyrannise ; il sait qu'il va faire
le mal, mais il éprouve un désir irrésistible d'assouvir
la passion désordonnée qui le dévore ; mais il y a
liberté morale, et Ovide, dans ses *Métamorphoses*,
dépeint avec une admirable vérité, la lutte intérieure qui précède une action coupable et qui cons-

tàte le discernement, lorsqu'il met ces beaux vers dans
la bouche de Médée :

..... Trahit invitam nova vis, aliudque cupido,
Mens aliud suadet, video, meliora proboque
Deteriora sequor.
(*Métamorph.*, VII, I, v. 18.)

Le poète latin, nous fournit nos premières raisons
pour réfuter l'objection, qui consiste à prétendre que
les actes de l'homme ne peuvent lui être imputés, qu'autant qu'ils se rattachent à une détermination libre émanant de celui qui pouvait s'abstenir ; or, le monomaniaque, en proie à une idée fixe qui absorbe toutes ses
facultés, succombe, sans que la raison puisse opposer
une résistance suffisante. Dès lors, le fait qu'il a accompli ne peut lui être imputé.

Mais il est facile de répondre, que la loi est établie
pour opposer un frein aux désordres des sens et à l'entraînement des passions. D'après nous, dès qu'un
homme est doué de discernement, dès qu'il a le sentiment des devoirs sociaux, il est punissable, s'il enfreint
un précepte sanctionné par une peine. N'a-t-il pas,
en effet, lorsqu'il agit, une notion des conséquences
de l'acte qu'il exécute ? Il opte, lorsqu'il est tenté de
commettre un délit, entre deux choses : se conformer
au précepte de la morale sociale en s'abstenant, ou
donner satisfaction à ses passions, et s'exposer aux
peines établies par la loi.

Si, lorsqu'on se sent porté à quitter la voie de la
vertu, pour s'engager dans celle du crime, on s'abandonne à des pensées coupables, si on leur laisse pren-

dre de l'empire, si on n'écoute plus la voix de la raison, les facultés se pervertissent, et il arrive un moment
où il devient difficile de résister à ses coupables penchants. Voilà les faits qui se produisent chez le monomaniaque. Faudra-t-il le déclarer irresponsable, parce
qu'il aura succombé et commis un acte coupable,
n'ayant plus l'énergie nécessaire pour lutter? Non,
parce qu'il a à s'imputer de s'être abandonné au dé-
testable courant qui l'entraînait.

Essayer de raisonner autrement, ce serait nier l'exis·
tence du libre arbitre et la légitimité des peines, qui
sont la sauvegarde des sociétés.

Pour terminer ce sujet, il nous reste à réfuter une
assertion de quelques médecins, qui ne nous paraît pas
fondée : Ils prétendent que les monomaniaques commettent le crime sans motif, non comme moyen, mais
comme but. Les monomaniaques commettent le meurtre ou la violation des tombeaux, pour assouvir leurs
passions désordonnées.

Nous pensons donc, qu'après avoir examiné avec
la plus scrupuleuse attention tous les faits, tous
les indices, et après avoir réclamé les lumières de la
science médicale, les magistrats devront mettre en accusation et condamner les monomaniaques, toutes les
fois qu'ils reconnaîtront qu'ils ont agi avec discernement, c'est-à-dire qu'ils ont compris, qu'ils enfreignaient
la loi en exécutant l'acte qui leur est imputé.

SECTION II.

ÉPILEPSIE.

L'Epilepsie est une maladie du système nerveux, qui
se manifeste par des attaques plus ou moins fréquentes avec des mouvements convulsifs, et la perte subite
et complète du sentiment. Elle est accompagnée, en
outre, presque constamment d'un affaiblissement,
d'une perversion, et quelquefois d'une abolition des facultés intellectuelles et morales.

Pendant cet état convulsif, les actes violents qui
pourront être accomplis, échapperont d'une manière
absolue à l'application de la loi. L'article 64 sera applicable.

En effet, comme le dit M. Jules Falret, ces actes
n'offrent ordinairement aucune difficulté d'appréciation ; leur caractère essentiellement automatique et involontaire est évident pour tous. Ils participent en quelque sorte, de l'irrésistibilité des mouvements convulsifs
eux-mêmes.

Lorsqu'il s'agit de statuer sur le sort d'un individu
qui, hors l'état de crise, a commis un acte délictueux,
la sphère d'irresponsabilité, serait peut-être étendue outre mesure par certains médecins, en faveur de l'épileptique.

Mais pour nous, nous pensons qu'il existe dans la
société une classe d'épileptiques, pour qui le déplorable
état de santé est compatible avec l'intégrité de l'esprit.
Que de malheureux épileptiques, qui ont toujours vécu

de la vie commune, et ont été assez habiles pour dissimuler leur triste névrose.

Mais il existe des cas, où pour se former une opinion consciencieuse sur l'état de l'individu, le médecin se trouvera en présence de véritables difficultés : il n'est pas rare de rencontrer des épileptiques, qui offrent des espèces d'absences pendant lesquelles, sans que les autres fonctions soient troublées, les sens restent quelques secondes fermés à toute impression. Mais chez d'autres, l'épilepsie est caractérisée par l'impulsion instinctive, par l'acte soudain, irréfléchi, et quelquefois, cet acte peut être le meurtre de la personne la plus inoffensive qui sera rencontrée. On comprend les perplexités d'un juge, d'un juré ; dans un pareil cas, c'est au médecin qu'il appartient de l'éclairer (V. Legrand du Saullè, Tardieu).

D'après nous, il faut établir des distinctions importantes au point de vue de la responsabilité des épileptiques. Il ne faut pas confondre l'épileptique qui obéit à sa nature méchante et perverse et dont la volonté reste intacte, et celui qui est dans un état habituel de délire.

SECTION III.

DU DÉLIRE QUI SE PRODUIT DANS CERTAINES MALADIES AIGUES.

Le délire qui se produit dans certaines maladies aiguës, peut encore rentrer dans l'application de l'article 64 du Code pénal, où le mot *démence* est employé

dans un sens très-général, lorsque les facultés intellectuelles et affectives du malade, sont dans un état de
perturbation qui exclut le discernement.

SECTION IV.

DES PASSIONS.

Peut-on étendre l'application de l'article 64, à certaines perturbations de l'intelligence, qui peuvent offrir plusieurs des caractères de l'aliénation mentale.
Nous faisons allusion aux passions et à l'impétuosité de
la colère.

Dans la passion, l'acte peut-il être imputé ? C'est la
question du libre arbitre dans cet état qui se pose.
Ceux qui, comme M. Despine et beaucoup d'autres, ne
voient dans le libre arbitre, qu'une question de méca-
nique, où le motif le plus fort absolument l'emporte
nécessairement sur le plus faible et détermine
fatalement la volonté, ne voient non plus dans les
plus grands criminels, que des fous ; mais ils
en distinguent de deux sortes, ceux qui sont privés du
sens moral, c'est-à-dire ceux qui commettent le mal
sans savoir que c'est le mal, sans du moins le sentir ou
le concevoir, et ceux qui, le sachant, succombent néanmoins à l'entraînement de la passion. Les premiers,
évidemment, ne peuvent être punis, mais ils peuvent
être renfermés ; ils sont idiots en matière d'intelligence morale. Quant aux autres, s'ils savent ce qu'ils
font, s'ils résistent dans une certaine mesure, quoique
sans efficacité, à l'entraînement de la passion, il y a

encore là une faiblesse morale, une impuissance pour
le bien, qui n'est pas imputable, suivant M. Despine
encore. A ce compte, il n'y a plus de coupables. Il est
faux, qu'il y ait des principes d'action pour les intelli-
gences saines, qui soient par eux-mêmes d'une puissance absolue, les uns plus puissants, d'autres moins,
et les uns relativement aux autres dans un rapport
mathématique auquel la volonté et la réflexion ne puissent rien changer. Ce qui fait qu'un motif l'emporte
sur l'autre, c'est qu'il devient du choix de la volonté ;
c'est donc la volonté qui le rend prépondérant.

Quant à la passion, ressemble-t-elle à la folie ? Elle
est un état sensitif, résultant d'un besoin avec tendance
à le satisfaire ; elle porte naturellement l'esprit à juger
favorablement de son objet, la volonté à le poursuivre ;
elle peut remplir l'esprit de préventions, l'abuser ;
mais il n'y a rien là cependant, qui offusque tellement
l'intelligence, qu'elle ne puisse réfléchir et raisonner.
Il n'y a donc qu'analogie, au physique et au moral,
entre la passion et la folie, mais il n'y a pas identité
spécifique d'affection. Le passionné voit comme tout le
monde, et peut juger et agir de même ; l'aliéné, au
contraire, voit, juge et agit tout autrement, sans qu'il
soit en son pouvoir de sortir par lui-même de cet état.

Quelques personnes ont voulu assimiler la puissance
des passions humaines à l'aliénation mentale, la fureur
de l'homme en proie à la jalousie ou au désespoir, à la
fureur de l'aliéné. Les avocats, devant les cours d'assises, ont essayé de prouver, qu'il pouvait y avoir des
fous qui ne perdaient la raison qu'instantanément, par

l'effet d'une grande douleur ou de toute autre cause pareille (Voir *Barreau français*, M. Bellart, *plaidoyer pour Joseph Gras, accusé d'avoir tué sa maîtresse dans un violent accès de jalousie*). Une pareille doctrine doit être repoussée comme dangereuse. Dans la passion même la plus délirante, l'homme a conservé la perception du bien et du mal ; l'amour, la jalousie, la vengeance peuvent le subjuguer ; il cède à l'entraînement de ses désirs, mais il a encore en lui des armes pour les combattre ; les passions violentes peuvent affaiblir le jugement, mais elles ne le détruisent pas.

La colère est une fureur de courte durée, « ira furor » brevis est. » (Horace, Ep., lib. 1, ep. 3, v. 62.) Faut-il en conclure qu'elle exclut l'imputabilité ? Non, évidemment. Celui qui se livre à la colère, doit réprimer ses emportements, et modérer l'impétuosité de son caractère ; s'il ne le fait pas, il est coupable. La colère, bien qu'elle obscurcisse momentanément la raison, ne peut modifier la moralité d'un fait, ni en diminuer la peine.

En résumé, tout en reconnaissant, que les passions offrent un état de surexcitation des facultés affectives, qui réagit sur les facultés intellectuelles, et qui devient un mobile puissant de déterminer la volonté, nous estimons que le sentiment du devoir et la crainte des lois opposent une barrière à l'entraînement des passions et maintiennent l'empire de la raison. L'exaltation des passions n'exclut pas le discernement et ne saurait servir d'excuse, même atténuante.

Cependant notre Code pénal, dans un esprit d'exacte

justice, a admis, dans certains cas spécifiés, une excuse atténuante, en faveur des actes accomplis sous l'empire de quelque passion, lorsque ces actes réunissent ces deux conditions, qu'ils suivent immédiatement le fait qui a provoqué la passion, si cette passion provient d'une cause légitime. Dans ce cas, s'il s'agit d'un crime, les peines afflictives ou infamantes sont remplacées par les peines correctionnelles d'un an à cinq ans.

S'il s'agit d'un délit, la peine se réduit de six jours à six mois (Code pénal, 326).

La loi nous offre trois cas, dans lesquels les passions sont une excuse atténuante (Code pénal, 321, 324, 325).

Nous reviendrons sur ces articles, au chapitre de la Provocation (Titre des Excuses atténuantes).

SECTION V.

DE LA GROSSESSE.

La grossesse est un des états anormaux qui peuvent amener la perversion des facultés morales, déterminer des impulsions instinctives et des penchants difficiles à combattre, vers des actes susceptibles d'être incriminés.

Lorsqu'une femme enceinte est accusée et convaincue d'avoir assassiné, d'avoir commis des soustractions, faut-il l'absoudre, sous prétexte que l'état de grossesse trouble sa raison et enchaîne sa liberté?

Les médecins experts et les juges ne sauront jamais trop peser les circonstances qui ont précédé, accompagné ou suivi le délit. Dans le cas de blessures graves, d'assassinat, l'envie d'assouvir une cruelle vengeance, ne peut-elle pas se cacher sous l'envie de satisfaire un appétit dépravé? Dans le cas de vol, le désir immodéré du bien d'autrui, n'a-t-il pas souvent plus de part à l'action, que le dérèglement de la volonté produit par la grossesse?

En général, quels quel soient l'état nerveux et la mobilité de la femme, quelque influence que la matrice, après la conception, exerce sur ses facultés intellectuelles et morales, il nous répugne de croire que le caractère sensible et aimant se pervertisse et se change en cruauté.

On a souvent invoqué les envies extraordinaires des femmes enceintes, leurs appétits bizarres, dépravés; il est bon, en pareil cas, de rechercher avec soin l'origine de pareils écarts et d'en soupçonner le motif, lorsqu'ils vont jusqu'à blesser les règles de la justice et de la morale.

Quelquefois le médecin expert aura à démasquer la ruse et le mensonge et saura les déjouer.

Nous croyons donc, avec Capuron, Legrand du Saulle, Tardieu, qu'il ne faut pas accorder aux femmes enceintes une trop facile impunité.

(Vr Capuron, Tardieu, Legrand du Saulle, Briant et Chaudè).

Il nous reste à dire quelques mots de la prétendue folie puerpérale, qui serait liée à l'accouchement. La doctrine de la folie puerpérale de M. Marcé, nous semble très-dangereuse, en ce que, derrière elle, viendra s'abriter la défense de presque toutes les malheureuses accusées d'infanticide. Le travail de l'accouchement peut bien troubler les facultés et les sentiments de la femme, mais il ne la place pas sous le coup d'une folie impulsive.

Il faut donc rejeter la doctrine soutenue par bon nombre de médecins aliénistes, qui prétendent que les filles-mères qui tuent leurs enfants ont été entraînées par un moment d'aberration des facultés, parce qu'elle impliquerait l'innocence forcée de toutes les femmes infanticides (V. Marcé).

SECTION VI.

SOMMEIL. RÊVES. SOMNAMBULISME.

Les philosophes et les physiologistes ont examiné la valeur des faits accomplis pendant le sommeil.

Parmi les philosophes, on peut citer Alfred Maury, *Sommeil et rêves*; Albert Lemoine, *le Sommeil, au point de vue physiologique et psychologique*; Auguste Laugel, *Problèmes de l'âme;* Lélut, *Mémoire sur le sommeil et le somnambulisme*; Thomassius, *Dissert. circa summnum.*

Le législateur a dû, dans certains cas, incriminer le fait de se livrer au sommeil, lorsqu'il y avait obligation de veiller.

Les règlements militaires punissent sévèrement le soldat qui s'endort, étant en faction. Mais ne devrait-

on pas distinguer, dans certains cas, le sommeil naturel de l'espèce d'assoupissement provoqué par une
forte chaleur ou par un froid excessif.

Les actes et les omissions dommageables, qui ont
pour cause le sommeil, sont punissables dans le cas où
la loi punit la faute. (C. pénal, 319, 320, 458, 475,
§§ 3 et 4).

Dans l'intérêt de la sûreté publique, il est prescrit
à celui qui conduit une voiture de diriger ses chevaux ;
le roulier, le conducteur qui vient à s'endormir, est à
raison de ce seul fait, passible des peines de police portées par l'art. 475. (Code pénal, §§ 3 et 4).

Le fait du sommeil peut donc amener l'application
d'une peine, mais nous devons aussi dire un mot des
faits dont le sommeil peut être l'occasion. Le conducteur
d'une voiture, par exemple, s'endort ; il rencontre une
autre voiture qu'il accroche ; un accident en résulte, il
y a un homicide, des blessures, voilà une contravention
qui est la cause occasionnelle d'homicide et de blessures prévus et punis par les art. 319 et 320, le conducteur encourra les peines portées par ces articles.

Une personne étant dans son lit, se livre à la lecture
et s'endort ; pendant son sommeil, le feu se communi-
que aux rideaux, et un incendie se produit : il y a là un
incendie involontaire, causé par le sommeil, et réprimé
par l'art. 458, C. p.

Une nourrice couche son nourrisson dans son lit ;
mais en dormant, elle accomplit des mouvements, et
le malheureux enfant est étouffé. Cette faute tombe sous
l'application des art. 319 et 320.

16

Nous allons maintenant aborder le sommeil envisagé comme fait.

Le sommeil est le père de la mort, disait la mythologie grecque. Il n'en est que l'image imparfaite, d'après les physiologistes. Pendant le sommeil, le corps est dans un état de repos et de prostration, au point de vue physiologique. Les mouvements respiratoires ne sont pas interrompus, la nutrition et la digestion continuent, mais les fonctions extérieures ont cessé.

D'après les physiologistes qui appartiennent à l'école spiritualiste, l'exercice de la pensée n'est qu'affaibli pendant le sommeil; il n'est point suspendu. Dans un très-grand nombre de cas, l'homme ne conserve à son réveil, aucune trace de sensation, aucune réminiscence d'idées incohérentes, mais l'esprit ne s'est pas évanoui pour cela. (V. Dugald Stéwart, Lélut.) Il n'y a point de sommeil sans rêve; « ce serait la mort de l'âme » a dit Descartes. Dans le rêve, comme dans la veille, on retrouve des idées, des sentiments, des passions, mais rien n'enchaîne, ne dirige, ne coordonne ces divers mouvements de l'âme.

Le sommeil, dit Auguste Laugel, est de fait la déchéance momentanée de la volonté et de la conscience. Sous son toucher silencieux, les pensées fuient en désordre, sans que rien puisse les arrêter et la raison entraînée dans leur rapide tourbillon, lâche bientôt toutes les rênes.

Le rêve est un état purement cérébral, comme l'hallucination, d'où le mot de Voltaire : le rêve est une folie passagère.

Les rêves ont de réelles analogies avec la folie, et les actions, que pendant le sommeil peut accomplir un somnambule, ne diffèrent pas de celles d'un aliéné.

Le somnambulisme est un phénomène peu commun. On croit généralement que les somnambules ont une certaine activité d'esprit, qui leur permet de se livrer à certains actes d'une exécution plus ou moins difficile, tout en ayant les sens extérieurs fermés aux impressions, comme pendant le sommeil.

Les somnambules se croient éveillés, et hors de l'accès, la plupart ont oublié tout ce qu'ils ont fait pendant l'accès, ou bien ils ne se le rappellent, que comme on se souvient d'un rêve.

Voici quelques exemples de somnambulisme vraiment remarquables, que nous tirons des ouvrages des médecins légistes.

Un homme, dit Legrand du Saulle, dans un accès de somnambulisme, rêve que sa femme, couchée dans le même lit, lui est infidèle : il la blesse dangereusement avec un poignard qui ne le quittait jamais. Ce fait se passa à Naples, il y a plusieurs années, et un avocat du nom de Maglietta publia, à cette occasion, un mémoire dans lequel il soutint que les coups et les blessures, portés par un individu endormi, et dans un état complet de somnambulisme, ne sauraient l'exposer à aucune peine.

L'auteur de la *Physiologie du Goût*, rapporte aussi un fait très-curieux de somnambulisme observé chez un religieux, et qui lui a été raconté par le prieur même du couvent, témoin oculaire. Un soir, fort tard, ce somnam-

bule entre dans la chambre du prieur ; les yeux étaient
ouverts, mais fixes ; l'éclat de deux lampes ne fit aucune impression sur lui ; il avait la figure contractée
et les sourcils froncés, il tenait un couteau à la main ;
il va droit au lit, a l'air de vérifier si le prieur y est,
puis frappe trois grands coups qui transpercent les cou-
vertures et une natte servant de matelas. En s'en re-
tournant, son visage était détendu ; il y régnait quelque air de satisfaction. Le lendemain, le prieur demanda au somnambule à quoi il avait rêvé la nuit pré-
cédente : celui-ci avoua, qu'ayant cru en songe que sa
mère avait été tuée par le prieur, et son ombre lui
ayant apparu pour lui demander vengeance, il avait
été à cette vue transporté de fureur, et avait couru
aussitôt poignarder l'assassin de sa mère ; que peu
après il s'éveilla tout en sueur, et très-content de n'a-
voir fait qu'un rêve.

L'auteur ajoute ces mots : « Si, dans cette circonstance, le prieur eût été tué, le moine somnambule
n'eût pas été puni, parce que c'eût été de sa part un
meurtre involontaire. »

Le caractère essentiel du somnambulisme, c'est le
défaut de conscience du somnambule, dont la volonté
et la mémoire restent actives, mais qui n'a gardé le
plus ordinairement au réveil aucun souvenir des rêves
sous l'influence desquels il a agi. Aussi le somnambule
ne doit-il pas être, plus que l'aliéné, réputé responsable de ses actions, lorsque celles-ci sont de nature,
comme l'incendie, le meurtre, à entraîner l'application
de la loi pénale.

Les actes commis en état de somnambulisme, dit
M. Carrara, sont des actes purement machinaux ; il y
manque la direction d'une volonté raisonnable et la
conscience des opérations accomplies. Aussi tout le
monde convient, qu'on ne peut pas reprocher le dol à
l'homme pour ce qu'il fait durant le sommeil (Carrara,
Prog. Part. gén., § 238).

Cependant certains médecins légistes, tels que Hoffbauer et Fodéré, ont soutenu que les auteurs d'actes
criminels accomplis en état de somnambulisme étaient
coupables. Leurs actions, a-t-on dit, sont probablement
le résultat des idées et des méditations de la veille. On
ne saurait trop s'élever contre les idées suivantes émises
par Fodéré : « Celui dont la conscience est toujours
» conforme aux devoirs sociaux, dit-il, ne se dément
» pas, quand il est seul avec son âme ; celui, au con-
» traire, qui ne pense que crimes, que faussetés, que
» vengeance, déploie durant son sommeil les replis de
» son inclination dépravée, que la présence des objets
» extérieurs avait tenue enchaînée durant la veille.
» Loin de considérer ces actes comme un délire, je les
» regarde comme les plus indépendants qui puissent
» être dans la vie humaine. »

Boitard (*Leçons de Droit criminel*, n° 148), Briant
et Chaudé (*Manuel de Médecine légale*, p. 523) com-
battent avec raison une doctrine, qui voudrait faire établir par de simples présomptions l'intention criminelle.
Attribuer aux faits qui ont eu lieu en état de somnambulisme un caractère criminel, vouloir punir ces faits,
parce qu'ils semblent être le résultat de la prémédita-

tion, ce serait presque arriver à infliger des peines pour les pensées. Un Marsyas, dit Montesquieu (*Esprit des Lois*, XII, XI), rapportant un fait cité par Plutarque dans la vie de Denys, songea qu'il coupait la gorge à Denys. Celui-ci le fit mourir, disant qu'il n'y aurait pas songé la nuit, s'il n'y eût pensé le jour.

Le somnambule ne peut être condamné, parce qu'il n'y a pas dans ses actes, les éléments moraux de faits punissables.

Il peut se faire que les faits qui ont eu lieu à l'état de somnambulisme, émanent d'un individu connaissant son état. Il doit alors prendre des précautions nécessaires pour éviter tout malheur ; il doit se faire enfermer dans sa chambre. Si ces précautions ne sont pas prises et que des faits incriminés par la loi se produisent, ils ne seront pas imputables à dol, mais imputables à faute, et le somnambule sera tenu à des réparations.

On a encore agité la question de savoir, ce qui se passe lorsqu'un individu accomplit pendant le sommeil un fait, auquel il a songé pendant la nuit. On a dit que c'était cette volonté de la veille, qui avait pu amener le fait qui s'est produit pendant le sommeil.

« Qui croira, par exemple, dit Tissot (Droit pénal
» p. 40), qu'un individu qui aurait un ennemi auquel
» il en voudrait à mort, serait aussi peu coupable, s'il
» venait à le tuer à l'état de somnambulisme, que s'il
» ne l'avait jamais connu, que s'il en ignorait la de-
» meure ? Tout ce qu'on pourrait dire à sa décharge,
» c'est qu'il n'a pas joui de toute sa liberté et qu'il a
» droit à quelque indulgence. » Le fait a été accom-

pli à l'état de sommeil, après avoir été arrêté à l'état
de veille. Il y a bien là un rapport de causalité entre la
volonté et l'acte accompli ; mais le fait a été commis
dans un état physiologique particulier. Il faut que le
libre arbitre existe, au moment où le fait a eu lieu, bien
qu'il ait été d'abord prémédité. D'après nous, il y a
absence de responsabilité : dans ce cas, il y a quelque
différence avec ce qui se passe en état d'ivressse volontaire, qu'on s'est procuré pour se donner la hardiesse
nécessaire pour commettre un crime. En effet, celui
qui s'est enivré a bien voulu se mettre dans cet état
pour accomplir avec plus de courage le fait projeté ;
ici au contraire, on est en présence de l'état de somnambulisme, d'un phénomène naturel auquel le sujet
ne peut se soustraire. Il y a, dans ce cas, absence
de dol.

Quant au somnambulisme artificiel procuré par des
procédés magnétiques, en usant de la plus grande réserve à l'égard de cet état, que l'on a entouré de beaucoup de mystère, il faut reconnaître qu'il consiste dans
un sommeil à peu près du même genre que celui du
somnambule ordinaire, avec cette différence qu'il est
imputable, différence dont le juge devra tenir compte.

Nous devons mentionner à cette place un état intermédiaire entre la veille et le sommeil, celui du réveil, de la
transition quelquefois lente et pénible du sommeil à la
veille : « Il est évident, disent MM. Briant et Chaudé
(loc. cit.) que dans cet état l'homme ne jouit pas de
suite du libre et complet exercice de ses sens, et qu'il
n'a pas toujours dès le premier moment la conscience

de ses actions. » Des soldats au bivouac, entendant
sonner la diane, dit Legrand du Saulle, p. 283,
croient à une soudaine attaque de l'ennemi, saisissent
leurs armes et frappent ceux qui les entourent. Ce
n'est pas là, à vrai dire, l'état de somnambulisme,
mais c'est bien ce passage obscur du sommeil au réveil, pendant lequel la raison et la volonté, n'éclairent
pas encore la conscience qui échappe ainsi à la responsabilité.

SECTION VII.

IVRESSE.

L'état d'ivresse complète, complète à ce point qu'elle
étouffe le sens moral et la raison, est-il exclusif de
toute pénalité?

Cette question délicate a donné lieu aux discussions
les plus diverses et aux opinions les plus contradic-
toires. Quel est le caractère de l'ivresse ? Hoffbauer a
reconnu trois périodes distinctes dans l'ivresse.

1° Les facultés de l'intelligence et les forces physiques s'exaltent légèrement : sentiment de bien-être,
rapidité de la pensée, choix heureux d'expressions,
amabilité un peu exubérante, paroles indiscrètes, irré-
fléchies, intégrité des sens, conscience parfaite.

2° La vivacité de l'imagination décroît, puis s'é-
teint ; la voix s'élève progressivement et la turbulence
arrive ; la face se colore, ou pâlit extraordinairement ;
les veines du cou se gonflent ; la respiration prend un
caractère anxieux, une céphalagie congestive s'établit ;

les sens, d'abord affaiblis, s'émoussent ; les mouvements sont incertains et quelques maladresses sont
commises; la prononciation s'embarrasse, les membres
inférieurs chancellent, l'incohérence des paroles augmente sensiblement, la mémoire fait naufrage, la volonté se paralyse, les passions s'allument, éclatent au
moindre prétexte et peuvent d'autant mieux conduire
à des entraînements irrésistibles, que les illusions, les
hallucinations et les impulsions qui apparaissent si
fréquemment à cette période s'accentuent davantage.

3° Un sommeil profond, apoplectique, signale cette
dernière période de l'ivresse.

(Voir aussi Tardieu et Legrand du Saulle, et Brillaut-
Laujardière, *de l'ivresse considérée dans ses conséquences
médico-légales.*)

Les décisions des législateurs sur la culpabilité des
actes commis dans l'ivresse, sont loin d'être uni-
formes.

Trois catégories de législations : 1° Il y a des législations, qui regardent l'ivresse comme constituant un
délit. Elles veulent que celui qui a commis un
délit en état d'ivresse, soit puni *propter ebrietatem* et
propter delictum. C'est la législation de Pittacus, un
des sept sages de la Grèce. Elle a été reproduite par les
lois anglaises. L'ivresse est punie d'une amende par la
loi suédoise (Revue de Législ. de M. Fœlix, t. 1, p. 334).
En Russie, celui qui est surpris en état d'ivresse, est
condamné à l'amende et à balayer les rues (Ivan Golovine, la Russie sous Nicolas Ier).

La société a intérêt à ce que les habitudes d'ivresse ne se propagent pas. On conçoit qu'en adoptant des doctrines utilitaires, l'ivresse ne constitue ni un cas de non-imputabilité, ni une excuse atténuante.

2º Des législateurs qui ont des doctrines opposées, disent que l'ivresse pourra, dans certains cas, amener une diminution de la peine (Autriche). Cette doctrine se rattache à ce principe que, pour qu'un individu soit punissable, il faut qu'il possède son discernement. Ces principes, comme nous l'avons déjà vu, avaient été admis par le droit Romain ;

3º Il y a des législations, qui ne contiennent pas de dispositions relatives à l'ivresse.

Avant le 23 janvier 1873, il n'y avait pas de dispositions dans notre loi française incriminant l'ivresse. La loi du 23 janvier 1873 est venue arrêter les maux causés par l'abus des boissons alcooliques.

Nous avons à rechercher maintenant si l'ivresse qui, sous l'empire de notre législation, constitue une contravention ou un délit peut créer un cas de non imputabilité, et par conséquent empêcher l'application des dispositions pénales aux actes commis pendant son existence.

La Cour de cassation, dans différents arrêts, 15 octobre 1807, S, 8, 1, 24 ; 3 avril 1824, S. 24, 1, 323, n'a pas admis que l'ivresse pût être confondue avec la démence. Blanche (T. 2, p. 243), tout en adoptant la doctrine de ces arrêts, pense qu'il ne faut pas l'exagérer. Il reconnaît que l'ivresse peut, dans certains cas, autoriser le juge à penser que le prévenu a manqué de l'intention criminelle, et par conséquent, qu'il n'a commis ni crime ni délit.

Cependant, il est certain que l'ivresse complète produit un complet aveuglement ; l'homme n'agit que machinalement ; et sa raison ne participe point aux actes matériels auxquels il se livre. « L'ivresse, dit Damiron, est en quelque sorte une folie artificielle qu'on se donne pour un moment, et tant qu'on se la donne, elle atteste de la liberté, et demeure imputable; mais une fois qu'elle est venue et que son effet est entier, quoique fasse encore l'âme, quelque activité qu'elle déploie, soit en pensée, soit en passion, il n'y a plus de libre arbitre » (Damiron, *Cours de philosophie*).

L'ivresse plonge donc l'homme dans une aliénation passagère, et doit, aux yeux de la conscience l'exempter, comme la folie, des peines attachées à son action.

L'ivresse, dit Rossi, lorsqu'elle est complète, ôte entièrement la conscience du bien et du mal, l'usage de la raison ; l'homme qui s'est enivré peut être coupable d'une grande imprudence, mais il est impossible de lui dire avec justice : « Ce crime, tu l'as compris au moment de le commettre. »

Nous croyons qu'on ne peut résoudre cette question, qui a tant exercé les criminalistes, que par une distinction :

Il faut distinguer trois cas : 1° L'ivresse est accidentelle ; 2° elle est volontaire, provenue de la faute de l'agent; 3° elle est préméditée ; l'agent se l'est donnée à dessein, pour s'exciter à commettre le crime ou le délit.

1° *L'ivresse est accidentelle.* — L'agent aura été
enivré par le fait d'un tiers qui, dans un intérêt coupable, aura mêlé aux boissons des substances qui auront causé l'ivresse.

L'ivresse peut encore se produire, lorsqu'un individu a pris des boissons sans la prévoir.

Voici un fait digne d'être rapporté, raconté par Duclos (*Mém. des règnes de Louis XIV et de Louis XV*).
Le czar Pierre-le-Grand avait à son service un gentilhomme breton du nom de Villebois. Obligé d'envoyer à la czarine un message très-pressé, Pierre-le-Grand avait chargé Villebois de remettre la dépêche à l'impératrice elle-même. Le froid était très-vif; les rigueurs du climat de la Moscovie exigeaient, du reste, l'usage des boissons alcooliques ; Villebois aimait boire : lorsqu'il arriva à destination, il était ivre et violemment agité. La czarine était au lit, et ses femmes se retirèrent au moment où l'on introduisait le messager. A la vue d'une femme jeune et belle, il se précipita avec une indicible brutalité sur elle. L'honneur de l'époux absent ne put être sauvé, malgré les prompts secours qui survinrent. Enfermé dans un cachot, Villebois s'y endormit, et lorsque Pierre-le-Grand, mandé en toute hâte, voulut l'interroger, il dormait encore ; il ne se souvint même de rien au réveil. Le czar se contenta d'envoyer le coupable sur les galères de l'Etat. Six mois après, il lui fit grâce et le réintégra dans ses premières fonctions.

En pareille condition, lorsque l'ivresse est involontaire, il n'y a pas d'imputabilité.

2° *L'ivresse provient de la faute de l'agent, impru-*

dence, *laisser-aller*, *intempérance occasionnelle* ou *in-tempérance habituelle*.

Nicolini (*Principes philosophiques du Droit pénal*, trad, Eug. Flottard), a dit, avec raison, qu'il fallait puiser les distinctions, non pas dans les circonstances qui ont précédé ou suivi l'ivresse, mais dans ses degrés.

D'après Nicolini, quatre degrés dans l'ivresse : le premier degré est une excitation modérée qui accroît ce qu'il appelle *vis vitæ*, et qui imprime à l'intelligence et à la volonté plus d'énergie et de force. Dans ce cas, l'homme est en possession de ses facultés et responsable de ses actes.

Le second degré, c'est la perte de la mémoire, l'imprévoyance de l'avenir. L'homme chasse la modestie et la crainte ; il devient audacieux et téméraire. Il perd alors une partie de ses souvenirs, mais il ne perd ni la raison, ni la connaissance de soi-même. Les délits commis dans l'ivresse, ont ordinairement lieu quand elle est arrivée à ce point. Alors on peut bien douter du degré de culpabilité du délinquant, comme en doute Filanghieri, mais personne ne prétendra que l'action soit purement machinale et tout au plus fautive.

Dans le troisième degré, l'homme ivre n'est pas fou encore : il n'a plus l'idée complète, même du présent, mais il a la connaissance de lui-même ; il a le sentiment de la passion dominante à laquelle il cède. Le sens moral est perverti, mais il n'est pas éteint ; la pénalité a en face d'elle un coupable, elle doit conserver ses droits et protéger la société en protégeant la loi.

Le quatrième degré, c'est l'extinction de toute vie morale et intellectuelle ; il n'y a plus que des impulsions purement machinales. Dans ce dernier cas, l'homme ne sait plus ce qu'il fait, et, pour mériter la punition d'un délit volontaire, il lui manque la condition essentielle, la volonté.

Comme le font remarquer plusieurs auteurs, les faits commis pourront être imputés à l'agent à faute et à dol.

C'est l'opinion de M. Carrara : si l'ivresse a été volontaire, dit-il (Prog. part. gén., § 342), ou si elle est résultée d'une imprudence coupable, on peut y trouver les éléments de la faute, mais elle ne peut pas faire naître le dol dans l'acte subséquent, qui n'a pas été accompagné de volonté intelligente. Tel est le dernier enseignement de la doctrine, et ce sont ces idées qui en législation ont inspiré le Code pénal de Parme (art. 62), celui de Naples (art. 61) et celui de Toscane (art. 34 et 64). Le Code autrichien y avait adhéré plus explicitement.

3° L'*ivresse est volontaire* ; l'agent se l'est procurée pour s'enhardir et s'exciter à commettre le crime ou le délit, pour faire taire les derniers remords de sa conscience.

Dans ce cas, si l'ivresse n'est pas complète, la responsabilité sera engagée. Les opinions sont partagées sur le point de savoir, s'il y a imputabilité lorsqu'elle est complète.

Cette dernière question a été traitée d'une manière remarquable, et avec cette science profonde que l'on

trouve chez les criminalistes italiens, par M. Emilio
Brusa, dans une Dissertation sur l'ivresse préméditée,
« *Della Ebrezza preordinata* ; *Dissertazione dell'avocato*
» *Emilio Brusa.* » Le savant criminaliste de la Faculté
de Droit de Toulouse, M. Molinier, a fait, en 1875,
devant l'Académie de législation de Toulouse, un Rapport sur les travaux de ce juriste, et il ne manque pas,
dans son travail d'entretenir l'Académie de cette question d'ivresse préméditée. Nous empruntons à ce rapport les détails suivants, qui nous ont paru renfermer
les opinions des différents auteurs sur la question.

On suppose un individu, qui s'est mis intentionnelle-
ment dans un état complet d'ivresse, afin de se surexciter pour la perpétration d'un crime et de se ménager
en même temps une excuse.

Quatre opinions diverses se sont, de nos jours, produites, quant à l'appréciation des faits de celui qui
commet, dans cet état, le crime qu'il a prémédité.

Il en est qui estiment, que puisqu'il n'y a aucun lien
entre le dol intentionnel et l'action commise par l'a-
gent privé de l'usage de la raison, le fait ne peut lui
être imputé qu'à faute.

D'autres se rattachant à cette idée, qu'une conco-
mittance complète de temps n'est pas nécessaire entre
le dol intentionnel et l'action, estiment qu'il y a, dans
ce cas, imputabilité entière du fait criminel.

Certains considèrent cette hypothèse comme impossible au point de vue psychologique et physiologique,
et comme ne pouvant, par conséquent, être l'objet
d'une polémique.

D'autres enfin, en se rattachant à cette idée d'une impossibilité, maintiennent que si le cas venait cependant accidentellement à se produire, l'ivresse ne devrait pas être considérée comme étant complète, dès qu'il éxisterait un rapport certain entre le dol intentionnel et l'acte qui aurait été accompli. Nous estimons, en effet, qu'au point de vue de l'application, cette dernière opinion peut être la plus vraie. Un individu, cédant à un sentiment de haine ou de cupidité, prend la résolution d'attenter à la vie d'une personne et se plonge dans l'ivresse pour se surexciter et pour porter plus hardiment ses coups ; il accomplit exactement ce qu'il avait prémédité, et ce qui a été l'objet de ses desseins ; le fait n'établit-il pas suffisamment qu'il a agi avec discernement, et sous l'impulsion de ce qu'il avait antérieurement résolu.

M. Emilio Brusa soumet à l'examen d'une rigoureuse logique, la valeur des diverses opinions qui se sont produites sur cette question, et que nous avons, d'après lui, énoncées. Il paraît se prononcer pour celle qui n'exige pas la concomitance de la volonté avec l'acte, en se contentant de l'élément intentionnel se référant à l'action accomplie, même dans un état complet d'ivresse. Entre la résolution et l'exécution de l'acte, il peut y avoir, dit-il, un temps d'inaction pour les facultés intellectuelles. La volonté s'est produite, et quoique les muscles agissent en l'absence du discernement, lorsqu'ils produisent la force, au moyen de laquelle l'acte s'exécute, l'imputabilité existe. Il suffit pour nous, qu'un rapport de causalité puisse être constaté entre la volonté et l'acte accompli. L'agent est coupable, lorsque le crime accompli, même d'une manière inconsciente, avait été voulu.

De ce que la science rationnelle reconnait que l'ivresse peut quelquefois être une cause de non imputabilité, faut-il en conclure que la loi doive textuellement la mettre au nombre de ces causes, et décréter, pour ainsi dire, un brevet législatif d'impunité, en faveur de l'intempérance. Procéder ainsi serait dangereux, et il vaut mieux laisser à la jurisprudence pratique le soin d'appliquer les principes rationnels.

Il nous reste maintenant à jeter un dernier coup d'œil sur quelques dispositions de lois étrangères, relatives à l'ivresse, et sur celles contenues dans un projet de Code pénal récemment présenté aux Chambres italiennes par M. Mancini, ministre de la justice.

Code pénal du Tessin (Suisse italienne), promulgué à Bellinzona, le 3 février 1873, pour être en vigueur à partir du 1er mai de la même année.

Art. 48. — « § 1. L'Etat d'ivresse pleine et com-
» plète exclut le dol, mais non la faute.

» § 2. Le crime ou le délit qui a été commis dans
» l'état d'une ivresse qui n'est pas complète, qui avait
» amoindri dans l'agent, sans l'ôter entièrement, la
» conscience de ses actes, est puni comme dolosif,
» mais dans ce cas, la peine sera diminuée d'un degré.
» Cette diminution n'aura pas lieu, lorsqu'on se sera
» mis en état d'ivresse, afin de commettre le crime ou
» le délit. »

17

Projet de Code pénal récemment présenté aux Chambres italiennes, par M. Mancini, ministre de la justice, et rédigé sous sa présidence, par une commission instituée par un décret du 18 mai 1876.

Titre 2, chapitre Iᵉʳ. Des causes qui excluent ou diminuent l'imputabilité.

ART. 61. — « § 1. Les dispositions des articles 58
» et 59 (1) sont aussi applicables à celui qui, au mo-
» ment où il a accompli le fait, se trouvait être dans
» les conditions, que ces articles prévoient, par l'effet
» d'un état d'ivresse accidentelle.

» § 2. Si l'ivresse avait été volontairement contrac-
» tée ou était habituelle, le coupable serait puni dans
» le cas de l'art. 58, s'il était question d'un crime, de
» prison majeure pour la durée d'un an à cinq ans, et
» s'il était question d'un délit, de la prison jusqu'à
» une année, et dans le cas de l'article 59, de la peine
» de l'infraction *(del reato)*, diminuée d'un degré.

---

(1) ART. 58. — Il n'y a pas de délit imputable, lorsque celui dont émane le fait, était au moment où il l'a accompli dans un état qui excluait la conscience de délinquer, ou était contraint par une force à laquelle il n'avait pas le pouvoir de résister.

ART. 59. — § 1. Si les causes dont il est question dans l'article précédent, ont amoindri fortement l'imputabilité, sans cependant l'exclure entièrement, la peine est diminuée d'un à trois degrés.

§ 2. Dans ce cas, le juge peut ordonner que la peine appliquée sera subie dans une maison de détention.

» § 3. Dans le cas que prévoit le § 1 de l'art. 59,
» la diminution de peine qu'il établit, n'aura pas lieu
» lorsque l'ivresse aura été contractée pour commettre
» le délit ou en vue de se ménager une excuse. »

SECTION VIII.

SURDI-MUTITÉ.

La surdi-mutité doit être mise au nombre de ces in-
firmités, qui s'opposent au développement des facultés,
et qui peuvent maintenir ceux qui en sont atteints dans
un état d'infériorité morale, dont le légiste et le médecin
doivent tenir compte.

Par suite de l'oblitération du sens de l'ouie et de
l'absence de la parole qui en résulte, les sourds-muets
sont privés d'un moyen puissant d'acquérir et de communiquer les idées, et offrent en général, un développement plus lent de l'intelligence et une impres-
sionnabilité plus grande des facultés affectives que les
autres hommes.

Les sourds-muets peuvent bien acquérir certaines
idées qui leur permettent d'apprécier les choses de la vie,
mais les idées de devoir naissent difficilement chez
eux. Ils agissent presque toujours sous l'impulsion des
sens, rarement sous le mobile moral.

Parmi les sourds-muets, il faut distinguer ceux qui

n'ont pas reçu d'éducation, et ceux qui ont été élevés dans des établissements spéciaux. Ces derniers apprennent à écrire par la dactylogie, et on parvient à leur donner une parole artificielle ; on leur apprend alors les devoirs, qu'ils ont à remplir au sein de la société.

Voyons maintenant quel peut être, suivant la science rationnelle, le degré de responsabilité du sourd-muet. Comme le dit M. Carrara, pour que le sourd-muet puisse, sans injustice être réputé capable de commettre un délit, il est nécessaire que le juge s'assure, que le justiciable affligé de cette infirmité, était assez instruit pour pouvoir former un jugement régulier sur ses actions, sur leurs conséquences, et sur leurs rapports rationnels avec la loi pénale.

Pour nous, comme il y a entre les sourds-muets de grandes inégalités intellectuelles, sans compter la diversité des actions, dont la criminalité peut avoir été plus ou moins facilement appréciée par eux, nous estimons que d'après la science rationnelle, la surdi-mutité fait naître, à peu peu près, comme certaine période de la minorité, une question de doute, et qu'il y aurait pour la loi pénale, quelque chose d'analogue à faire. Le sourd-muet a-t-il agi ou non avec discernement? Question à poser toujours. S'il n'y a pas eu discernement, il doit être acquitté, sauf la possibilité d'ordonner à son égard certaines mesures d'éducation et de correction bienfaisante. S'il y a eu discernement, il est punissable, mais avec un abaissement et une modification de pénalité appropriés à son état. Nous regardons nos conclusions, comme conformes à la justice, et

à la vérité ; l'expérience n'atteste-t-elle pas tous les
jours, que les individus atteints de surdi-mutité sont
enclins à la colère, à la fureur, à la jalousie ; la plus
légère cause d'excitation leur fait perdre leur empire
sur eux-mêmes, et l'éducation ne réprime qu'incom-
plètement cette disposition. Ils agissent donc avec moins
d'intelligence et de liberté que les autres hommes ;
leur culpabilité s'affaiblit sous l'un et l'autre rapport.

Nous avons à rechercher maintenant, si dans notre
législation, il existe des dispositions concernant les
sourds-muets.

Dans l'art. 936, C. civ., au titre des Donations entre-
vifs, il y a un article qui a trait au sourd-muet.

En matière d'acceptation de donations entre-vifs, le
législateur fait une différence, entre le sourd-muet sans
instruction, et celui qui en a. Le sourd-muet qui sait
écrire, peut accepter lui-même ; celui qui ne sait pas
est incapable ; l'acceptation devra être faite par un cu-
rateur nommé à cet effet.

Dans l'art, 333 du Code d'inst. crim., il s'agit du
sourd-muet, qui comparaît devant la Cour d'assises. Cet
article est ainsi conçu : « Si l'accusé est sourd-muet et
ne sait pas écrire, le président nommera d'office pour
son interprète, la personne qui aura le plus d'habitude
de converser avec lui. Il en sera de même à l'égard du
témoin sourd-muet. Le surplus des dispositions du précédent article sera exécuté. Dans le cas ou le sourd-
muet saurait écrire, le greffier écrira les questions et
observations qui lui seront faites ; elles seront remises
à l'accusé, ou au témoin, qui donneront par écrit leurs

réponses ou déclarations. Il sera fait du tout lecture par le greffier. »

Voilà des règles, qui nous indiquent comment l'affaire sera contradictoirement instruite avec le sourd-muet ; s'il ne sait pas lire et écrire, on aura recours à un interprète, qui pourra communiquer avec l'accusé par des signes.

Nous n'avons pas dans notre Code d'Inst. crim., de dispositions pour le cas, où un sourd-muet serait poursuivi pour un délit ou une contravention. On procédera par analogie.

Pour ce qui concerne l'application de la peine, le sourd-muet est laissé dans les conditions ordinaires.

Il nous semble qu'il eût été juste de poser à l'égard des sourds-muets, la même question sur le discernement, que la loi autorise à l'égard des accusés de moins de seize ans.

Cette lacune a été réparée dans la législation italienne, et dans la législation belge.

Le Code pénal qui régit la Belgique, a été très-favoble au sourd-muet. Art. 76 : Lorsqu'un sourd-muet âgé de plus de seize ans accomplis, aura commis un crime ou un délit, s'il est décidé, qu'il a agi sans discernement, il sera acquitté. S'il est décidé, qu'il a agi avec discernement, les peines seront prononcées conformément aux dispositions des articles 73, 74 et 75 c'est-à-dire atténuées.

CHAPITRE II.

Notre Code pénal, après avoir dit dans l'article 64, qu'il n'y a ni crime ni délit, lorsque le prévenu était en état de démence au temps de l'action, ajoute : « ou lorsqu'il a été contraint par une force à laquelle il n'a pu résister ».

Ces expressions : « il n'y a ni crime ni délit , » affirment l'innocence de l'agent, qui se trouve dans les conditions indiquées dans la fin de l'article 64. Le fait de la contrainte, constitue donc un cas de non imputabilité.

La contrainte consiste dans l'action d'un fait extérieur, qui exclut ou anéantit la liberté. Un acte n'est pas libre, lorsqu'il émane d'un individu qui a agi sous l'empire d'une coaction résultant d'un fait matériel ou d'un fait moral pouvant influer sur la volonté. D'où la contrainte physique et la contrainte morale : la loi n'ayant fait aucune distinction entre la contrainte physique et la contrainte morale, on doit en conclure que l'une et l'autre se trouvent comprises dans la disposition de l'article 64.

Contrainte physique. — La contrainte physique, qui fait de notre corps, de nos membres, malgré tous les efforts de résistance dont nous sommes capable, un instrument de délit, exclut toute imputabilité, puisqu'elle détruit la liberté extérieure en ôtant à l'agent, le pouvoir d'accomplir ou d'observer le précepte de la loi. La contrainte physique, peut résulter de phénomènes de la nature ou d'événements fortuits (cas de force majeure), et de l'action matérielle de la force humaine.

La contrainte physique a lieu dans trois cas, que nous allons examiner successivement.

PREMIER CAS. — *Une personne est matériellement forcée d'accomplir un acte illicite.*

Le fait a été accompli sous l'impulsion d'une force matérielle. Un individu frappé de bannissement est jeté par la tempête sur le territoire de la France; pourrat-on lui appliquer les dispositions de l'article 33 du Code pénal? Evidemment non, parce qu'il a cédé à une force physique irrésistible; dans ce cas, l'acte est involontaire et n'est point imputable à l'agent.

DEUXIÈME CAS. — *Une personne est mise dans l'impossibilité de se soustraire à un acte illicite, par l'emploi de la force ou par des manœuvres coupables.*

On administre à une femme mariée des substances qui doivent lui procurer un sommeil léthargique, et losqu'elle est dans cet état, on se livre sur elle à d'odieux attentats; dans une situation pareille, cette femme n'a pas commis d'adultère; aucun reproche ne peut lui être adressé; il y a là un cas de non imputabilité.

Voici un autre exemple : Des individus saisissent un individu, lui enlèvent ses vêtements et le laissent nu sur la place publique. Il y a là un fait qui peut blesser les bonnes mœurs, et qui constitue l'outrage public à

la pudeur , réprimé par l'article 330 du Code pénal.
Mais cet individu n'est pas punissable, puisque c'est
par suite de l'abus de la force, qu'il s'est trouvé dans
cette situation. Dans ce cas encore, la responsabilité de
l'agent ne sera pas engagée.

TROISIÈME CAS. — *Par suite de machinations coupables , ou un événement de force majeure , une personne ne peut se soumettre aux prescriptions de la loi
sous une sanction pénale.*

On peut supposer qu'au jour d'un service public, qui
est commandé sous la sanction d'une peine , celui
de juré, par exemple, on a été mis dans l'impossibilité
de s'en acquitter. Lorsqu'un juré, convoqué pour se
rendre à la session de la cour d'assises, ne s'est pas
rendu à son poste, il est passible d'une amende, aux
termes de l'article 396 du Code d'instruction criminelle.
Mais le juré est dans l'impossibilité d'obéir à l'appel
qui lui a été fait, parce qu'une inondation est survenue ; ou bien encore, il a été séquestré, retenu violemment. Dans ce cas, il n'y a pas d'imputabilité, et on
ne peut faire l'application de l'art. 396.

La contrainte, dit Blanche (t. II), est justificative, non seulement des crimes et des délits, mais
aussi des contraventions. Le délinquant ne peut pas,
en effet, être déclaré coupable à raison d'un fait qu'il
a été contraint d'exécuter par une force à laquelle il
n'a pu résister (Cass., 7 juillet 1827).

Il en est de même en matière d'arrêtés préfecto-
raux (Cass., 28 février 1861).

Contrainte morale. — Les cas de contrainte morale

sont beaucoup plus fréquents, que les cas de contrainte physique ; mais pour que cette contrainte morale soit exclusive de culpabilité, il faut qu'elle provienne d'une cause étrangère à l'agent, et non d'une cause interne, dont il n'aurait pas assez tôt arrêté et comprimé le développement.

Il est en effet des cas, où la violence morale n'aura pas moins d'empire sur l'âme que la violence physique sur le corps, et devra être considérée comme ne laissant plus assez de liberté, pour qu'il y ait lieu à imputabilité, aux yeux de la loi, dans le fait commis.

En morale, on reconnaît que la crainte, si grande qu'elle puisse être, n'est pas un motif suffisant pour faire le mal. Nous conviendrons, que le droit strict n'a pas un autre principe, et que l'injustice ne perd rien de son caractère, pour avoir été commise sous l'empire d'un grand et puissant danger.

Dans le cas de contrainte morale, il faut le reconnaître, la liberté n'est pas entièrement étouffée, comme dans le cas de contrainte physique. Sans doute, la violence morale n'anéantit pas la liberté, et le choix reste encore entre le mal à subir ou l'acte délictueux à accomplir, et c'est dans ce sens, si on se détermine pour cet acte, qu'on pourra dire avec les stoïciens : « Voluntas coacta, voluntas est. » D'après les stoïciens, la pénalité ne devait pas disparaître, parce que l'homme doit se résigner à mourir, et ne point commettre une action mauvaise. Se déterminer à mourir en pareille condition, est faire preuve de grandeur d'âme, et on ne peut s'empêcher d'admirer l'homme, qui en serait capable, mais il ne faut pas oublier qu'il faut tenir compte, lorsqu'il s'agit d'imputabilité, de la violence morale résultant de la menace et de l'affaiblissement, que cette violence produit sur la liberté.

Les législateurs, nous l'avons déjà vu, prenant en considération la faiblesse de la plupart des hommes, ont été généralement d'avis, que si la crainte est de nature à ébranler un grand courage, s'il s'agit d'échapper par un délit à un grand mal physique ou moral, comme à la perte de la vie, de la liberté, d'un membre, à celle de l'honneur et quelquefois des biens, les éléments nécessaires pour l'imputabilité ou pour la culpabilité pénale peuvent faire défaut.

Nous pouvons maintenant proposer cette définition de la contrainte morale :

La contrainte morale consiste dans l'existence de faits qui produisent la crainte, d'un mal imminent, qu'on ne peut éviter qu'en accomplissant un acte en lui-même illicite et délictueux; elle agit sur la détermination de la volonté par rapport à l'exécution du fait, qui n'aurait pas été accompli, si on eût été en pleine possession du libre arbitre.

Nous allons étudier dans ce chapitre, le cas suivant de contrainte morale.

Une personne sous l'empire de la crainte d'un mal grave qui est imminent, accomplit un fait illicite.

Deux hypothèses se rattachant à ce cas peuvent se présenter, nous allons les examiner successivement.

PREMIÈRE HYPOTHÈSE. — *A l'aide de menaces, un tiers nous contraint à faire un acte illicite.* Dans ce cas, la crainte ôte à l'acte la spontanéité, mais elle n'implique pas l'absence absolue du libre arbitre, car, en pareille circonstance, nous avons à opter entre subir le mal dont nous sommes menacés et un acte illicite. Si nous ne nous déterminons pas à accomplir ce qu'on exige de nous, malgré les menaces qui nous sont faites, nous aurons suivi un mobile moral; car, au point de vue moral, nous ne pouvons pas attenter aux droits d'autrui, pour nous racheter d'une crainte, pour échapper à un péril pressant. Si, au contraire, nous accomplissons le fait illicite, pour éviter le danger dont on nous menaçait, nous agirons dans un but égoïste. La morale nous engage à nous abstenir, elle nous convie et nous invite à l'abnégation; il y aura héroïsme, si nous préférons subir des maux, que de faire un acte condamnable. Dans l'histoire, on trouve des hommes qui, guidés par le mobile moral, ont subi le mal et n'ont point voulu commettre des faits illicites, refusant de céder aux exigences de la tyrannie.

Mais, comme nous l'avons dit plus haut, et nous insistons à dessein sur ce point, le législateur doit tenir compte de la faiblesse humaine. La crainte peut être si grande, qu'elle paralysera la liberté, de sorte que l'agent ne pourra résister. La loi ne peut exiger le martyre.

Peut-on, en effet, sous une sanction pénale, contraindre un individu à se soumettre aux plus cruels tourments ? Evidemment non.

Des malfaiteurs s'emparent d'un domestique, le mettent en charte privée et menacent de le torturer, s'il n'obéit pas à leurs ordres. Ce serviteur a pour devoir de résister, pour protéger la vie de son maître ; mais s'il succombe sous l'empire des menaces, il y aura imputabilité morale, mais non imputabilité juridique.

On ne peut, au point de vue juridique, punir le fait qui s'est produit en pareille circonstance, car l'urgence de la situation, ferait que la peine resterait sans action.

Pour mieux faire apercevoir la portée de la question au point de vue des lois humaines, nous allons prendre des exemples.

Tite-Live, au livre Ier, chap. LVIII de son *Histoire romaine*, rapporte l'histoire de Lucrèce. Certains historiens ont traité de fabuleux, les faits qui se refèrent aux premiers temps de Rome. Pour nous, laissant de côté la question de savoir si ces récits sont la vérité historique, nous allons examiner le fait tel que nous le raconte Tite-Live. Sextus Tarquin avait conçu pour Lucrèce, épouse de Collatin, une passion fatale qu'il avait résolu de satisfaire à tout prix ; outre la beauté de cette femme, sa vertu piquait sa vanité. Sextus, à l'insu de Collatin, était revenu à Collatia, n'ayant qu'un homme pour toute suite ; personne ne soupçonnait son dessein. On le reçoit avec distinction. Après le souper, il est reconduit dans l'appartement où il devait passer la nuit ; lorsqu'il eut pris toutes ses précautions, qu'il crût tout le monde endormi, il sort brûlant de désirs, son épée nue sous le bras, et marche au lit de Lucrèce déjà endormie ; appuyant une main sur le sein de cette femme : « Lucrèce, lui dit-il

ne parlez pas ; je suis Sextus Tarquin! Vous êtes morte
s'il vous échappe une parole. »

« Tace Lucretia, inquit, Sextus Tarquinius sum :
» ferrum in manu est; moriere, si emiseris vocem. »

Alors, profitant de ce premier saisissement d'une
femme arrachée brusquement au sommeil, qui se voit
sans défense, qui a la mort presque suspendue sur sa
tête, il déclare sa passion, il la presse, il la conjure,
il menace et il prie; il n'omet rien de ce qui peut agir
sur le cœur d'une femme. Voyant que toutes ses instances, que la crainte même de la mort ne pouvaient
vaincre l'obstination de ses refus, il essaie de l'effrayer
sur sa réputation. Il la menace de mettre dans son lit
un esclave nu, poignardé comme elle, afin de faire
croire que sa mort aurait été la juste punition d'un
infâme adultère. L'infortunée ne peut résister à l'idée
que sa mémoire restera entachée d'un pareil opprobre,
elle cède alors et succombe sous l'empire de la contrainte morale. Sextus Tarquin peut assouvir sa passion. Une femme chrétienne aurait fait le sacrifice de
sa vie et de son honneur, élevant son âme à Dieu, et
serait morte dans l'espérance que son innocence serait
plus tard reconnue. Une femme païenne devait succomber, sauf à chercher plus tard comme Lucrèce, une
consolation dans la mort.

En pareille circonstance, lorsqu'il s'agit de menaces pour la vie ou pour l'honneur, l'intervention de
la loi humaine serait complètement inutile. Il faut reconnaître que dans des conditions déterminées, la contrainte morale doit constituer un cas de non imputabilité.

Cependant certains criminalistes ont apprécié la conduite de Lucrèce, d'une toute autre manière. M. Fournel, *Traité de l'Adultère*, estime que si Lucrèce se donna la mort, c'était parce qu'elle avait le sentiment du crime, qu'elle avait commis. Cette opinion nous parait rigoureuse, et on ne peut l'adopter, parce qu'il faut toujours distinguer l'imputabilité morale de l'imputabilité juridique.

Rossi, dans son *Traité de Droit pénal*, t. II, p. 214, se demande, s'il peut y avoir excuse justificative, et selon notre théorie, cas de non imputabilité, lorsque pour éviter un mal injuste, au lieu de réagir contre l'offenseur, on fait un acte nuisible à un tiers.

Il est évident, dit-il, que la question n'admet point de réponse absolue et générale.

Il n'y aura pas, d'après lui, d'excuse, en cas de maux inégaux, si on inflige à autrui la mort ou un mal très-grave, pour éviter un mal moindre.

L'acte ne peut être excusable, que lorsque l'agent cède à l'instinct de sa propre conservation, lorsqu'il se trouve en présence d'un péril imminent, lorsqu'il s'agit de sa vie. L'acte n'est pas légitime, mais la menace d'une peine ne retiendrait pas l'agent.

L'ordre matériel, le seul que la justice humaine est chargée de maintenir, n'exige pas la répression des actes faits en ces terribles circonstances. Ainsi que l'a remarqué un savant criminaliste, juris conditores..... conatum magis et quasi adumbrationem virtutis, quam virtutem ipsam a subditis exigunt. Cremani, de Jur. Crim. lib. I, part. I, c. 4, § 4.

En résumé, pour qu'il y ait contrainte, constituant cas de non imputabilité, il faut trois conditions :

1° *Il faut que le mal soit imminent, et qu'il soit impossible de l'éviter autrement, qu'en exécutant un fait illicite.*

2° *Il faut que le mal soit grave.* Ici la contrainte exercée doit être appréciée *in concreto* et non *in abstracto*. Il faudra prendre en considération l'âge, le sexe et la condition des personnes. Tous les hommes ne sont pas doués de la même fermeté, tous ne savent pas résister avec la même énergie aux menaces et aux violences. Il existe des êtres si timides et si faibles qu'ils se troublent et succombent aux moindres impressions. Une violence légère produit sur eux le même effet, que les violences les plus graves sur les âmes courageuses et fortes. C'est aux juges, qu'il appartient de discerner l'effet probable des mauvais traitements sur le prévenu, à s'assurer, s'il a pu résister à l'impulsion étrangère qui l'entraînait, si sa volonté a été contrainte.

Si la menace employée contre nous, est celle d'un péril suspendu sur une personne qui nous est chère, par exemple sur notre enfant, sur notre épouse, il y aura contrainte et cas de non imputabilité ; car ne ferions-nous pas bien souvent le sacrifice de nous-même plus facilement encore, que celui d'un être que nous aimons et que nous devons défendre.

3° *Il faut que le mal qu'il s'agit d'éviter soit un fait illicite.*

La crainte révérentielle des enfants envers leur père,

l'obéissance qu'ils leur doivent, ne peuvent constituer la crainte morale, dont il est question dans l'art. 64 du Code pénal. L'ordre du mari pour la femme, le commandement donné par le maître à ses domestiques, ne constitueraient pas un cas de non imputabilité.

La crainte révérentielle ne suffirait donc pas pour enlever au crime ou au délit sa criminalité, car elle ne peut pas être considérée comme constituant par elle-même, et par elle seule, une force à laquelle le prévenu n'a pu résister.

La jurisprudence l'a ainsi jugé à l'égard de l'enfant, de la femme et du domestique (arrêts du 25 septembre 1818 et du 15 mai 1837).

DEUXIÈME HYPOTHÈSE. — *Crainte d'un mal résultant d'un phénomène physique.*

La contrainte résultant des forces de la nature est morale quand, par la menace d'un événement physique, tel qu'un naufrage, un incendie, une maladie grave, une inondation, un tremblement de terre, l'homme est obligé, ou bien de subir le mal, ou bien de s'y soustraire au moyen d'un acte constituant, à proprement parler, et dans toute autre circonstance, une infraction à la loi pénale.

Au point de vue de la morale, nul n'a le droit de donner la mort à autrui, pour assurer son propre salut. Dans une déroute, par exemple, on fuit pour échapper aux poursuites de l'ennemi ; on rencontre un blessé à cheval et on le démonte pour prendre sa place et se sauver plus facilement : Cicéron, dans sa *République*, examinant cette question, dit qu'en agissant de la

18

sorte on fait preuve de méchanceté, mais il ajoute que si on s'abstenait, on commettrait un acte de folie. Pour nous, nous ne saurions qualifier ainsi un tel acte, et nous verrions dans une action semblable un trait de générosité. Dans un naufrage, un homme fort et n'ayant aucun autre recours, arrache la planche de salut à un autre plus faible que lui, qui en est déjà en possession. Dans ces deux cas, on a fait un acte qu'on n'avait pas le droit de faire, que la morale défend. Les conditions de l'imputabilité juridique existent-elles? y a-t-il culpabilité pénale?

Dans une pareille situation, il y a nécessité absolue, il y a contrainte morale : qu'importe que ce soient les forces supérieures d'un autre homme, ou les forces irrésistibles de la nature qui oppriment la liberté de l'agent et le réduisent aux extrémités, dont nous venons de parler ; par une force ou par l'autre, si l'oppression est la même, ne doit-elle pas, quant à la responsabilité de l'agent, produire les mêmes effets?

La justice ne pourra poursuivre, parce qu'il n'y a pas imputabilité juridique.

Lors du naufrage de la *Méduse*, les malheureux qui avaient pu échapper à la fureur des flots et avaient réussi à se sauver sur un radeau, furent obligés, pour apaiser la plus cruelle des faims, de s'entre-égorger ; les forts s'emparèrent des faibles : il y eut des actes d'anthropophagie. Ceux qui avaient survécu à ce drame épouvantable, rentrés au sein de la société, ne furent pas poursuivis, car la justice ne pouvait trouver en eux des coupables.

Ici se présente une question très-délicate, qui a soulevé bien des discussions, qui a donné lieu à des romans ; l'homme qui, poussé par la misère et la faim, dérobe et notamment vole des aliments, peut-il invoquer l'article 64 ? C'est par une distinction que nous résoudrons la question. Si un homme, poussé par la faim, dans un lieu isolé, loin de tout autre recours, dans l'impossibilité d'une plus longue attente, s'empare à toute extrémité de choses appartenant à autrui, pour s'en servir d'aliments, nous répondrons affirmativement, parce qu'il y a nécessité absolue ; la liberté est véritablement opprimée. Si, au contraire, il se trouve au milieu d'autres hommes, ayant la possibilité de secours, de sorte que sa liberté n'est pas complètement opprimée, nous dirons que la culpabilité n'a pas disparu. Dans ce cas, en effet, la faim et la misère seront des circonstances atténuantes dont le juge tiendra compte, car l'on peut croire que le prévenu n'aurait pas commis le délit, s'il n'avait été pressé par le besoin.

Victor Hugo, dans son roman des *Misérables*, place son héros, Jean Valjean, dans les conditions dont nous venons de parler.

Jean Valjean est un pauvre et honnête ouvrier qui, au moyende sa profession, par un labeur assidu, subvient aux besoins de la veuve et des enfants de son frère. Des temps difficiles se produisent ; la disette arrive. La famille est restée quelque temps sans manger ; on a fait ressource de tout, on est à bout d'expédients. La faim des enfants ne peut plus attendre ; alors Jean Valjean, enlève avec effraction un pain à la boutique d'un boulanger. Il est traduit en Cour d'assises et condamné à la peine de cinq ans de travaux forcés.

Victor Hugo dépeint nos institutions beaucoup plus rigoureuses qu'elles ne sont, et la critique qu'il dirige contre nos lois pénales, ne semble pas fondée. Il n'y a pas de jury en France, qui aurait condamné Jean Valjean aux travaux forcés. Nos jurés sont remplis d'humanité et de clémence ; en présence d'une conduite semblable et aussi pleine de dévouement; il y aurait acquittement. Nous croyons même pouvoir dire, qu'une affaire de cette nature ne serait point portée devant la Cour d'assises. Les magistrats du ministère public, auraient arrêté cette affaire. En pareil cas, on admettrait qu'il y a nécessité extrême, contrainte morale et on ferait application de l'art. 64.

CHAPITRE III.

IGNORANCE. ERREUR.

Dans certains cas, l'ignorance et l'erreur constituent des cas de non imputabilité.

Par la définition, que nous allons donner de l'une et de l'autre, nous montrerons la différence qui existe entre l'ignorance et l'erreur.

L'ignorance est l'absence de toute notion, par rapport à l'existence ou à la non-existence de la loi ou d'un fait.

L'erreur est cet état intellectuel, où, soit par rapport

au droit, soit par rapport au fait, l'idée de la réalité est obscurcie ou cachée par une idée fausse.

Il y a donc, par rapport à l'ignorance, un état négatif, tandis que, par rapport à l'erreur, il y a un état positif, puisqu'on a connaissance d'un fait non conforme, il est vrai, à la réalité.

L'ignorance et l'erreur peuvent se référer au droit ou au fait.

1° *L'ignorance et l'erreur peuvent se référer au droit.*

L'ignorance de la loi peut exclure l'imputabilité dans certaines législations, quand l'accusé peut établir, qu'en effet il ne la connaissait pas, et qu'il n'était pas d'ailleurs censé la connaître.

Alors même que la loi ne regarderait pas d'une façon expresse, cette circonstance comme exclusive d'imputabilité, il nous semble que de son esprit on pourrait induire, qu'il y a absence de culpabilité dans ce cas, parce que la loi ne peut rien vouloir en général que d'équitable. Ainsi, malgré la présomption fort juste en principe, que nul n'est censé ignorer la loi, présomption très-juste en fait également, lorsque le législateur prend toutes les précautions nécessaires, pour porter la loi à la connaissance de tous ceux qu'elle intéresse ; malgré cette présomption, disons-nous, il y a des exceptions possibles ; c'est ce qu'indique déjà le mot présomption lui-même, puisqu'il fait entendre que la connaissance de la loi, n'est universelle, que d'une universalité morale. Mais elle met la preuve de l'ignorance à la charge de celui qui s'en prévaut. Il faut, pour que cette preuve puisse être administrée, d'abord

que la loi ait un certain caractère d'arbitraire, ou de
circonstance qui ne puisse être suppléé par le sentiment
universel du juste. Il faut de plus, que celui qui prétend avoir ignoré cette loi établisse, prouve par les
circonstances exceptionnelles, où il s'est lui-même
trouvé, qu'il ne pouvait la connaître ; par exemple
s'il est étranger et arrivé dans un pays depuis peu, ou
si étant du pays, il ne fait qu'y rentrer. (Loi anglaise,
J. Stephen, t. I, p. 12).

Dans notre code pénal, nous n'avons pas de dispositions se référant directement à l'ignorance et à l'erreur
de droit ; nous allons examiner quelle peut être leur
influence, quant à la culpabilité.

Un individu, par exemple, peut-il invoquer son ignorance des dispositions de la loi.

Il faut sur ce point, admettre la règle suivante : tout
individu majeur de seize ans, et sain d'esprit est censé
connaître les dispositions de la loi , et des règlements
de la localité, dans laquelle il se trouve, lorsqu'ils ont
reçu la publicité ordinaire.

Pour ce qui concerne le mineur de seize ans, il y a
présomption d'absence de discernement. Cette présomption ne cessera, que lorsque les tribunaux auront décidé, qu'il a compris la criminalité du fait.

Répondant maintenant à la question que nous venons
de poser, nous admettrons, que si le fait incriminé est
de ceux qui ont été punis en tous temps et en tous
lieux, comme par exemple un meurtre, un vol, l'étranger qui s'en sera rendu coupable, ne pourra pas prétendre, qu'il ne savait pas que le fait était illégal et

réprimé par des peines : le meurtre, le vol, sont des faits qui ont une criminalité chez toutes les nations civilisées. Si au contraire, un voyageur commet nne de ces actions, qui ne sont pas essentiellement crimi- nelles, et ne présentent que des torts relatifs, inconnus dans le pays qu'il a jusqu'alors habité, s'il enfreint une disposition purement de droit public, comme il ne peut être du coup illuminé, dès qu'il est en France, et connaître les règlements, nous pensons qu'il est à l'abri de toute peine.

Par rapport à l'erreur de droit, nous déciderons, que dans certaines situations, il peut y avoir cas de non imputabilité, par exemple, lorsqu'elle porte sur d'autres lois, que la loi pénale.

Un individu croit qu'il est appelé à la succession de son collatéral, parce qu'il estime que la représentation a lieu dans tous les cas, en ligne collatérale : il se met alors en possession de la succession, et se saisit des choses qui en font partie, certainement on ne pourra lui imputer le fait de soustraction frauduleuse.

M. Carrara nous en fournit encore un exemple, dans son *Programma*. On a récemment acquitté, en Prusse, (comme le rapporte Mittermaier), un homme accusé de bigamie, parce qu'il avait été victime d'une erreur de droit. Son erreur consistait à se croire libre, dégagé d'un précédent lien conjugal, en vertu d'une sentence de séparation qu'il avait obtenue contre sa première femme : en fait, la sentence manquait des formes que les lois du pays exigeaient, pour qu'elle produisit cet effet. Cette erreur était évidemment, une erreur de droit, car en somme on alléguait l'ignorance de la loi sur le divorce ; les tribunaux déclarèrent, que l'homme avait agi avec bonne foi et l'acquittèrent ; et cet acquittement était juste. Au contraire, on n'aurait pas pu l'acquitter, s'il avait allégué l'ignorance de la loi pénale, qui déclare que la bigamie est un délit.

2° Ignorance et erreur de fait.

Cette matière soulève de nombreuses difficultés d'application ; notre législation pénale n'ayant posé aucune règle qui s'y rapporte, nous en formulerons quelques-unes pour en exposer plus clairement et plus sûrement les principes.

Nous en établirons cinq :

Première règle. — *L'ignorance et l'erreur qui portent sur les faits constitutifs du délit, peuvent faire disparaître l'imputabilité dans le cas où le dol est exigé, pour qu'il y ait une infraction punissable.*

Nous prenons pour exemple le cas d'une femme apprenant la mort de son mari, tué dans un combat. Se croyant veuve, elle contracte une seconde union ; mais il arrive que son premier époux, qu'on avait laissé pour mort sur le champ de bataille, n'était que blessé, et qu'il reparaît. Dans cette situation, il y a un deuxième mariage, célébré durant une première union : il y a là les éléments du crime de bigamie. Mais comme la bonne foi de la femme est entière, qu'il y a absence de dol de sa part, elle sera à l'abri de toute poursuite.

Mais si elle continuait d'avoir des rapports avec son

second mari, lorsqu'elle a eu connaissance de l'existence de son premier époux, nous pensons qu'il y aurait les éléments de l'adultère, parce qu'alors le dol
existe chez elle.

Nous avons dans notre Code pénal des dispositions
qui qualifient crime, et punissent l'émission de la fausse
monnaie. Un individu a reçu une pièce de monnaie
qu'il croit bonne ; elle est fausse. La croyant bonne, et
se trouvant dans l'erreur, il la met en circulation ; il
émet de la fausse monnaie. Il sera à l'abri de toute
poursuite, parce que chez lui, il y a absence de dol.

DEUXIÈME RÈGLE. — *Lorsque la loi punit la simple*
faute, l'ignorance ou l'erreur, qu'il était possible d'éviter
ne font point disparaître l'imputabilité ; elles peuvent
changer la nature de l'infraction.

Par suite d'une erreur, un pharmacien préparant
une potion, a employé de l'acide arsénieux, croyant se
servir d'une autre matière ; un empoisonnement en est
résulté. Les éléments matériels existent, mais les éléments moraux manquent. Dans ce cas, le fait ne peut
être imputé à dol, mais il peut l'être à faute ; il y a homicide involontaire commis par imprudence ; l'article
319 sera applicable

TROISIÈME RÈGLE. — *L'erreur qui ne porte que sur*
la personne qui est le sujet passif du délit ne saurait
faire disparaître l'imputabilité, ou constituer une excuse,
lorsqu'il existe un dol qui se réfère au fait en lui-même
et lorsque l'erreur n'est qu'accidentelle.

Application de cette règle. — On a conçu la pensée
de donner la mort par le poison à Paul, et on met le

poison à sa portée; mais c'est Pierre qui absorbe les aliments empoisonnés. Dans ce cas, la personne qui a succombé n'est pas celle que l'agent avait en vue, car il voulait attenter à la vie d'un autre individu. Dans quelles conditions, le fait se présente-t-il ? Le fait a été accompli avec dol ; il ne saurait échapper à l'application des dispositions de la loi, car il peut se présenter dans les conditions d'un double crime. Il y a tentative d'empoisonnement avec faits extérieurs, qui n'a manqué son effet, que par suite de circonstances indépendantes de la volonté de l'agent. L'article 2 du Cde pénal serait applicable. Il y a aussi crime d'empoisonnement; tous les éléments y sont ; de ce qu'une personne a été empoisonnée pour une autre, cela n'ôte rien à la criminalité du fait. On a voulu commettre un empoisonnement. Dans la loi 18, § 3, D. XLVII, X, *de Injur.*, Paul résout la question dans ce sens. L'erreur nous, dit-il, ne justifie pas le fait. « Si injuria mihi fiat, » ab eo cui sim ignotus ; aut si quis putet me Lucium » Titium esse, quum sim Caius Seius : prævalet quod » principale est, injuriam eum mihi facere velle ; nam » certus ego sum, licet ille putet me alium esse, quam » sum, et ideo injuriarum habeo. »

Voici un arrêt, cité par M. Blanche (p. 519, t. IV), qui se rapporte à la question : au lieu du crime d'empoisonnement, que nous venons de prendre pour exemple, il s'agit, dans l'espèce sur laquelle la Cour suprême a statué, du crime de meurtre : Pierre Chauveau avait été déclaré coupable d'avoir tiré volontairement sur la personne d'Anne Arnaud, épouse de Jean Couroy, un

coup de fusil qui avait causé sa mort, sans intention
de tuer ladite Anne Arnaud, mais dans l'intention de
tuer Jean Couroy, son mari, en croyant tirer sur lui.
La Cour d'assises appliqua à Chauveau les art. 295 et
304 du C. P., modifiés par l'art. 463, à raison des circonstances atténuantes admises en sa faveur. Le condamné se pourvut en Cassation. Il soutint qu'on lui
avait fait une fausse application des articles précités,
en ce que, d'une part, il n'était pas coupable d'avoir
tué la femme Couroy avec intention de la tuer, et en
ce que, d'autre part, il faut, pour qu'il y ait meurtre,
que l'intention de tuer s'applique à la personne homi-
cidée et non à une autre. Son pourvoi fut rejeté « at-
» tendu, en fait, que Pierre Chauveau était accusé :
» 1° D'avoir, dans la nuit du 22 au 23 mai dernier, commis
» un homicide volontaire sur la personne d'Anne Arnaud,
» épouse de Jean Couroy, avec préméditation; 2° D'avoir
» dans la même nuit, commis contre Jean Couroy une
» tentative d'homicide volontaire, manifestée par un
» commencement d'exécution, et qui n'a manqué son
» effet que par des circonstances indépendantes de la
» volonté de son auteur, avec préméditation; qu'outre
» ces deux questions soumises au jury, il lui en a été
» posé une troisième, comme résultant des débats. Sur
» la réquisition du ministère public, après avoir en-
» tendu les conclusions du défenseur de l'accusé, en-
» suite d'un arrêt de la Cour d'assises conçu en ces
» termes : « Ledit Pierre Chauveau est-il coupable
» d'avoir, dans la nuit du 22 au 23 mai dernier, tiré
» volontairement sur la personne d'Anne Arnaud,

» épouse de Jean Couroy, un coup de fusil qui a causé
» la mort sans intention de tuer ladite Anne Arnaud,
» mais dans l'intention de tuer Jean Couroy son mari,
» et en croyant tirer sur lui, avec la circonstance de
» la préméditation? Attendu que ledit Pierre Chau-
» veau a été déclaré non coupable sur les deux pre-
» mières questions, mais seulement coupable sur la
» troisième, née des débats, toutefois sans prémédita-
» tion et avec des circonstances atténuantes; attendu
» qu'il suit de là que le demandeur a été déclaré
» coupabe d'avoir tiré volontairement un coup de fu-
» sil avec intention de tuer; que peu importe qu'au
» lieu de donner la mort à celui qu'il voulait pour
» victime, il ait atteint la femme au lieu du mari, il
» n'en reste pas moins constant qu'il a donné la mort
» avec intention de tuer. Attendu que ce fait consti-
» tue le crime de meurtre, et qu'ainsi la Cour d'as-
» sises de la Haute-Vienne a fait, au fait déclaré con-
» stant par le jury, une saine application des art. 295
» et 304 du Code pénal, modifiés par l'art. 463 du
» même Code. » (Cass., 31 janvier 1835.)

Nous devons examiner cette question en matière de
coups et blessures : Dans une rixe, voulant frapper
Paul qui se trouve dans le camp opposé au mien, je
frappe Pierre, mon ami, auquel mes coups n'étaient
pas destinés. Pourra-t-on me punir pour coups et blessures volontaires? Quant à Paul, il y a tentative de
coups et blessures, mais tentative non punissable, aux
termes de l'art. 3 du Code pénal ; quant à Pierre, les
coups étant le résultat d'un fait accidentel et volon-

taire, nous sommes porté à penser que ce sont les peines pour coups et blessures involontaires qui doivent être appliquées (art. 320, C. p.).

QUATRIÈME RÈGLE. — *L'ignorance et l'erreur qui se réfèrent aux faits accessoires constitutifs de circonstances aggravantes ne relèvent pas, en général, de l'aggravation de la peine.*

Un individu commet un viol sur la personne d'une jeune fille qu'il croit âgée de plus de quinze ans; mais elle est au-dessous de cet âge. Le crime de viol est puni des travaux forcés à temps, mais lorsque le viol a été commis sur une jeune fille de moins de quinze ans, le coupable doit subir le maximum de la peine des travaux forcés à temps, c'est-à-dire vingt années. Il ne pourra invoquer son ignorance ou son erreur par rapport à l'aggravation de la peine.

Un individu recèle des objets, qu'il croit être le produit d'un vol simple, mais le vol est qualifié. La peine en matière de vol qualifié lui sera applicable : « Dolus » indeterminatus, determinatur eventu. »

CINQUIÈME RÈGLE. — *L'ignorance et l'erreur sur les qualités de la personne qui est le sujet passif du délit, peuvent ôter au fait la criminalité spéciale, dont cette qualité est constitutive, lorsque l'ignorance ou l'erreur excluent le dol se référant à cette qualité.*

Il est des crimes, par rapport auxquels la qualité de la personne peut amener l'élévation de la peine. Exemple : Homicide volontaire, commis par un descendant sur la personne d'un ascendant. Ce fait constitue le crime de parricide, et bien qu'il n'y ait pas préméditation, s'il est volontaire, il est puni de la peine de mort.

Un individu a donné la mort à une femme qui est sa mère naturelle ; celle-ci n'avait pas reconnu son enfant, et ne lui avait donné aucun soin. Dans ce cas, nous estimons qu'il n'y a pas les éléments intentionnels du crime de parricide. Il y a un crime punissable, mais pas le crime de parricide. Les éléments moraux de ce crime manquent. Le parricide est un crime *sui generis* dont nous avons les éléments constitutifs spécifiés dans l'art. 299 C. P. Il y a ici les éléments constitutifs du crime, mais pas les éléments intentionnels.

Sous l'empire des principes de notre loi, Œdipe ne serait pas considéré comme coupable de parricide et d'inceste. Sans doute les anciens, imbus des doctrines du fatum, faisant abstraction de la liberté morale et s'en tenant aux faits extérieurs, ont pu considérer Œdipe comme coupable (*Trilogie* d'Eschyle).

TITRE II.

CAS DE JUSTIFICATION.

CHAPITRE PREMIER.

LÉGITIME DÉFENSE.

Au nombre des cas de non culpabilité doit figurer la nécessaire et légitime défense qui, d'après la théorie par nous adoptée , constitue un cas de justification.

Elle est nécessaire, lorsqu'on ne peut recourir à la force publique ou à une force étrangère quelconque, pour repousser la violence ; elle est légitime, parce qu'elle est motivée par la nécessité de se défendre personnellement et par la crainte d'un mal, qu'on ne souffre pas encore.

De l'instinct de la conservation, qui, d'après nous, est par excellence la contrainte morale, dérive pour l'homme le droit de repousser par la force les attaques injustes dont il peut être l'objet.

On ne peut imposer à l'innocent de se laisser tuer; quel que soit le nombre des agresseurs injustes, qu'il faudra tuer pour se protéger, nous estimons que leur mort est un bien pour la société, tandis que la perte d'un seul innocent est un grand mal. Ce droit de défense est donc absolument nécessaire. La vigilance des magistrats, ne pourrait jamais suppléer à la vigilance de chaque individu pour soi-même. La crainte des lois ne pourrait jamais contenir les méchants, autant que la crainte de toutes les résistances individuelles. Oter ce droit, ce serait donc devenir complice de tous les méchants.

Lorsque nous ne pouvons obtenir la protection de la société, nous avons le droit de nous protéger nous-même. Si nous tuons l'auteur de l'injuste agression, il n'y aura ni crime ni délit. S'il n'en était pas ainsi, il faudrait, comme le fait remarquer Cicéron, que toute personne attaquée périt ou par le glaive des assassins, ou par la sentence des juges : « Hæc, sicut exposui, » ita gesta sunt, judices, insidiator superatus, vi victa

» vis , vel potius oppressa virtute audacia est.....

» ..... Si id jure non posset (Milo) , nihil habeo
» quod defendam : sin et hoc ratio doctis, et necessitas
» barbaris, et mos gentibus, et feris natura ipsa præs-
» cripsit ut omnem semper vim , quacunque ope pos-
» sent a corpore, a capite, avitâ sua propulsarent; non
» potestis hoc facinus improbum judicare, quin simul
» judicetis omnibus qui in latrones inciderint, aut il-
» lorum telis, aut vestris sententiis esse pereundum. »

La règle générale concernant la légitime défense
dans notre Code pénal est posée par l'art. 328.

Il n'y a ni crime ni délit lorsque l'homicide , les
blessures et les coups étaient commandés par la nécessité actuelle de la défense légitime de soi-même ou
d'autrui.

Dans l'article 329, dont nous nous occuperons plus
loin , la loi a étendu ces principes à deux cas particuliers.

Pour que la règle de l'article 328 soit applicable, il
faut trois conditions :

1° L'agression doit être injuste ;

Il n'y aurait pas légitime défense , si après avoir
subi une condamnation à une peine privative de la
liberté, et sur le point d'être arrêté, on commettait un
homicide, on faisait des blessures, on portait des coups
pour s'opposer aux employés de l'autorité publique,
agissant légalement dans les limites de leurs attributions.

2° L'attaque doit être actuelle , faisant courir un
péril imminent.

Le droit de se défendre, n'existe que pendant l'atta-que. Si, lorsqu'elle a cessé , on continue de se défen-dre, il n'y aura plus cas de justification, mais excuse atténuante, conformément aux dispositions de l'arti-cle 321.

3o L'attentat doit être dirigé contre nous-même ou contre autrui.

Les règles qui régissent la légitime défense sont les mêmes, soit que l'auteur de l'homicide ou des blessu-res les ait commis pour sa propre défense, soit qu'il les ait commis pour la défense d'autrui.

La loi naturelle nous impose de secourir nos sem-blables. Donner aide à celui qui est attaqué injuste-ment, est un devoir moral et un droit. Si on légitime la défense propre de la personne sans légitimer celle d'autrui, on sanctifie l'égoïsme, et on proscrit la charité.

On doit avoir le droit de protéger son semblable contre une agression, dit Jérémie Bentham (Traité de législ. civ. et pén.), « c'est un beau mouvement du cœur humain, que cette indignation qui s'allume à l'aspect du fort maltraitant le faible. C'est un beau mouvement, que celui qui nous fait oublier notre dan-ger personnel et courir aux premiers cris de détresse. La loi doit bien se garder d'affaiblir cette généreuse alliance entre le courage et l'humanité. Qu'elle honore plutôt, qu'elle récompense celui qui fait la fonction de magistrat en faveur de l'opprimé. Il importe au salut commun, que tout honnête homme se considère, comme le protecteur naturel de tout autre. »

Nous devons faire observer maintenant que pour

19

établir le droit de légitime défense de nous-même ou d'autrui, nous n'avons pas à examiner la moralité du fait de celui qui attaque. Si le fait émane d'un individu qui était en état d'ivresse ou d'un fou furieux, nous n'en serions pas moins fondé à nous défendre. Il suffit que le fait puisse porter atteinte à la vie.

4° Il faut que la défense soit nécessaire, c'est-à-dire, qu'il n'y ait pas d'autre moyen de repousser l'attaque. Il suffit pour cela, que la nécessité existe dans la pensée de celui qui se défend ; car il faut tenir compte de la perturbation, dans laquelle il a du se trouver. Ce n'est pas, en effet, le danger tel qu'il peut exister aux yeux du juge, qui constitue l'état de légitime défense, c'est le danger, tel qu'il s'est présenté aux yeux de la personne attaquée.

Dans le cas où l'on peut se soustraire au danger par la fuite, peut-on invoquer le droit de légitime défense, si un homicide a été commis ?

Nous n'admettons ni la solution qui a été donnée pour cette question, par les anciens criminalistes, ni la distinction qu'ils ont établie ; nous ne reviendrons pas sur ce point, que nous avons développé dans notre deuxième partie, chapitre de la Légitime Défense. Cette distinction a du reste été repoussée, par les jurisconsultes de notre époque. La fuite peut n'avoir rien de honteux, rien de blâmable, et la personne qui prendra ce parti, au lieu de verser le sang de son semblable, sera digne d'éloges. Mais si pour mettre sa personne en sûreté contre une violente attaque, on se trouve obligé de tuer l'agresseur, on pourra invoquer aux yeux de la loi le moyen de légitime défense, parce qu'elle ne peut imposer l'obligation de fuir.

Il nous reste pour terminer la matière de la légitime défense, à examiner quelques questions délicates et très-importantes.

La femme et le complice surpris en adultère par le mari, ont-ils, aux yeux de la loi, le droit de se défendre, même par le meurtre du mari, lorsqu'il est nécessaire, contre les violences auxquelles celui-ci veut se porter à leur égard, et peuvent-ils bénéficier de la disposition de l'art. 328 ?

Nous estimons qu'ils sont en état de légitime défense : pour résoudre la question, nous devons rechercher, quelle est la nature du droit exercé par le mari. La loi ne lui reconnaît pas, en pareil cas, le droit de se faire justice lui-même, en se portant à des violences; elle ne regarde point son action comme exempte de culpabilité ; elle excuse le mari à cause de son vif ressentiment, mais elle le punit (art. 324, C. p.). Le fait commis par le mari sur la femme et son complice, étant punissable, est donc injuste ; ces derniers, bien que les premiers torts viennent de leur part, ont le droit de résister pour protéger leur existence.

Le mari doit avoir recours aux voies judiciaires, pour obtenir réparation ; en donnant la mort, il excède son droit.

(Contrà, Dalloz, 2e éd., vo. *Crimes et délits contre les personnes,* no 228.)

Que décider, dans le cas où il y a eu excès dans la défense ?

Tout le mal, qu'il sera indispensable de faire à l'agresseur, pour se dégager de l'attaque en sécurité, mais rien de plus, est compris dans la légitime défense. Lorsque l'attaque a été repoussée, le droit de défense expire aussitôt; l'emploi de la force n'est plus nécessaire, puisque le danger a cessé.

Si, lorsque l'agresseur a été désarmé, ou lorsqu'il s'est retiré lui-même, la personne attaquée lui porte des blessures, alors qu'il était hors d'état de nuire, ou le poursuit, lorsqu'il a pris la fuite pour lui donner la mort, les bornes de la légitime défense sont dépassées. La loi autorise la défense, quand elle a pour but de protéger la vie, non d'accomplir une vengeance. Nous estimons que l'homicide ne pourrait être justifié par l'application de l'art. 328 du Code pénal, s'il était commis après le danger passé. Il y aurait excuse atténuante.

Il ne serait point permis de tuer par avance un ennemi, sous prétexte qu'il préparerait une attaque contre notre personne. On ne peut alors que dénoncer le danger au magistrat et préparer ses moyens de défense pour le repousser.

Un fils peut-il se justifier du meurtre de son père, en alléguant qu'il s'est trouvé dans le cas de légitime défense?

Aux termes de l'art. 323 du Code pénal, le parricide n'est jamais excusable; mais pour soutenir que le fils doit être condamné, on ne saurait, dans cette question, invoquer la disposition de cet article. Il ne statue, en effet, que sur les cas où le parricide est coupable;

mais le parricide ne doit pas toujours être considéré
comme coupable : un père, par exemple, attente à la
vie de son fils, de la femme, de la mère, des enfants de
celui-ci, ou même à la vie d'une autre personne. En
pareil cas, la situation du fils est terrible, et il doit
s'efforcer, par tous les moyens possibles, d'éviter à
son père égaré, le crime qu'il va commettre ; mais s'il
ne peut repousser autrement l'attaque dirigée contre
sa vie ou contre celle des personnes, dont nous venons
de parler, nous estimons que l'art. 328, lui permet,
par sa généralité, bien que la nature répugne à lui accorder ce droit, d'immoler l'auteur de ses jours.

Il y a aussi nécessité de légitime défense, et l'article 328 est applicable, lorsqu'une épouse ou un
époux est obligé de défendre sa vie contre les violences
de son époux ou de son épouse.

Il y a légitime défense dans le cas d'homicide commis sur celui qui voudrait attenter avec violence à la
pudeur ; l'honneur est souvent plus cher que la vie, et
dans ce cas, il s'agit d'une injure dont la réparation ne
peut être obtenue plus tard de la justice. L'homicide
n'est plus un crime, lorsqu'il est le seul moyen de sauver la pudeur de l'outrage qui la menace.

Dans le cas de viol ou de tentative de viol, et dans
tous les cas d'attentats violents à la pudeur, l'art. 328
sera applicable, parce que, dans tous ces cas, la nécessité de prévenir une pareille souillure, qui flétrit toute
la vie de la victime, se présente dans toute sa force
et légitime la défense.

Quand il s'agit seulement de la perte des biens, on

ne peut pousser la défense, jusqu'à tuer celui qui veut nous les ravir ; la perte des biens, n'est point comme celle de la vie et de l'honneur, absolument irréparable, et il n'y a aucune proportion entre les biens et la vie de celui à qui on donnerait la mort pour les conserver.

Le sentiment de la propriété, ne peut avoir la même puissance, que l'instinct de la conservation de la vie.

Dans ce cas, en effet, la gravité du mal n'est pas telle, qu'elle puisse justifier l'homicide. Carmignani a réduit avec beaucoup d'exactitude scientifique, le criterium de la gravité du mal, à son irréparabilité (*Teoria delle leggi della Sicurezza sociale*, t. II, p. 239). L'article 328 n'est donc pas applicable dans le cas de défense de biens ; il ne s'applique, qu'aux attaques dirigées contre la vie des personnes. Cependant, nous ferons ici une précision ; l'attentat dirigé contre la propriété peut amener l'application de l'art. 328. Un voleur, par exemple, s'empare d'une chose qui m'appartient, je peux le poursuivre et employer la force pour m'en ressaisir ; si, après que la lutte s'est engagée, il me porte des coups et se livre à des violences contre moi, je me trouverai dans le cas de légitime défense, si je le tue. L'attentat contre la propriété, peut amener quelquefois l'application de l'art. 328.

Il est évident, que dans le cas de l'art. 328, il n'y a pas lieu à des dommages-intérêts en faveur de celui contre qui on a usé de légitime défense, non plus qu'en faveur de ses héritiers, s'il a péri dans la lutte : en effet, puisqu'il n'existe pas de culpabilité pénale, il ne peut y avoir de responsabilité civile.

Il en serait autrement, si les limites de la légitime défense avaient été dépassées. Évidemment, alors, il y aurait lieu à des dommages et intérêts pour le préjudice causé, parce qu'on a dépassé ces limites.

Explication de l'art. 329.

L'art. 329 donne deux exemples d'application du principe contenu dans l'art. 328. Cet article est ainsi conçu :

« Sont compris dans les cas de nécessité actuelle de » défense, les deux cas suivants :

» 1° Si l'homicide a été commis, si les blessures ont » été faites, ou si les coups ont été portés en repous- » sant, pendant la nuit, l'escalade ou l'effraction des » clôtures, murs ou entrée d'une maison ou d'un ap- » partement habité, ou de leurs dépendances;

» 2° Si le fait a eu lieu en se défendant contre les » auteurs de vols ou de pillages exécutés avec vio- » lence. »

Nous allons étudier la portée d'application de ce texte : il est de principe, que le domicile, pendant la nuit, est inviolable (voir art. 76 de la Constitution du 22 frimaire an VIII).

Le législateur a dû considérer, que pendant la nuit le particulier ne pouvant invoquer la protection de l'autorité, pourra se protéger lui-même contre un fait qui révèle des intentions coupables.

Le droit de repousser par la force des armes, les vo- leurs nocturnes se trouve consacré, comme nous l'avons vu dans notre introduction, et les deux premières parties de notre sujet, par toutes les législations anciennes.

Le véritable motif du premier cas de l'art. 329, est que le maître de la maison, incertain des intentions de l'assaillant, doit craindre qu'il se propose, non seulement de voler, mais encore de se porter à des violences, et dès lors, il doit se croire en état de légitime défense.

Le second cas de l'art. 329, est celui de la défense contre les auteurs de vols ou de pillages exécutés avec violence ; dans cette seconde hypothèse, le législateur a eu pour but d'indiquer les espèces de vols qui pourraient constituer, suivant lui, la légitimité de la défense, laquelle est la conséquence des violences commises, et c'est de ces violences que découle la légitimité de l'homicide, Il est donc évident que si, dans ces deux exemples, la loi déclare l'homicide légitime, c'est uniquement à raison du péril, qui semble menacer la vie de la personne.

Ces deux espèces ne sont pas restrictives et ne détruisent en rien la généralité de la règle. Elles sont consignées dans la loi, pour avertir que si elle consent à regarder comme légitime l'action qui a pour but de repousser la mort dont nous sommes menacés, elle réduit l'usage de ce droit, au seul cas où l'impérieuse nécessité nous en ferait un devoir.

Nous pouvons donc conclure, que dans les deux cas contenus dans l'art. 329 , la légitime défense est soumise aux mêmes règles, que dans toutes les autres hypothèses que la loi n'a pas spécialement prévues, et qu'elle a laissées à l'appréciation du juge. Il faudra donc, d'après les principes, que nous avons posés, pour que l'homicide soit légitime, soit dans le cas d'une attaque de nuit contre une maison habitée, soit dans le cas d'un vol commis avec violence, que la vie des personnes ait été mise en péril, par suite des actes accomplis ou commencés, que l'attaque soit commise illégalement, et que les actes de la défense ne dépassent pas les limites d'une nécessité actuelle.

CHAPITRE II.

ORDRE DE LA LOI. — COMMANDEMENT DE L'AUTORITÉ LÉGITIME.

Lorsque la loi sociale ordonne un acte, elle ne peut, d'après la raison pure, frapper celui qui l'a commis.

Peu importe, que le fait commandé offre un caractère répréhensible, si on le considère isolément, il n'y aura pas de culpabilité de la part de l'auteur. L'ordre de la loi crée en faveur de l'agent, un cas de justification : ici, en effet, l'intérêt social loin de demander un châtiment public, exige qu'il n'y en ait pas, sous peine de détruire dans le gouvernement des hommes, toute sécurité en la loi.

Il n'y a ni crime, ni délit, dit l'art. 327 de notre Code pénal, lorsque l'homicide, les blessures et les coups étaient ordonnés par la loi, et commandés par l'autorité légitime.

L'article 327 exige deux conditions, pour qu'il n'y ait ni crime, ni délit : 1° Que l'homicide, les blessures et les coups aient été ordonnés par la loi ;

2° Qu'ils aient été commandés par l'autorité légitime.

Ainsi, lorsqu'une condamnation capitale passée en force de chose jugée, est mise à exécution, l'exécuteur des hautes œuvres est complètement justifié. Toutefois, si l'exécution avait lieu sans un ordre du ministère public, il y aurait homicide punissable.

Lorsque dans un attroupement, et après les sommations prescrites, la force des armes est employée contre les séditieux, il y a cas de justification.

La commission du Corps législatif avait proposé de disjoindre les deux conditions dont le concours est exigé par l'art. 327, en remplaçant la copulative *et* par la disjonctive *ou*, de telle sorte qu'une seule de ces conditions aurait suffi , mais le conseil d'Etat, comme le constate le procès-verbal de la séance du Conseil d'Etat du 18 janvier 1810 (Locré, t. 30, p. 463), maintint la rédaction, qui venait du Code pénal de 1791. En cumulant ces deux conditions, portaient les observations de la Commission du 29 décembre 1809 (Locré, t. 30, p. 454), il pourrait se présenter des occasions où la loi ordonne, mais où l'autorité n'est pas là, au même·instant, pour donner un ordre d'exécution.

Ainsi, un gendarme qui conduit un prisonnier, est

attaqué par des hommes, qui veulent lui enlever le détenu. Il se défend, et tue un des assaillants. Il y est
autorisé par la loi, mais aucun de ses supérieurs n'est
avec lui pour ordonner de faire feu. D'un autre côté,
un inférieur, sous les armes, peut recevoir de son chef
l'ordre de faire tel acte qui n'est pas prévu ou autorisé
par la loi ; il paraît donc qu'il conviendrait de n'exiger qu'une des conditions, et de mettre le mot *ou* au
lieu du mot *et*.

Les observations présentées par la commission du
corps législatif reposaient sur une véritable confusion :
le gendarme, dans l'espèce proposée n'aurait besoin
d'aucun commandement de son supérieur ; en effet,
l'agent qui est forcé d'agir pour l'exécution de sa mission légale, devient et demeure seul responsable de
l'usage qu'il peut faire de la force. Ce que la loi a
voulu, c'est qu'il y eut un agent responsable des violences par elle autorisées ; or, cet agent est celui qui
en les commandant, en a pris la responsabilité, ou celui qui, séparé de ses supérieurs et isolé dans l'exercice de ses fonctions, a dû apprécier lui-même leur
nécessité et les exercer sans attendre aucun ordre.

Il nous reste à dire quelques mots du décret du
1er mars 1854, sur l'organisation et le service de la gen-
darmerie.

Aux termes de l'article 297 de ce décret, les sous-
officiers, brigadiers et gendarmes peuvent, dans
deux cas, user de la force des armes, en l'absence de
l'autorité judiciaire et administrative. En premier lieu,
ils ont le droit de se servir de leurs armes, lorsque des

violences ou des voies de fait sont exercées contre eux ;
en second lieu, ils ont le même droit, lorsqu'ils ne
peuvent défendre autrement le terrain qu'ils occupent,
les postes ou les personnes qui leur sont confiés, ou enfin lorsque la résistance, qui leur est opposée est telle
qu'elle ne puisse être vaincue, que par la force des
armes.

*Cas dans lesquels il s'agit de l'obéissance d'un infé-
rieur vis-à-vis un supérieur. Obéissance hiérarchique.*
— La loi ne peut pas fonctionner par sa seule vertu :
elle a besoin d'aides nombreux, se mouvant chacun
dans une sphère d'attributions déterminées. Cette
masse de fonctionnaires est nécessairement com-
posée de chefs et de subalternes : ceux-ci sont soumis à la direction des premiers et leur doivent obéissance.

Nous allons d'abord étudier l'obéissance hiérarchique,
par rapport aux fonctionnaires de l'ordre civil.

Lorsqu'un homme investi d'une fonction publique,
donne à son subordonné l'ordre d'exécuter un acte,
qu'il était dans ses attributions de commander, le subordonné n'en est pas responsable. Mais il faut remarquer, que l'obéissance n'est due au supérieur que dans
la sphère de ses pouvoirs : l'inférieur n'est donc pas
dispensé de toute vérification ; il a pour droit et
pour devoir d'examiner, si l'ordre de son chef se
rattache à ses fonctions légales et fait partie de leur
exercice.

Lorsqu'un subalterne obéit à un ordre injuste , que

son supérieur n'avait pas le droit de lui donner, y a-t-il cas de justification ?

Nous estimons, qu'il faut résoudre cette question en faisant une distinction : s'il est prouvé que le subordonné a exécuté l'ordre illicite, en connaissant l'injustice, il ne sera pas justifié ; si, au contraire, on ne peut prouver, qu'il avait conscience de violer la loi, en accomplissant l'ordre de son supérieur, la présomption est en sa faveur; on ne pourra lui infliger aucune peine.

Cette présomption, est celle de la bonne foi dans laquelle se trouve le subordonné en exécutant l'ordre de son supérieur. Elle doit d'autant plus lui être favorable, que le devoir d'obéissance lui est formellement imposé, comme règle générale sous menace de blâme ou de peines disciplinaires.

Nous allons maintenant nous occuper de l'obéissance hiérarchique, par rapport aux fonctionnaires de l'ordre militaire.

Les conséquences du refus d'obéir, ne sont pas les mêmes pour les fonctionnaires civils, que pour les militaires.

Le délit du militaire résistant à son supérieur, peut avoir des conséquences graves et terribles ; il est beaucoup plus grave que du celui fonctionnaire civil. Aussi les codes de l'armée de terre et de l'armée de mer contiennent-ils des dispositions sévères pour le refus d'obéissance (art. 118, C. J. M. ; art. 294, C. P.) pour l'armé de mer. Ces dispositions assurent l'accomplissement du devoir d'obéissance. Les exigences de la dis-

cipline militaire, veulent une obéissance passive ; le
militaire n'a pas à apprécier la légitimité et l'oppor-
tunité de l'acte qui lui est ordonné. Il ne doit pas
raisonner , il doit accomplir le fait qui lui est commandé par son chef, parce que sa mission est toute
d'abnégation et d'obéissance. Aussi certains écrivains
partisans de la doctrine de l'obéissance passive, que
nous considérons comme trop absolue pour être vraie,
déclarent-ils le militaire sous les armes non responsable de ses actions.

L'obéissance hiérarchique est l'un des principes fondamentaux de l'ordre social ; elle suppose la légitimité
de l'ordre et du commandement, et couvre les agents
qui l'ont exécuté Cependant, il est des cas où, d'après
nous, le soldat ne pourra être justifié, s'il accomplit un
fait illicite, qui ne se rattache pas au service militaire
et dont la criminalité est tellement évidente, qu'elle ne
peut lui échapper.

On ne peut pas dire, en effet, que le militaire n'est
qu'un instrument matériel, qu'il doit abdiquer sa conscience et être considéré comme privé de discernement
lorsqu'il reçoit un ordre lui commandant une entreprise criminelle ou un acte immoral. De même qu'il ne
doit obéir qu'aux chefs, sous les ordres desquels il est
placé et ne doit obéissance, qu'autant que les ordres
de ces chefs sont pris dans les limites de leur autorité,
de même il ne doit pas accomplir l'acte qui lui est ordonné, lorsque la criminalité de cet acte est manifeste,
et qu'il n'a pu le croire légitime.

Si, par exemple, un chef donne à un militaire qui

l'exécute l'ordre de s'introduire dans une habitation et d'y commettre un rapt, d'incendier une maison, de faire feu sur une personne qui est son ennemie, il ne sera point justifié par l'ordre qu'il a reçu. Dégager dans de pareils cas l'inférieur de la responsabilité, ce serait assurer l'impunité à l'un des coupables et favoriser la perpétration des crimes.

TITRE III.

EXCUSES ABSOLUTOIRES.

CHAPITRE PREMIER.

ABANDON DE L'INFRACTION.

§ I. — ART. 100.

Lorsqu'il s'agit de crimes tendant à troubler l'Etat par la guerre civile, l'illégal emploi de la force armée, la dévastation et le pillage publics, comment traiter les citoyens qui composaient les bandes séditieuses? La peine de la sédition, sera sans inconvénient remise à ceux qui se seront retirés au premier avertissement de l'autorité publique, dit l'exposé des motifs. Ici la politique s'allie à la justice, car s'il convient de punir les séditieux, il n'importe pas moins de dissoudre les séditions.

L'art. 100 du Code pénal est ainsi conçu : « Il ne » sera prononcé aucune peine, pour le fait de sédition,

» contre ceux qui , ayant fait partie de ces bandes
» sans y exercer aucun commandement et sans y
» remplir aucun emploi ni fonctions, se seront retirés
» au premier avertissement des autorités civiles ou
» militaires, ou même depuis, lorsqu'ils n'auront été
» saisis, que hors des lieux de la réunion séditieuse,
» sans opposer de résistance, et sans armes. Ils ne se-
» ront punis, dans ces cas, que des crimes particu-
» liers qu'ils auraient personnellement commis ; et
» néanmoins ils pourront être renvoyés pour cinq
» ans, ou au plus jusqu'à dix ans, sous la surveillance
» spéciale de la haute police. » L'art. 100 contient
une excuse : ainsi l'a décidé la Cour de cassation par
un arrêt du 5 octobre 1833. L'arrêt visait les art. 339
(inst. crim.), 65 et 100 (C. p.). C'était reconnaître
que les faits énoncés dans l'art. 100 pouvaient servir
de base à une excuse. Cet arrêt de la Cour de cassation est conforme aux principes. La loi fait remise des
peines de la sédition, c'est incontestable. Néanmoins
l'imputabilité subsiste; quand la loi n'ajouterait rien,
le fait de s'être mêlé aux bandes séditieuses serait encore répréhensible à ses yeux ; mais elle donne au juge
le pouvoir de renvoyer le coupable sous la surveillance
de la haute police. Le doute n'est pas possible.

Nous devons ajouter que, d'après nous, malgré les
derniers mots de l'art. 100, l'excuse que contient cet
article est une excuse absolutoire. Le premier paragraphe de cet article dit en effet : « *il ne sera prononcé aucune peine.* » Dans le second paragraphe, le
législateur laisse au juge la faculté de renvoyer les

accusés sous la surveillance de la haute police ; c'est
une mesure qu'il pourra prendre ou rejeter, à son
choix ; mais on ne saurait voir là une atténuation de
la peine de mort, de la peine de la déportation et
de celle des travaux forcés à temps, édictées par les
art. 97, 98 et 99.

Cette excuse est fondée sur un motif d'utilité sociale. La loi, désireuse de voir la fin du tumulte, promet l'impunité à ceux qui se disperseront au plus
vite.

Trois conditions sont nécessaires, pour l'application
de l'art. 100. La première, c'est que les personnes qui
ont fait partie de la bande se soient retirées au premier avertissement des autorités civiles ou militaires,
ou même depuis. La deuxième, est que les rebelles
aient été saisis hors des lieux de la réunion séditieuse,
sans opposer de résistance et sans armes. La troisième,
c'est qu'ils n'aient exercé aucun commandement ou
rempli aucune fonction dans ces bandes armées.

§ II. — Art. 213.

Art. 213. « En cas de rébellion avec bande ou attrou-
» pement, l'art. 100 du Code pénal sera applicable aux
» rebelles sans fonctions, ni emplois dans la bande,
» qui se seront retirés au premier avertissement de
» l'autorité publique, ou même depuis, s'ils n'ont été
» saisis que hors du lieu de la rébellion, et sans nou-
» velle résistance et sans armes. »

Il n'y a pas une redite dans cet article. Il s'agit ici

de la rébellion proprement dite, c'est-à-dire d'une résistance avec force et violence commise envers les représentants de l'autorité publique, agissant pour l'exécution des lois. Quand il y a rébellion avec bande ou attroupement, l'art. 100 du Code pénal est encore applicable.

D'après MM. Chauveau et Faustin-Hélie, « le législateur n'a eu en vue que les réunions de plus de vingt personnes qui peuvent être soumises à une sorte d'organisation, puisqu'il les qualifie, non plus de simples réunions, mais de bande ou d'attroupement, et qu'il y suppose des fonctions et des emplois. » Est-ce bien exact ? Le mot attroupement ne se réfère-t-il pas précisément à la réunion armée dont il est parlé dans l'art. 211 ? L'article 213 ne suppose pas qu'il doive y avoir nécessairement des chefs, des fonctionnaires dans la bande ; il excepte les chefs de bandes, dans le cas où ces réunions seraient ainsi constituées. D'ailleurs ne peut-il pas y avoir des fonctions et des emplois dans une bande de moins de vingt personnes ?

Il est encore question d'abandon de l'infraction dans la loi des 7-9 juin 1848 sur les attroupements, en harmonie avec la législation du Code de 1810. L'agent est exempt de la peine encourue pour rassemblement armé (art. 4, § 3), ou simple (art. 5).

CHAPITRE II.

SECOURS A LA JUSTICE.

§ I. —Art. 108.

L'art. 108 promet une impunité complète ou tout au moins relative aux auteurs de complots ou crimes attentatoires à la sûreté intérieure ou extérieure de l'État, dans certains cas spécialement déterminés. Il prévoit deux cas bien distincts : 1º la dénonciation « des complots ou crimes et de leurs auteurs ou complices » faite au gouvernement ou aux autorités administratives ou de police judiciaire. Comme on le voit, le champ est vaste pour les renseignements à fournir : il faut seulement que l'agent soit le premier à les donner, avant le commencement de toutes poursuites ; 2º L'arrestation desdits auteurs ou complices, même depuis le commencement des poursuites.

L'art. 108 est ainsi conçu : « Seront exemptés des peines prononcées contre les auteurs des complots ou autres crimes attentatoires à la sûreté intérieure ou extérieure de l'État, ceux des coupables qui, avant toute exécution ou tentative de ces complots ou de ces crimes, et avant toutes poursuites commencées, auront les premiers donné au gouvernement ou aux autorités administratives ou de police judiciaire, connaissance de ces complots ou crimes et de leurs auteurs ou complices, ou qui, même depuis le commencement des poursuites, auront procuré l'arrestation desdits auteurs ou complices. Les coupables qui auront donné ces connaissances ou procuré ces arrestations, pourront néanmoins être condamnés à rester sous la surveillance de la haute police pour une durée qui ne pourra excéder vingt années (loi du 23 janvier 1874).

Le Code pénal de 1810, avait introduit tout un nouveau système de pénalité contre la non révélation des crimes de l'Etat : « La morale humaine, écrivait Diderot, ne peut admettre au rang de ses vertus la fidélité des scélérats entre eux pour troubler l'ordre et violer les lois avec plus de sécurité. » Mais fallait-il aller jusqu'à punir le simple fait de non révélation ? Les Chambres ne le pensèrent pas en 1832 ; elles rayèrent de nos lois, les art. 103 à 107 du Code pénal. Elles firent en même temps disparaître les cas d'excuse absolutoire prévus par l'ancien Code.

§ II. — Art. 138.

Pour prévenir, ou tout au moins réparer le plus tôt possible les conséquences fâcheuses, que peut entraîner la contrefaçon des pièces de monnaie ayant cours légal en France, le législateur a édicté l'art. 138 dont voici la teneur : « Les personnes coupables des crimes mentionnés à l'art. 132, seront exemptes de peines, si, avant la consommation de ces crimes, et avant toutes poursuites, elles en ont donné connaissance et révélé les auteurs aux autorités constituées, ou si, même après les poursuites commencées, elles ont procuré l'arresta-

tion des autres coupables. Elles pourront néanmoins
être mises sous la surveillance de la haute police, pour
une durée qui ne pourra excéder vingt années. (Loi du
23 janvier 1874).

Ainsi, les personnes coupables de fabrication, ou d'altération des monnaies françaises et étrangères, ou d'exposition et d'émission en France, les complices de ses
crimes, seront exempts des crimes, dans une double situation, mais avec des conditions qui varient avec ces
situations.

Ces coupables sont exempts de peines, si avant la
consommation des crimes, et avant toutes poursuites, ils en donnent connaissance et en révèlent les
auteurs. Ici peu importe, que les auteurs soient ensuite arrêtés, que leur outillage soit saisi, ou qu'ils se
soustraient aux recherches des autorités. L'exemption
de peine est acquise aux dénonciateurs, pourvu que
leurs révélations aient été faites, d'une part avant la
consommation du crime et d'autre part, avant toutes
poursuites.

Les poursuites commencées, les coupables et complices sont exempts de peines à une condition plus difficile : celle d'avoir procuré l'arrestation d'autres coupables. Ici peu importe, que la révélation précède, ou
qu'elle suive seulement la consommation du crime.
Pourvu que les indications aient procuré l'arrestation
des autres coupables, l'exemption de peine est acquise.
Il faut donc, que les poursuites commencées au préala-
ble, les renseignements recueillis jusqu'alors par l'instruction n'aient pas été suffisants pour procurer cette

arrestation. Car autrement la révélation n'aurait été d'aucune utilité, et ne pourrait être récompensée puisque d'une part, elle n'aurait pas empêché la consommation du crime et que, d'autre part, elle n'aurait pas procuré l'arrestation du coupable.

Les deux dispositions de l'art. 138, constituent des excuses légales. Ainsi les coupables dont il s'agit, doivent être, malgré leurs révélations, compris dans l'instruction, et mis en jugement. Seulement leurs révélations feront l'objet d'une question posée au jury dans les termes de notre article. Cassation 17 août 1820 ; 28 juin 1839. Canal, Bulletin criminel.

Une fois la question d'excuse résolue par le jury dans un sens favorable aux accusés, ils sont déclarés absous, mais ils peuvent être mis sous la surveillance spéciale de la haute police pour une durée, qui ne pourra excéder vingt années. (Loi du 23 janvier 1874).

§ III. — Art. 144.

Les dispositions de l'art. 138, sont applicables aux crimes mentionnés dans l'art. 139 (art. 144, C. p.), or l'article 139, punit des travaux forcés à perpétuité.

« Ceux qui auront contrefait le sceau de l'Etat, ou fait usage du sceau contrefait ; ceux qui auront contrefait ou falsifié, soit des effets émis par le trésor public avec son timbre, soit des billets de banque autorisés par la loi, ou qui auront fait usage de ces effets et billets contrefaits ou falsifiés, ou qui les auront introduits

dans l'enceinte du territoire français, (art. 139, C. p.):
donc les personnes désignées ci-dessus, pourront bénéficier de l'excuse absolutoire ou atténuante de l'article 138. »

CHAPITRE III.

RÉPARATION DU MAL.

Art. 247.

La réparation plus ou moins complète du préjudice
causé par l'infraction, amène quelquefois la création
d'une excuse légale d'utilité sociale, dans notre loi criminelle.

Les peines d'emprisonnement établies dans les articles 237, 238 et suiv., dit l'art. 247, contre les conducteurs ou les gardiens, en cas de négligence seulement, cesseront lorsque les évadés seront repris ou
représentés, pourvu que ce soit dans les quatre mois
de l'évasion, et qu'ils ne soient pas arrêtés pour d'autres crimes ou délits commis postérieurement.

En cas d'évasion de détenus, par suite de la négligence des conducteurs ou gardiens, ces derniers peuvent être mis à l'abri de la peine de l'emprisonnement
encourue dans l'espèce (238, 239), mais il faut pour
cela trois conditions :

1° Les conducteurs ou gardiens doivent être seulement coupables de négligence. La négligence, en effet,
peut être réparée. Elle peut l'être si promptement que

la société n'ait plus intérêt à la punir. Bien plus, la
la société peut avoir un intérêt manifeste à presser cette
réparation. De là l'exemption ou plutôt la cessation de
la peine.

2° Les fugitifs doivent être repris ou représentés
dans les quatre mois de l'évasion. La loi veut que le
gardien se hâte, qu'il dirige ou fasse diriger les recherches avec célérité. Le gardien négligent doit du
fond même de sa prison, s'il est détenu lui-même, tout
mettre en œuvre pour faire arrêter les évadés aux premiers moments de leur fuite.

3° Il faut que les fugitifs ne soient pas arrêtés pour
d'autres crimes ou délits commis postérieurement.
C'est toujours l'intérêt social qui parle. Ces nouveaux
délits sont, en fait, la suite indirecte de l'infraction du
gardien insouciant. La loi en fait remonter jusqu'à lui
la responsabilité en maintenant la peine, même après
l'évasion réparée. En effet, le moment serait mal choisi
pour donner au coupable dans une vue d'intérêt social,
le bénéfice d'une excuse absolutoire : la société sent
déjà les conséquences de cette faute.

CHAPITRE IV.

PARENTÉ. ALLIANCE.

Il est des cas, où le législateur ne frappe pas le coupable, parce que l'utilité sociale ne réclame pas de répression. Le législateur doit pardonner et oublier la

perversité de l'agent, en s'appuyant sur des considérations de l'ordre le plus élevé.

Lorsqu'il se trouvera en présence de la parenté et de l'alliance, il n'infligera aucune peine, parce que l'infraction à réprimer est due à un sentiment, qu'on ne peut bannir du cœur de l'homme, le désir de sauvegarder l'honneur des siens. Un des buts de la peine, c'est l'intimidation : la société redoute le danger de l'imitation, par l'entraînement du mauvais exemple. Ici comment atteindre ce but ? Quelle loi répressive empêchera le fils de sauver la vie ou la liberté de son père. La menace serait impuissante. Il fera encore grâce pour ne pas violer le sanctuaire de la famille, et faire naître la discorde entre des personnes rattachées par des liens, qu'il serait dangereux pour la société de voir rompus ou relâchés.

Nous allons maintenant passer en revue dans trois paragraphes, les cas d'excuse absolutoire de notre Code pénal, reposant sur la parenté et l'alliance.

§ I. — Art. 248.

« Art. 248. — Ceux qui auront recélé ou fait recé
» ler des personnes qu'ils savaient avoir commis des
» crimes emportant peine afflictive, seront punis de
» trois mois d'emprisonnement au moins, et de deux
» ans au plus. Sont exemptés de la présente disposi
» tion les ascendants ou descendants, époux ou épouse
» même divorcés, frères ou sœurs des criminels recé
» lés, ou leurs alliés au même degré. »

Les personnes énumérées dans le second alinéa de l'art. 248 sont protégées par la création d'une excuse d'utilité sociale.

§ II. — ART. 380.

L'article 380, nous fournit une application de l'excuse reposant sur la parenté ou l'alliance.

Il est ainsi conçu : « Les soustractions commises par des maris au préjudice de leurs femmes, par des femmes au préjudice de leurs maris, par un veuf ou une veuve, quant aux choses qui avaient appartenu à l'époux décédé, par des enfants ou autres descendants au préjudice de leurs pères ou mères, ou autres ascendants, par des pères et mères ou autres ascendants au préjudice de leurs enfants ou autres descendants, ou par des alliés au même degré, ne pourront donner lieu qu'à des réparations civiles.

A l'égard de tous autres individus qui auraient recélé ou appliqué à leur profit tout ou partie des objets volés, ils seront punis comme coupables de vol. »

Dans ce cas, l'imputabilité subsiste, mais l'intérêt social empêche l'application de la peine : « Les rapports entre ces personnes, dit l'Exposé des motifs, sont trop intimes pour qu'il convienne à l'occasion d'intérêts pécuniaires de charger le ministère public de scruter les secrets de famille.

La pénalité ordinaire sera donc écartée ; le parent ou allié victime de la soustraction pourra rentrer en pos-

session de l'objet soustrait, sans avoir le regret d'attirer sur la tête du coupable, une condamnation déshonorante. On ne peut qu'admirer la sagesse de cette
disposition.

L'article 380 a donné lieu à quelques difficultés d'application : on s'est demandé, question d'une haute
importance, si la soustraction commise entre parents
peut devenir une circonstance aggravante d'un autre
crime.

D'après nous, la soustraction commise entre parents
conserve le caractère d'un vol, bien que la loi l'ait couverte d'un voile, et nous estimons qu'elle doit être
considérée comme circonstance aggravante d'un autre
crime.

Que décider dans ce cas, par rapport aux complices
et aux coauteurs? Cette question, il faut l'avouer, est
très-délicate et a fait naître de vives discussions; cependant, si on ne s'écarte pas des principes, on peut
assez facilement la résoudre.

L'article 380 ne punissant que ceux qui auraient
recélé ou appliqué à leur profit les objets volés, il en
résulte que rien en matière de criminalité ne devant
être étendu, celui qui aurait sciemment aidé dans le
sens de l'article 60, ne pourrait être puni comme
complice de la soustraction commise par l'une des personnes désignées dans l'article 380.

Quant à ceux qui ont coopéré à l'action, au fait
même de la soustraction commise par une des personnes désignées au § 1er de l'article 380, s'ils peuvent
par cette coopération être réputés coauteurs, la solu-

tion n'est plus la même ; ils ne jouissent plus de l'immunité ; ils sont considérés comme auteurs principaux indépendants de leur coauteur.

Enfin, les complices d'une soustraction ainsi commise par deux ou plusieurs personnes sont considérés exclusivement comme complices de celle de ces personnes qui n'est ni époux, ni parent, ni allié, et qui, par conséquent, ne participe d'aucune immunité ; ils rentrent dans le droit commun et sont passibles des peines applicables au vol.

§ III. — ART 336.

Article 336. « L'adultère de la femme ne pourra être dénoncé que par le mari. Cette faculté même cessera s'il est dans le cas prévu par l'article 339. »

On ne peut qu'approuver une pareille décision ; il vaut souvent mieux fermer les yeux sur une faute grave, que jeter la honte et la division dans une famille, par le triste éclat d'un procès scandaleux.

D'après MM. Chauveau et F. Hélie, ce n'est pas là un cas d'excuse. Mais l'adultère du mari a-t-il été sans influence sur l'adultère de la femme ? Celle-ci, voyant son conjoint violer sa foi, n'a-t-elle pas été par là même encouragée à l'oubli de ses devoirs ?

D'après nous, une double idée a dicté le second paragraphe de l'article 336. Le mari s'est rendu indigne de poursuivre le châtiment de l'adultère ; la loi s'abstient de frapper cette femme sacrifiée à une concubine et poussée à bout par cet outrage.

L'excuse absolutoire se résume en une fin de non recevoir, par ce motif tout particulier que, dans l'espèce, le mari a seul qualité, pour mettre en mouvement l'action publique.

Par la disposition de l'article 336, le législateur a voulu enlever le droit de poursuite au mari devenu indigne de l'exercer. Dans l'espèce, l'action publique est éteinte, puisqu'elle ne peut être mise en mouvement que par le mari, et que celui-ci n'est plus fondé à porter plainte.

La question ne soulève point de difficulté, lorsque le mari a été condamné avant qu'il ne dénonce l'infidélité de sa femme ; mais il peut arriver qu'il fasse sa dénonciation *pendente lite*, ou bien avant qu'il n'ait été mis en cause, quoique son infraction soit antérieure à celle de la femme.

Si la dénonciation par lui faite, a lieu *pendente lite*, il faudra attendre la sentence, pour savoir s'il est ou non privé de la faculté, que lui confère la loi.

Si elle a lieu, avant qu'il n'ait été mis en cause, la femme pourra exciper de la faute du mari, et soulever ainsi une question préjudicielle, dont la solution éteindra ou confirmera l'action publique exercée contre la femme sur la plainte du mari.

Lorsque la conduite de l'épouse infidèle est protégée par une des excuses que nous venons d'examiner, le bénéfice de cette excuse peut-il être étendu à son complice ?

Comme l'a décidé la Cour de cassation dans un arrêt du 28 juin, 1829, la cause de l'épouse infidèle et de

son complice sont indivisibles. En effet , pour établir la complicité, il faut établir l'existence de l'infraction; or, comment établir celle-ci sans mettre en cause son auteur ? (art. 336, 339).

Le silence du mari, dans le premier cas de l'article 336, son inconduite dans le second, empêchent l'action publique de naître ; le complice de la femme doit être à l'abri de toute poursuite.

CHAPITRE V.

CAS DE L'ARTICLE 357.

Article 357. — « Dans le cas où le ravisseur aurait » épousé la fille qu'il a enlevée, il ne pourra être pour- » suivi que sur la plainte des personnes qui, d'après » le Code civil, ont le droit de demander la nullité du » mariage, ni condamné qu'après que la nullité du » mariage aura été prononcée. »

Il s'agit du crime de rapt : l'enlèvement a été suivi de mariage. S'il a été célébré régulièrement , si le consentement des conjoints est libre, si les personnes dont le consentement est requis l'ont donné , si toutes les conditions de fonds et de forme ont été rigoureuse- ment observées , le ravisseur sera à l'abri de toute peine. Que désire le législateur ? Le maintien et la bonne harmonie de la société conjugale, qui vient de se former. La peine qui serait prononcée contre le coupa- ble, disait très-bien l'orateur du Gouvernement, re- jaillirait sur la personne dont il a abusé, et qui, vic-

time innocente de la faute de son époux, serait réduite
à partager sa honte.

Il importe donc, dans ce cas, au respect dû à la
paix du ménage et à l'avenir de la famille qui peut
naître des deux époux, que des poursuites ne soient
pas exercées contre le ravisseur.

Ce mariage est-il annulable ? L'intérêt social se dé-
place. Le législateur ne voit plus du même œil cette
société fragile, qui peut s'écrouler au souffle des volon-
tés individuelles.

La nullité du mariage est demandée ; l'exercice de
l'action publique peut-il avoir lieu ?

MM. Chauveau et Faustin Hélie prétendent que l'article 357 autorise l'exercice de l'action publique, quand
la nullité du mariage est simplement demandée, auquel cas le ministère public a le droit de poursuivre,
sur la plainte des demandeurs.

Nous n'admettons pas ce système. On lit, en effet,
dans l'exposé des motifs du Code : « Il ne suffit pas,
» pour que l'époux puisse être poursuivi criminelle-
» ment, que la nullité du mariage ait été demandée ;
» il faut encore qu'en effet le mariage soit déclaré
» nul. » Rien de plus formel.

Quand le ravisseur peut-il être condamné ? Lorsque
la nullité du mariage aura été prononcée, dit la loi ;
mais alors quand pourra-t-il être poursuivi ? Sur la
plainte de certaines personnes. Nous repoussons encore
la théorie de MM. Chauveau et Hélie, qui pensent que
si l'art. 357 subordonne la poursuite à la plainte,
c'est qu'il suppose l'existence du mariage, mais que

cette exception s'efface à la dissolution du mariage.

Le texte ne confond pas la plainte et l'action en nullité. Lorsque la nullité du mariage a été prononcée, le ravisseur ne pourra être poursuivi, que sur la plainte des personnes dont nous avons parlé, tandis que s'il n'y avait pas eu mariage, l'action publique aurait pu être intentée dans les conditions ordinaires. Ici le législateur a voulu, autant que possible, sauvegarder la réputation de la malheureuse victime de l'enlèvement, parce qu'il a sans doute pensé, que les parties intéressées redoutaient, même après avoir intenté l'action en nullité, même après avoir obtenu l'annulation, le scandaleux éclat d'un procès criminel.

L'exception introduite en faveur du ravisseur, doit être étendue au complice, car la loi a voulu ici déroger aux règles ordinaires de la complicité, et a désiré avant tout étouffer le scandale.

CHAPITRE VI.

ORDRE D'UN SUPÉRIEUR.

ART. 114. 190.

Il est des circonstances, où l'ordre d'un supérieur suffit pour exonérer complètement l'agent.

Elles sont indiquées dans deux articles de notre Code pénal :

L'art. 114, concernant les fonctionnaires du gouvernement qui auraient ordonné ou fait quelque acte arbitraire, ou attentatoire, soit à la liberté individuelle, soit aux droits civiques d'un ou de plusieurs citoyens, décide, dans son § 2, que l'agent qui justifie avoir agi par ordre de ses supérieurs, pour les objets de leur ressort, sur lesquels il leur était dû obéissance hiérarchique, doit être exempt de la peine appliquée dans ce cas seulement aux supérieurs desquels l'ordre émane.

L'art. 190, relatif aux fonctionnaires du gouvernement qui auraient requis ou ordonné l'emploi, ou l'action de la force publique, contre l'exécution d'une loi, ou contre la perception d'une contribution légale, ou contre l'exécution d'un ordre émané de l'autorité légitime, dispose que des peines édictées pour ces crimes ne peuvent être applicables aux fonctionnaires qui ont agi par ordre de leurs supérieurs, donné pour des objets de leur ressort, et sur lesquels ils leur devaient obéissance hiérarchique. Dans ce cas, les peines ne doivent atteindre que les supérieurs coupables d'avoir donné l'ordre.

Comme on le voit, la loi ne déclare point, qu'alors il y a absence de crime, ce qu'elle fait dans l'art. 327 ; elle exempte seulement de la peine.

TITRE IV.

EXCUSES ATTÉNUANTES.

CHAPITRE PREMIER.

AGE.

La question d'âge a, en matière pénale, une importance trop considérable, pour que nous ne la traitions
pas au point de vue de la science rationnelle, avant
d'en aborder l'étude au point de vue de la science positive et de la jurisprudence.

Si l'homme vient au monde avec des facultés intellectuelles et morales, ces facultés ne se développent
que peu à peu, insensiblement pour ainsi dire. La raison participe de la longue faiblesse du corps ; elle n'atteint pas d'un seul bond toute sa puissance ; sa marche
est lente et progressive.

Sans volonté, sans discernement à son entrée dans
la vie, l'homme n'est pas encore responsable de ses
actions ; il ne peut en apprécier la valeur morale et
en saisir la portée et les suites, parce que son intelligence et sa liberté, ne sont pas encore complètement
éveillées.

Si on n'avait qu'à déterminer l'influence de l'âge
sur les conditions de l'imputabilité et de la culpabilité,
suivant la science rationnelle, il serait facile d'établir
la règle scientifique : lorsque l'enfant a agi, manquant

de la liberté et de la raison morale, il y a non imputabilité; lorsqu'il a agi dans l'exercice de ces deux
facultés , sans que néanmoins sa raison fut parvenue encore à son entière maturité, il y a culpabilié
moindre.

Il faut reconnaître qu'il est difficile, de faire l'application de cette règle en droit positif.

En fait, il est impossible de fixer d'une manière certaine l'époque précise où la lumière intellectuelle se
produit, pour que l'intelligence puisse peser les conséquences de nos actions et la conscience en juger
la moralité. Les décisions diverses des législateurs sur
ce point en sont une preuve convaincante.

Comment donc déterminer l'âge, qui sert de point
de départ à la responsalité pénale?

Ce n'est que par induction, qu'on peut arriver à reconnaître le développement de la raison dans l'enfant:
c'est par la comparaison des discours, des actes de
l'enfant, avec nos discours et nos actes, que nous ju-
gerons s'il comprend le mal, s'il discerne le bien. Mais
combien nos jugements, en pareil cas, pourront être
erronés; pour apprécier la moralité d'un enfant, il
faut distinguer entre le développement du sens moral
et celui de l'intelligence : chez certains enfants, l'intelligence a devancé quelquefois le sens moral. En
commettant un délit, ils ne verront qu'une malice,
sans s'apercevoir de la gravité du mal moral ; chez
d'autres, au contraire, l'intelligence est encore très-
bornée et le sens moral est cependant fort développé ;
par un mouvement très-pur, incontestablement, ils

pourront commettre un acte répréhensible, parce qu'ils
n'en connaîtront pas l'illégitimité.

On ne pourra donc jamais bien savoir, si l'enfant a
eu conscience de la moralité de ses actes, s'ils sont à
la fois le résultat d'une volonté éclairée et perverse.
Quant aux apparences extérieures du développement
purement physique, elles ne peuvent être d'aucun secours ; les enfants diffèrent entre eux, autant par l'intelligence que par le physique. On voit des enfants
dont l'organisation physique paraît défectueuse, montrer beaucoup de bon sens et se distinguer par un
sentiment moral très-délicat, tandis que d'autres dont
le développement physique est plus avancé, sont en
retard pour le développement moral.

Ajoutons encore, que les facultés de l'enfant se développent plus ou moins rapidement, suivant que son
éducation est soignée ou négligée ; il arrive même très-
souvent, que des enfants, recevant la même éducation
et la même instruction, et dont l'organisation physique est à peu près la même, présenteront, quant à leurs
progrès intellectuels, et quant au développement de
leur sens moral, une grande différence.

D'après ces considérations, il nous est permis de conclure, qu'il est impossible d'établir avec précision le
moment où la raison prend dans l'homme ce développement qui légitime l'imputation pénale, qu'en second
lieu, cette imputation pénale ne peut pas se faire d'une
manière générale, mais seulement dans chaque cas
particulier et individuel.

Au point de vue de la science rationnelle, quelques

criminalistes ont recherché, quelles sont les diverses périodes à distinguer dans le cours du développement humain jusqu'à l'âge, où l'homme se trouve dans les conditions voulues, pour qu'on puisse lui faire l'application des règles communes et des dispositions pénales ordinaires.

Ortolan divise en quatre périodes, la vie humaine et il caractérise de la manière suivante chacune de ces périodes :

1re Période. *Certitude de non imputabilité.* — Cette première période s'étendra par exemple jusqu'à trois, quatre, cinq ou six ans ; mais pendant sa durée, il est certain que la notion du juste et de l'injuste, en d'autres termes, la raison morale n'existe pas chez l'enfant.

2e Période. *Doute. Question à résoudre en cas d'affirmative, culpabilité moindre.* — Que cette deuxième période commence à six, à sept ou à huit ans, peu importe, n'est-on pas porté à douter ? Oserait-on prononcer d'une manière générale et absolue, que l'agent avait ou n'avait pas la raison morale ; il y aura donc une question à résoudre pour chaque individu, dans chaque fait. Cette période ne doit finir qu'au point où il devient indubitable, que l'homme, en règle générale, est arrivé à la notion du juste et de l'injuste dans toutes ses applications.

3e Période. — *Certitude d'imputabilité. Culpabilité plus élevée que dans le cas précédent, mais non encore au niveau commun.* Dans cette troisième période, qu'on la fixe à seize, à dix-sept ou à dix-huit ans, le doute cesse. Cependant, dit M. Ortolan, dès ce moment, la culpabilité n'est point encore parvenue au niveau commun ; la raison de l'homme n'est pas complète et toute développée, puisque la capacité civile ne lui est pas même reconnue ; comment la culpabilité serait-elle pleine et entière ? Si la certitude d'imputabilité, dit-il, doit précéder la majorité civile, l'application des peines ordinaires, ne peut avoir lieu avant cette majorité.

4º PÉRIODE. — *Culpabilité pleine et entière suivant le niveau commun.* — A cette quatrième époque, le développement moral est achevé, la culpabilité est pleine et entière ; à partir de cette époque, la pénalité ordinaire devient applicable.

Suivant l'accroissement progressif de la lumière intellectuelle, dit M. Carrara, doit se produire et s'augmenter l'imputation de ses actes. Aussi les différentes périodes, ne peuvent-elles pas s'exprimer scientifiquement par un critérium numérique, ni par une dénomination prise d'un fait matériel, mais au moyen d'un criterium exclusivement juridique. M. Carrara indique quatre périodes : première période, irresponsabilité absolue ; deuxième période, responsabilité conditionnelle et moins pleine ; troisième période, responsabilité pleine ; quatrième période, responsabilité modifiable dans ses résultats.

Nous allons maintenant nous occuper de la question d'âge, au point de vue de la législation positive, et de la jurisprudence.

Le législateur du Code pénal de 1810, jaloux de la

défense du droit, n'a pas reconnu dans le premier âge
de la vie, une période d'irresponsabilité absolue.

Il a fixé à 16 ans révolus l'époque à laquelle cesse
la minorité en matière pénale ; le principe qu'il a
adopté est celui-ci : l'agent qui n'a pas 16 ans accomplis, est supposé n'avoir pas le discernement suffisant
pour être légalement responsable de ses faits, au point
de vue de la sanction pénale ; toutefois cette présomption ne lie pas le juge qui peut l'exclure, en proclamant
que l'agent mineur de 16 ans, a agi avec discernement
(art: 66). Même dans cette première période de la vie
limitée à 16 ans, il a admis qu'on peut être capable
de dol, et a soumis indistinctement l'auteur du fait aux
poursuites et puis à la condamnation, si le juge dans
sa conscience, déclare qu'il a agi avec discernement.

Le système de notre code pénal a été critiqué par
Haus, (Observations sur le projet de révision du code
pénal, vol. I, p. 213, 214). « Traduire en justice,
s'écrie-t-il, et soumettre à la recherche du discernement, un enfant chez qui le discernement est impossible, c'est exposer la justice publique, à ce qu'un juge
trop zélé, trouve le discernement chez un enfant de
deux ans ; c'est là un anachronisme dans ces temps de
lumière et de civilisation. »

Au-dessus de 16 ans, le mineur est majeur aux yeux
de la loi pénale. La doctrine se plaint encore, qu'on applique la pénalité ordinaire, si longtemps avant la majorité civile ; la la loi n'eût pas été plus mal conçue,
si de 16 à 21, elle avait reconnu un motif d'atténuation, dans l'âge du prévenu.

Les art. 66, 67, 68, 69 du Code pénal, ont trait au mineur de 16 ans : ils renferment la consécration des trois principes que voici : 1° le mineur de 16 ans est protégé par une présomption d'innocence, qui peut être combattue par la preuve contraire (art. 66) ; 2° cette présomption détruite, il a encore en sa faveur une excuse atténuante (art. 67, 68) ; 3° sauf exception formelle, il n'est justiciable (même pour les faits de la compétence ordinaire de la Cour d'assises) que de la police correctionnelle.

EFFETS DE LA MINORITÉ.

Nous allons les étudier : 1° relativement à la juridiction ; 2° à la valeur morale et juridique des faits imputés ; 3° à la pénalité à établir, lorsque la culpabilité a été reconnue ou non.

1° *Effets de la minorité relativement à la juridiction.*

La minorité amène des règles spéciales, par rapport à la juridiction appelée à statuer.

Pour ce qui concerne les faits qualifiés crimes, sous l'empire du Code pénal de 1810, le mineur était traduit devant la Cour d'Assises. Mais lorsqu'il était établi qu'il avait agi avec discernement, le mineur n'était passible que d'un emprisonnement pendant un certain laps de temps.

L'art. 1er de la loi du 25 juin 1824 (abrogée par la loi de 1832, 28 avril, art. 103) à peu près textuellement transporté dans la loi du 28 avril 1832, et qui forme aujourd'hui l'art. 68, C. p., soustrait en principe, et sauf exception les accusés de 16 ans, à la juridiction des Cours d'Assises. Le législateur a voulu sans doute, épargner au mineur la flétrissure des débats au grand criminel. Mais la dérogation consacrée par la loi de 1824, n'en a pas moins été l'objet de très-vives critiques. On a remarqué que les jurés, étaient les juges naturels des accusés mineurs de seize ans, comme des autres : les jurés, a-t-on dit, sauront aussi bien que les tribunaux permanents apprécier les causes impulsives du crime, faire la part des passions, et de la légèreté du mineur. Enfin le législateur est obligé de déroger en toute hâte à son nouveau principe. D'abord la Cour d'Assises est compétente, si le crime dont le mineur est prévenu, entraîne la peine de mort, celle des travaux forcés à perpétuité, de la déportation ou de la détention, ou si le mineur a des complices présents de plus de seize ans, à cause de l'indivisibilité de la procédure.

Observation sur les mots, *complices présents*, de l'art. 68. Le mot *présents* ne se trouvait pas dans la loi de 1824, et les travaux préparatoires, ne nous expliquent pas ce mot, a-t-on voulu dire, qu'il fallait que le majeur fût entre les mains de la justice, ou a-t-on voulu que le mineur fût traduit devant le tribunal correctionnel, quand le majeur était contumax.

L'art. 68 doit être entendu, en ce sens, que s'il n'y a pas de mise en accusation du majeur, le mineur devra être renvoyé devant le tribunal correctionnel.

Observation sur le mot « détention. » On n'applique

la peine de la détention, que lorsqu'il s'agit de fait politique. La détention est une peine temporaire ; le mineur reconnu coupable d'un fait passible de la détention, ne pourra être condamné qu'à dix ans de prison
au plus.

2º *Influence de la minorité sur la valeur morale et
juridique du fait imputable au mineur.*

Il existe, en faveur de la minorité, une présomption
d'absence de discernement.

Lorsqu'un accusé de moins de seize ans est mis en
jugement, le président, aux termes de l'art. 340 du
Code d'instruction criminelle, doit, *à peine de nullité,*
poser cette question : *L'accusé* a-t-il *agi avec discernement ?*

La loi de 1832 a ajouté à cet article les mots « *à peine
de nullité,* » et toutefois il n'y avait point ici d'abus à
réformer ; la Cour de cassation avait plusieurs fois an-
nulé des arrêts, par cela seul qu'ils avaient omis de
mentionner la position de cette question (Cass. 16
août 1822).

Du reste, cette position doit avoir lieu devant le tribunal correctionnel, comme devant la Cour d'assises,
car le principe est général, et l'art. 68 déclare formellement que les tribunaux correctionnels se conformeront
aux deux articles ci-dessus. Il faut donc que le jugement constate, à peine de nullité, que la question de
discernement a été posée et résolue (Cass., 12 août
1843, *Bulletin* nº 203).

Lorsque l'accusé, mineur de seize ans, comparaît devant la Cour d'assises, à raison de plusieurs chefs d'accusation, il y a lieu de poser une question de discernement sur chaque chef séparément; en effet, en ce qui concerne le mineur de seize ans, le discernement est un des éléments essentiels de la culpabilité légale, et par suite une partie substantielle de l'accusation, sur chacun des crimes qui en font l'objet. Or, comme des solutions différentes sur la question de discernement peuvent être données par le jury, quant aux divers chefs d'accusation, à raison de circonstances dont il est l'appréciateur souverain, il faut poser une question de discernement pour chaque fait relevé à la charge du mineur.

Les art. 66, 67 et 69 du Code pénal sont applicables devant les tribunaux militaires, et devant les tribunaux de la marine. Le Code de justice militaire pour l'armée de terre, en date des 9 juin et 4 août 1857, par son art. 99, et le Code de justice militaire pour l'armée de mer, en date des 4 et 15 juin 1858, par son art. 257, ont déclaré applicables devant les tribunaux militaires et les tribunaux de marine les dispositions des art. 66, 67 et 69 du Code pénal ordinaire, concernant les individus âgés de moins de seize ans. Devant ces tribunaux, « s'il est déclaré, que l'accusé a agi avec discernement, les peines de la dégradation militaire, de la destitution et des travaux publics sont remplacées par un emprisonnement d'un à cinq ans, dans une maison de correction (art. 99 et 257), et ajoute spécialement, pour les tribunaux de la marine, l'art. 257, les peines de l'inaptitude à l'avancement, et de la réduction de grade ou de classe remplacées par celle du cachot, ou double boucle.

La présomption de non discernement au profit des mineurs de seize ans est applicable en matière de contraventions. La jurisprudence s'est en effet prononcée dans ce sens ; la présomption n'a rien qui la rattache spécialement plutôt à une classe d'infractions qu'à une autre.

Mais s'il est décidé, qu'un mineur a commis avec discernement la contravention, aucune disposition de loi ne change la nature de la peine, ou même n'impose une réduction dans sa mesure. (Cassat., 3 février 1849; Devill. et Car., 49, 1, 665).

Cette présomption existe, non seulement pour les infractions prévues par le Code pénal, mais encore pour les infractions régies par des lois spéciales.

Quand l'acte de naissance de l'agent n'est pas représenté, c'est au juge du fait, c'est-à-dire au jury, lorsque la juridiction saisie est une Cour d'assises, qu'il appartient de statuer sur l'âge de l'accusé.

La circonstance de l'âge fait partie des circonstances du fait ; l'âge à vérifier étant l'âge au moment de l'infraction, et non l'âge au moment du jugement, le juge de l'infraction, est juge de sa date, et, par suite, de l'âge qu'avait l'agent, au moment où il l'a commise.

La question de minorité de seize ans constitue par elle-même et indépendamment de la question de discernement, dont elle est le préliminaire obligé, un véritable fait d'excuse devant nécessairement amener une diminution de peine ; or, les questions d'excuses sont de la compétence exclusive du jury (Chauveau et Hélie, Arrêt de la Cour de Cassation du 26 septembre 1850).

Il nous reste à présenter une observation sur l'article 66. Le mineur de seize ans, qui est renvoyé des poursuites, pour avoir agi sans discernement, est ABSOUS et non ACQUITTÉ, comme le dit l'art. 66. Lorsqu'il sera établi que le mineur de seize ans n'a pas accompli le fait qui lui est imputé, il sera ACQUITTÉ comme tous les autres accusés.

Il sera ABSOUS, lorsqu'il sera établi, que le fait ne constitue ni crime, ni délit, ni contravention, ou qu'il a été accompli sans intention criminelle, ou qu'il est couvert par la prescription. Le juge n'aura à rechercher si le mineur de seize ans est excusable pour avoir agi sans discernement, qu'après avoir reconnu qu'il ne peut être acquitté ou absous par aucune des considérations, que nous venons de mentionner. Lorsque le mineur de seize ans est renvoyé des poursuites pour avoir agi sans discernement, c'est qu'il a été reconnu par le juge, qu'il est l'auteur du fait dont il était prévenu, que ce fait constitue une infraction punissable, qu'il a été exécuté avec une intention criminelle, et qu'il n'est pas couvert par la prescription. Or, comme le renvoi par acquittement n'a lieu que dans le cas où il est jugé que l'inculpé n'a pas exécuté le fait pour lequel il est poursuivi ; la conséquence c'est que le mineur de seize ans, renvoyé de l'accusation pour avoir agi sans discernement, n'est pas acquitté et qu'il n'est qu'absous.

3° *Effets de la minorité par rapport à l'application des peines.*

Lorsqu'il est décidé, que le mineur de seize ans a agi sans discernement, il est à l'abri de toute peine (art. 66). « Mais il sera, ajoute l'article, selon les circonstances, remis à ses parents ou conduit dans une maison de correction, pour y être élevé, et détenu pendant le nombre d'années que le jugement déterminera, et qui toutefois ne pourra excéder l'époque où il aura accompli sa vingtième année. » L'enfant ainsi affranchi de toute peine, est rendu à sa famille, lorsqu'elle se trouve dans des conditions de moralité excellente et offre des garanties suffisantes pour la surveillance et l'éducation du mineur. Il peut être remis aussi aux personnes charitables ou aux établissements d'apprentissage et d'éducation professionnelle, qui demandent à se charger du mineur, lorsqu'ils offrent des garanties pour sa direction.

Les juges ont aussi la faculté de l'envoyer dans une maison de correction ; cette détention n'est pas une peine, et cette correction, autorisée par la loi, n'a d'autre but que la protection des mineurs. C'est en quelque sorte une tutelle substituée à la tutelle de la famille.

La loi du 5 août 1850 a décrété l'établissement de colonies pénitentiaires, où les jeunes détenus acquittés comme ayant agi sans discernement, doivent recevoir une éducation morale, religieuse et professionnelle (articles 1 et 3 de la loi).

Nous avons en France la colonie de Mettray (Indreet-Loire), fondée par M. Demetz, conseiller à la Cour d'appel de Paris ; « cette colonie, a dit en plein Parlement, lord Brougham, est un véritable sujet d'orgueil pour la France. »

Lorsque la question de discernement a été résolue par une réponse affirmative, la minorité de seize ans, entraînera une diminution de la peine.

Mais il faut distinguer sur ce point les cas où il s'agit d'un fait qualifié crime, et les faits constituant un délit.

1° Le fait imputable au mineur est réprimé pour le majeur par des peines afflictives et infamantes.

Article 67. — S'il est décidé que le mineur a agi avec discernement, les peines seront prononcées ainsi qu'il suit :

S'il a encouru la peine de mort, des travaux forcés à perpétuité, de la déportation, il sera condamné à la peine de dix à vingt ans d'emprisonnement dans une maison de correction.

S'il a encouru la peine des travaux forcés à temps, de la détention ou de la réclusion, il sera condamné à être renfermé dans une maison de correction pour un temps égal au tiers au moins, et à la moitié au plus, de celui pour lequel il aurait pu être condamné pour l'une de ces peines.

Dans tous les cas, il pourra être mis, par l'arrêt ou le jugement, sous la surveillance de la haute police pendant cinq ans au moins et dix ans au plus.

S'il a encouru la peine de la dégradation civique ou du bannissement, il sera condamné à être enfermé d'un an à cinq ans dans une maison de correction.

Il résulte de cet article que, par rapport au mineur, les peines afflictives et infamantes sont remplacées par des peines correctionnelles, lesquelles sont temporaires, parce que le mineur n'a pas l'expérience de la vie ; on ne peut lui faire l'application du droit commun.

Si le fait imputable au mineur emporte la peine de mort ou une peine perpétuelle , on remplacera cette peine par une peine correctionnelle, un emprisonnement de dix à vingt ans, dans une maison de correction.

Si le mineur a encouru la peine des travaux forcés à temps, de la détention ou de la réclusion , il sera condamné à être renfermé dans une maison de correction pour un temps égal au tiers au moins, et à la moitié au plus, de celui pour lequel il aurait pu être condamné à l'une de ces peines.

Exemple : En matière de travaux forcés, le minimum est de cinq ans ; le tiers sera de vingt mois. Quant au maximum, il est de vingt ans ; la moitié est de dix ans.

Dans tous les cas, dit l'article 67, il pourra être mis sous la surveillance de la haute police pendant cinq ans au moins, et dix ans au plus.

Quant à la troisième catégorie de peines, c'est-à-dire celles qui sont simplement infamantes : la dégradation civique et le bannissement ; ces peines seront remplacées par un emprisonnement de un à cinq ans.

Il n'y aura pas à appliquer dans ce cas, la surveillance de la haute police.

Il y a encore d'autres peines, qui peuvent être appliquées en matière criminelle ; la peine de l'amende, qui devra être ajoutée aux peines correctionnelles. Exemple : le mineur est reconnu coupable d'un faux, le faux emporte la peine des travaux forcés à temps. Mais outre cette peine, il y a une amende à infliger (art. 164, C. p.). On fera donc en matière de faux application au mineur de 20 mois de prison au moins, et 10 années au plus, et de l'amende.

Il en serait de même, s'il fallait appliquer la confiscation spéciale, car cette peine est indivisible.

Ajoutons, que le mineur n'étant condamné qu'à une peine correctionnelle, n'encourra pas les incapacités rattachées à des condamnations à des peines afflictives et infamantes : Faculté de disposer et de recevoir à titre gratuit ; dégradation civique.

Remarquons cependant que le mineur encourra les incapacités rattachées aux condamnations correctionnelles. En matière de vol, par exemple, il encourra les incapacités, par rapport à l'éligibilité, il ne pourra figurer sur les listes électorales, et sur les listes du jury.

Voilà pour ce qui concerne les peines applicables aux faits qualifiés crimes.

2° L'art. 69, parle des peines applicables au mineur, en matière de délits.

Art. 69. Dans tous les cas où le mineur de 16 ans, n'aura commis qu'un simple délit, la peine qui sera prononcée contre lui, ne pourra s'élever au-dessus de la moitié de celle à laquelle il aurait pu être condamné, s'il avait eu seize ans.

D'après les dispositions de cet article, par suite de la minorité, la peine qui sera prononcée contre le mineur, ne pourra s'élever au-dessus de la moitié, de celle à laquelle il aurait pu être condamné, s'il avait eu seize ans, mais cette peine pourra descendre jusqu'à la limite extrême des peines correctionnelles. Prenons un exemple : l'art. 401, dit que celui qui est déclaré coupable d'un vol simple, est passible d'un emprisonnement d'un an au moins, et de cinq ans au plus. La peine applicable au mineur, sera un emprisonnement de dix jours à trente mois. Outre cette peine, on peut encore prononcer une amende de 16 à 500 francs. Pour les mineurs elle sera de 16 francs au moins, et 500 francs au plus.

L'application de l'art. 69, aura lieu non-seulement pour les cas généraux, mais encore pour les lois spéciales.

En matière de loi sur la chasse, le mineur profitera du bénéfice de l'art. 69, sans que cependant ce bénéfice s'étende jusqu'à l'amende, qui a un caractère essentiellement réparateur.

Nous allons maintenant examiner quelle sera la nature de l'emprisonnement infligé au mineur. Il faudra faire l'application de la loi de 1850, dont nous avons déjà parlé. Les dispositions de cette loi, ont eu pour but de soustraire les mineurs, au contact des condamnés majeurs. Nous croyons devoir reproduire ici les articles de cette loi : « Art. 1er. Les mineurs des deux sexes, détenus à raison de crimes, délits, contraventions aux lois fiscales ou par voie de correction paternelle, reçoi-

vent, soit pendant leur détention préventive, soit pendant leur séjour dans les établissements pénitentiaires
une éducation morale, religieuse et professionnelle. —
Art. 2. Dans les maisons d'arrêt et de justice, un
quartier distinct est affecté aux jeunes détenus de toute
catégorie. — Art. 3. Les jeunes détenus acquittés, en
vertu de l'art. 66 du C. p., comme ayant agi sans discernement, mais non remis à leurs parents, sont con-
duits dans une colonie pénitentiaire ; ils y sont élevés
en commun, sous une discipline sévère et appliqués
aux travaux de l'agriculture, ainsi qu'aux principales
industries qui s'y rattachent. Il est pourvu à leur instruction élémentaire. — Art. 4. Les colonies pénitentiaires reçoivent également les jeunes détenus condamnés à un emprisonnement de plus de six mois, et qui
n'excède pas deux ans. »

Nous avons aujourd'hui en France, une loi du 5 juin
1875, sur les prisons départementales ; il faut pourvoir
les départements de prisons cellulaires : lorsque ces
prisons existeront, on pourra y placer les mineurs, sans
qu'il y ait à redouter le contact des majeurs. Mais,
tout en mettant le mineur en cellule, il faudra tenir
compte de la loi de 1850 ; on devra combiner les dispositions de la loi de 1875, avec celles de la loi de
1850.

Cas de l'art. 356.

Il existe encore un cas particulier, dans lequel la loi
tient compte de la jeunesse du prévenu, même lorsqu'il est majeur de seize ans.

Le ravisseur d'une fille au-dessous de seize ans, qui a consenti à son enlèvement ou suivi volontairement son ravisseur, encourt seulement un emprisonnement de 2 à 5 ans s'il n'a pas encore 21 ans, tandis qu'il serait condamné aux travaux forcés, s'il était majeur de 21 ans.

De l'âge dans les Codes étrangers.

Dans le Code pénal autrichien, les enfants qui n'ont pas accompli leur dixième année, sont considérés comme irresponsables des actions punissables, qu'ils ont commises. Depuis onze ans jusqu'à quatorze ans, les délits dont ils sont prévenus sont regardés et punis comme des infractions de police. Mais, à partir de quatorze ans, les enfants rentrent dans le droit commun, et on leur fait application des mêmes peines qu'aux majeurs (C. pén. d'Autriche, Ire part., art. 2, et IIe part., art. 4).

La loi russe reconnaît que les enfants au-dessous de dix ans ne sont passibles d'aucune peine, et que les crimes qu'ils ont commis, ne doivent en rien préjudicier à leur avenir. Les enfants de dix à quatorze ans ne peuvent être condamnés ni aux travaux forcés, ni au knout, ni à la plecte (martinet) publiquement administrée. De quatorze à dix-sept ans, ils sont passibles des travaux forcés, mais ne subissent pas de peines corporelles infamantes. De onze à quinze ans, il encourent, pour délits de peu d'importance, les verges ; de quinze à dix-sept, la plecte à la police (la cor-

rection). (La Russie, sous Nicolas Ier, par M. Ivan
Golovine, p. 404).

La loi anglaise limite à sept ans, la période d'irresponsabilité. Depuis sept ans jusqu'à quatorze, l'enfant
est sujet à la maxime : *Malitia supplet ætatem.* Cependant les peines sont moins rigoureuses à son égard.
Depuis quatorze ans, le mineur perd le bienfait de
cette présomption favorable, et devient passible des
mêmes peines que le majeur. (Blakstone, *Comment.
sur les lois anglaises*, t. II, p. 60, de la traduct. de
Chompré).

Le Code pénal de Bavière, regarde comme irresponsable l'enfant jusqu'à l'âge de huit ans ; de huit à
douze ans, il n'est puni, même pour crime volontaire ,
que d'un châtiment corporel ou d'un emprisonnement
de deux jours à six mois. De douze ans à seize ans, le
crime qu'il commet, lorsqu'il est susceptible d'imputabilité, ne donne lieu qu'à une peine qui est commuée
et mitigée ; après seize ans révolus , l'âge cesse d'être
une cause d'atténuation de la peine. (Code pénal de
Bavière, art. 98, 99 et 120).

Le Code du Tessin, de 1872 (art. 49) étend jusqu'à
la dixième année, la période d'irresponsabilité.

Le Code du Pérou et le Code de Bolivie limitent à
sept ans l'irresponsabilité.

Le Code Badois (§ 78), le Code de Zurich de 1871
(§ 45), portent la période d'irresponsabilité jusqu'à
douze ans ; le Code du Valais (art. 89), le Code de
Vaud (art. 54), le Code de Fribourg (art. 52) et le Code
des Grisons (§ 45, no 1), jusqu'à l'âge de quatorze ans.

Dans le Code pénal d'Espagne, l'enfant est irresponsable jusqu'à neuf ans, et la peine est atténuée jusqu'à dix-huit. Il est question de l'âge, dans les Codes de Prusse (§ 42 et 43, et de Belgique, art. 72-75).

Si nous consultons les lois des peuples de l'Orient, la loi chinoise nous offre cette disposition concernant l'âge: le coupable qui n'a pas plus de sept ans, ni moins de quatre-vingt-dix, ne subira de peine en aucun cas. (Code pénal de la Chine, traduit du chinois, par G. Thom. Staunton, et mis en français par Renouard de Sainte-Croix).

CHAPITRE II.

PROVOCATION.

Il faut bien se garder de confondre la légitime défense et la provocation. *Danger et sauvegarde*, voilà la légitime défense, *lésion et vengeance*, voilà la provocation. Dans le premier cas, l'homme exerce un droit; l'esprit qui anime l'homme dans la défense légitime, est un esprit de fermeté, de justice, dénué de toute passion vindicative. Dans le second cas, l'homme est poussé par un sentiment de vengeance ; l'esprit qui l'anime est un esprit de passion, de ressentiment.

Mais la nuance est parfois insaisissable. Quand cesse la légitime défense? Quand commence l'acte commis en état de provocation ? Comment distinguer dans la lutte, l'esprit de colère et l'esprit de justice. Ce problème a depuis longtemps embarrassé les jurisconsultes et les moralistes.

La provocation peut être définie, la surexcitation produite chez l'agent par la lésion d'un droit appartenant, soit à lui-même, soit à tout autre. Si le provoqué jouissait de toute sa raison, au lieu de se faire justice lui-même, il laisserait ce soin à la société, mais l'émotion qui le dominait, servira d'excuse à son infraction.

La provocation peut résulter de la lésion des droits de l'agent ou des droits d'autrui ; mais, comme dans la provocation, il s'agit d'un emportement qui a poussé l'agent à un acte coupable, il faut voir dans l'hypothèse de violences ou de lésions de droits faites à autrui, s'il existait entre l'agent et cette personne lésée quelque lien suffisant pour susciter et rendre excusable cet emportement. Il n'y a pas à marquer ici de degré de parenté ou d'alliance : une affection intime, une relation de tutelle, de protection, le simple fait d'avoir une personne ou un enfant surtout sous sa garde, ne fût-ce que momentanément, peuvent produire cet effet ; ce sera une appréciation à faire par le juge dans chaque cause.

Le châtiment infligé à l'agresseur, doit être en quelque sorte proportionné au préjudice causé ; s'il présentait un caractère de rigueur outrée, le prévenu pourrait être plus ou moins excusé, si l'intelligence et la liberté lui avaient plus ou moins fait défaut, pendant qu'il accomplissait son acte de vengeance ; car en définitive, l'excuse de provocation repose sur l'indignation et l'irritation, qui viennent momentanément troubler la raison de l'agent.

S'il s'est écoulé un certain temps, entre la lésion reçue et l'acte de vengeance qui a eu lieu, le premier mouvement étant passé et la réflexion ayant dû calmer le ressentiment, on ne pourra trouver une excuse dans la provocation. C'est l'opinion, qu'a soutenue Nicolini devant la cour de cassation de Naples dans l'affaire de Tommaso Zeppa (27 juillet 1832). Certes, dit l'éminent criminaliste, la loi ne peut demander à tous les hommes d'être des Scipion et des Atticus ; mais personne non plus ne peut souffrir, qu'on croie la colère indéfiniment excusable, parce qu'elle perdrait alors son caractère de *furor brevis* ; en lui accordant le loisir d'attendre le temps et le lieu convenables pour se satisfaire, elle se changerait en inimitié, en haine cruelle et effrénée. La loi qui la protégerait ainsi, serait non-seulement anti-religieuse, mais anti-sociale. De plus l'arbitraire qu'il faudrait absolument, dans ce cas, accorder aux magistrats pour apprécier quel degré d'indulgence mériterait une colère aussi prolongée, serait lui-même indéfini : chacun jugerait selon ses propres passions ; les juges se laisseraient influencer par la puissance et par l'intrigue, et l'excuse deviendrait une idée arbitraire et incertaine, au lieu d'être un fait parfaitement déterminé (Nicolini, Questions de droit, XIX⁰ question).

Telles sont les règles rationnelles, que nous devions exposer sur l'esprit d'irritation, qui forme ici le caractère du délit sur l'unité de temps nécessaire entre la violence subie et la réaction exercée, enfin sur la provocation en la personne d'autrui, avant d'étudier les dispositions de notre Code pénal, en matière de provocation.

Le Code de 1810, a envisagé la provocation à divers points de vue. Nous diviserons ainsi cette matière :

§ I. — Provocation par coups ou violences graves envers les personnes.

§ II. — Provocation par escalade ou effraction.

§ III. — Provocation considérée comme excuse du meurtre entre époux.

§ IV. — Provocation par outrage violent à la pudeur.

§ 1.

Provocation par coups ou violences graves envers les personnes.

Art. 321. — Le meurtre ainsi que les blessures et les coups sont excusables, s'ils ont été provoqués par des coups ou violences graves envers les personnes.

Les crimes et délits, dit M. Monseignat dans son rapport au Corps législatif (séance du 17 février 1810), sont excusables, lorsqu'ils ont été commandés par une espèce de nécessité, que Bacon qualifie ingénieusement de nécessité coupable, pour la distinguer de la nécessité absolue, qui ne présente aucun caractère de culpabilité. Le conseiller d'Etat Faure, dans la séance du 7 février 1810, avait déterminé le caractère essentiel de la provocation ; cette provocation doit être violente et d'une

violence telle que le coupable n'ait pas eu, au moment
même de l'action qui lui est reprochée, toute la liberté
d'esprit nécessaire, pour agir avec une mûre réflexion.
L'excuse atténuante dont nous allons parler est donc
fondée sur une idée de justice ; l'imputabilité subsiste,
mais à un moindre degré.

Mais comme les articles 321 et suivants, en créant
l'excuse de la provocation, créent une exception au droit
commun, nous devrons les interpréter restrictivement
pour nous conformer à la pensée du législateur. Ainsi,
par exemple, s'il s'agit de caractériser la provocation,
nous ne devrons pas seulement chercher, aux termes
de l'exposé des motifs, si elle a dû altérer la liberté
d'esprit de l'agent du délit, nous devrons encore nous
attacher au texte de la loi.

Quels sont les termes de la loi ? C'est que le meurtre
(321) doit être provoqué par des coups ou violences
physiques : ainsi l'injure ne saurait être admise comme
excuse, non plus que la menace. La menace constitue-
t-elle une violence grave ? La solution change : si par
exemple un individu marche vers l'agent, tenant une
arme et menaçant de le frapper, il est difficile, assurément, de ne pas voir dans cet acte une voie de fait,
une violence, lors même que celui qui en a été l'objet
n'a été ni frappé, ni blessé. C'est aussi dans ce sens,
que la cour de cassation, a déclaré que la provocation
violente peut exister sans blessure effectuée, mais par
la seule menace avec une arme meurtrière approchée
du corps (Cassation, 15 messidor an XIII).

La loi s'exprime ainsi : « Coups ou violences graves

envers les personnes. » Il est clair, qu'une voie de fait envers des animaux ne saurait faire excuser les coups portés par le propriétaire (Cassation 5 février 1814).

Nous pensons, que la violence envers une personne autre que celle qui a commis l'homicide ou porté les coups rentre dans les prévisions de l'article 321. La provocation subsiste, en effet, non moins puissante, l'excuse non moins efficace, lorsque les coups ou violences sont portés, non sur l'agent lui-même, mais sur un tiers. C'est le conseil de la morale et de la science ; c'est l'avis des plus grands criminalistes.

D'ailleurs, on peut sous l'empire de notre Code, tirer argument du texte si vague de l'article 321 et du texte si précis de l'art. 328. L'art. 321 dit : *les personnes*, sans rien spécifier ; l'art. 328, fait pour le cas de légitime défense, justifie les blessures et les coups commandés par la nécessité actuelle de la légitime défense *de soi-même ou d'autrui*. L'analogie est évidente.

Mais supposons qu'on ne puisse imputer les coups ni les actes de violence physique, à la victime du meurtre. Que devient la question d'excusabilité ? Un maître, par exemple, arme contre son ennemi ses serviteurs à gages. Celui-ci, transporté de colère, égaré par le ressentiment, tue ce lâche provocateur : le crime est encore excusable, si le coupable n'avait pas, au moment même de l'action, toute la liberté d'esprit nécessaire, pour agir avec mûre réflexion (Exposé des motifs, Locré, t. 30, p. 476).

La provocation, qui atténue les coups et les blessu-

res commis envers les particuliers, cesse-t-elle de constituer une excuse, quand ces blessures et ces coups
sont portés à des dépositaires de l'autorité et de la
force publique? Oui, d'après la Cour de cassation (13
mars 1837, et 8 avril 1826). Nous combattons cette
solution.

Le dépositaire de la force publique, dit-elle, est
toujours présumé, lorsqu'il agit au nom de la loi, ne
faire que ce qu'elle lui prescrit ou lui permet; ce n'est
pas aux individus, sur lesquels il exerce ses fonctions
à se rendre juges de cet exercice. Mais quoi? cette
présomption de légalité ne tombe-t-elle pas devant la
preuve de violences coupables? Il ne s'agit pas de discuter le droit absolu du citoyen, qui repousse la violence par la violence, mais de mesurer la culpabilité
du prévenu; la qualité de fonctionnaire chez le provocateur, n'anéantit pas les éléments constitutifs de la
provocation.

L'article 321, remarque ensuite la cour suprême,
est classé parmi les crimes et délits contre les particuliers. Or, il s'agit, dans les articles 222 et suiv. des
crimes et délits contre la chose publique. Mais les auteurs reconnaissent unanimement, qu'on ne peut invoquer la classification des matières, et la rubrique des
chapitres du Code pénal dans la discussion de nos lois
criminelles. « D'ailleurs, comme l'ont dit MM. Chauveau et Faustin Hélie (*Théorie du Code pénal,* n° 867),
si les règles relatives à la provocation et à la légitime
défense ont été placées sous le titre de *crimes et délits
contre les particuliers,* c'est que sous ce titre, se trou-

vent placées en même temps les règles générales relatives aux crimes contre les personnes ; c'est que les
violences contre les particuliers, plus communes, donnent lieu à une application plus fréquente de cette
disposition.

Pourquoi le législateur déroge-t-il à la théorie des
Excuses, pour le seul cas du parricide, s'il veut aussi
soustraire les fonctionnaires publics à la règle commune ?

Enfin, pourquoi la Cour de cassation reconnaît-elle
que la question de légitime défense, dans notre espèce,
peut être proposée par le prévenu, et doit être posée
au jury (13 janvier 1827). N'y a-t-il pas là, contradiction flagrante ?

Art. 323. Le parricide n'est jamais excusable.

« Cette disposition, conforme à la nature et à la
morale, dit M. Monseignat, aurait déjà été consacrée
par l'Assemblée constituante. Comment concevoir, en
effet, la possibilité d'un motif excusable pour donner
la mort à celui auquel on est redevable du bienfait de
la vie ? » (Corps législatif, séance du 17 février 1810).

L'article 323 doit-il être restreint au seul cas du
parricide, et, par exemple, la provocation rend-elle
excusable les coups portés par un fils à son père ? La
Cour supérieure de Bruxelles a déclaré par deux arrêts,
que dans la législation actuelle les coups portés aux
parents ne sont pas plus excusables, que l'homicide
commis sur leur personne (arrêt de Bruxelles, 16 mars
1815, *Journal du palais*, t. XII, p. 639). Cette doctrine
n'a point été adoptée, par la Cour de cassation ; elle a

décidé « que l'art. 321 est conçu en termes généraux et
absolus ; que l'art. 323 ne fait exception à cette généralité que pour le seul parricide ; qu'il laisse nécessaire
ment subsister l'article 321, pour le cas où il ne s'agit
que de blessures ou de coups, sans distinguer si les
blessures ou les coups sont ou non du fait d'un enfant
envers les auteurs de ses jours » (Cass. , 10 janvier
1812. Devill. et Car, 4, p. 6). Nous pensons que cette
dernière décision est conforme au texte du Code, parce
que le texte de l'article 323, résiste à une autre interprétation. Le parricide n'est jamais excusable ; une
extension de cette dérogation à la théorie des excuses,
serait contraire à toutes les règles d'interprétation des
lois pénales.

L'article 323, exclut-il l'excuse atténuante accordée
aux mineurs de seize ans ? S'il faut à peine tenir
compte, comme le disent les auteurs, de la classification des matières dans le Code pénal, comment affirmer que l'article 323 déroge simplement aux articles
321 et 322 ?

L'Exposé des motifs semble nous révéler l'esprit de
la loi. Le conseiller d'Etat Faure s'exprime ainsi : « Il
est certains meurtres à l'égard desquels, la loi n'admet
point d'excuse, quoiqu'il y ait eu provocation violente.
Par exemple, aucune provocation , quelque violente
qu'elle soit, ne peut excuser le parricide ; le respect
religieux qu'on doit à l'auteur de ses jours ou à celui
que la loi place au même rang , impose le devoir de
tout souffrir, plutôt que de porter sur eux une main
sacrilége. » .

La pensée du législateur, nous semble évidente ; l'article 323 n'exclut que l'excuse de la provocation. Cette solution , disons-le , nous paraît la plus équitable , malgré toute l'horreur, que doit nous inspirer le parricide. Nous n'en sommes plus au système de notre ancienne jurisprudence française, qui, pour les crimes atroces, faisait fléchir l'excuse de la minorité, comme si le mineur avait atteint d'un seul bond la plénitude de ses facultés intellectuelles et morales, par cela seul qu'il s'était souillé d'un crime extraordinaire.

§ 2.

Provocation par escalade ou effraction.

Article 322. — « Les crimes et délits mentionnés au précédent article, sont également excusables, s'ils ont été commis en repoussant pendant le jour l'escalade ou l'effraction des clôtures, murs ou entrée d'une maison ou d'un appartement habité ou de leurs dépendances.

Si le fait est arrivé pendant la nuit, ce cas est réglé par l'article 329. »

Etablissons d'abord la différence entre la légitime défense et l'acte commis en état de provocation.

Il y a légitime défense, et partant justification :

1° Si l'escalade ou l'effraction a été commise pendant la nuit (322-2° et 329) ;

2° Si l'agression change de nature et offre un danger pour la vie même, des habitants de la maison. En effet, il y a lieu d'appliquer l'article 328.

Ainsi, les actes énumérés par l'article 322-1°, doivent être constitutifs de la provocation, mais *simplement* constitutifs de la provocation. Exemple : s'il s'agit d'une simple violation de domicile, la vie des habitants n'est pas en danger, mais ils ignorent les projets de l'assaillant ; l'homicide et les blessures sont excusables.

L'excuse de l'article 322 du Code pénal est assise sur une double base : 1° violation du droit de propriété ; 2° menace indirecte contre les personnes. Cette violation et cette menace excitent la colère et la crainte des habitants contre l'assaillant ; on abaissera la peine conformément à l'article 326.

Mais l'escalade et l'effraction commises pendant la nuit, quand elles ne peuvent constituer un moyen de légitime défense pour l'agent du délit, peuvent-elles être regardées comme des éléments de la provocation ? La loi pénale, peut-on dire, est inextensible ; or, l'article 322 ne parle que de l'escalade et de l'effraction commises pendant le jour. A notre avis, dès qu'il y a légitime défense incomplète, l'acte peut être regardé comme étant commis en état de provocation. Que dit d'ailleurs le rapport de M. Monseignat ? « Le projet donne pour exemple de l'excuse de l'homicide les voies de fait employées pour repousser pendant le jour l'escalade, l'effraction, la violation du domicile. » Si le législateur a simplement voulu donner un exemple, il faut chercher une solution dans la théorie rationnelle de la provocation. Or. la science nous conduit à chercher, et à fixer un état intermédiaire entre la justifica-

tion et l'imputabilité complète. Il nous reste à déterminer le sens de ces mots « clôtures, murs ou entrée
d'une maison ou d'un appartement habité ou de leurs
dépendances. »

Le mot DÉPENDANCES, peut être ainsi traduit conformément au texte de l'article 390 : « Tous les lieux
situés dans l'enceinte générale de l'habitation, et qui
peuvent y donner accès (Chauveau et F. Hélie).

Mais si nous puisons cette interprétation gramma-
ticale du mot *dépendances* dans le texte de l'art. 390,
devons-nous appliquer à notre matière, la définition que
l'article 390 donne du mot *maison habitée?* A quoi bon
pour la question ? Si la maison est inhabitée, personne
ne repoussera l'assaillant ; s'il se trouve une personne
dans la maison destinée à l'habitation, et que l'assaillant
croyait actuellement inhabitée, cette erreur importe
peu ; le bâtiment n'en est pas moins habité : l'art. 322
nous semble applicable.

§ 3.

Provocation considérée comme excuse de meurtre entre
époux.

Art. 324. — « Le meurtre commis par l'époux sur
l'épouse ou par celle-ci sur son époux, n'est pas excusable, si la vie de l'époux ou de l'épouse qui a commis le meurtre n'a pas été mise en péril dans le moment
même où le meurtre a eu lieu. Néanmoins dans le cas
d'adultère prévu par l'art. 336, le meurtre commis par
l'époux sur son épouse, ainsi que sur le complice, à

l'instant où il les surprend en flagrant délit dans la maison conjugale, est excusable. »

Nous trouvons dans l'art. 324, 1° la seconde dérogation ci-dessus indiquée à la théorie des excuses. Le meurtre commis entre époux n'est pas excusable. Le législateur, en principe, n'admet pas l'excuse de la provocation « à l'égard des personnes obligées par état de vivre ensemble et de n'épargner aucun sacrifice pour maintenir entre eux une parfaite union. (Locré, t. XXX, p. 477 et 478). »

Remarquons néanmoins, que la loi se tait sur les coups et blessures ; les règles d'interprétation des lois pénales nous mènent à dire que le meurtre entre époux seul n'est pas excusable.

A cette dérogation, deux exceptions. Le meurtre entre époux est excusable :

1° Si la vie du conjoint, qui a commis le meurtre a été mise en péril dans le moment même où le meurtre a eu lieu.

Ici encore, il faut bien distinguer la légitime défense de l'acte commis en état de provocation. Le meurtre est justifié, si le conjoint n'a dû son salut qu'au fait incriminé ; le meurtre est excusé, si le conjoint, malgré le danger, n'était pas dans la nécessité absolue de repousser ces violences par l'homicide, par exemple s'il pouvait s'y dérober par la fuite.

2° Dans le cas d'adultère :

1° Si le meurtre est commis par le mari ; 2° s'il l'a commis à l'instant même où il a surpris l'adultère ; 3° s'il a surpris l'adultère dans sa propre maison. Ces

circonstances réunies, l'excusabilité s'étend au meurtre du complice.

Nous avons suivi pas à pas depuis la loi romaine
cette question de l'homicide en cas d'adultère. Nous
avons vu le législateur romain accorder le droit de tuer
au père et le refuser au mari. Dans les législations
anciennes, si souvent invoquées, jamais le mari n'eût
le droit de tuer la femme. Nous nous rappelons même les
motifs pour lesquels, la loi romaine avait enlevé au
mari, ce droit qu'elle avait laissé avec regret au père.
Elle espérait que celui-ci n'userait pas de ce droit, si
contraire à la nature et à la justice sociale. Et le mari
qui enfreignait sa défense était puni comme meurtrier.
Peu à peu cependant les empereurs excusèrent ce meurtre et firent grâce au mari de la peine des homicides.
Jamais la loi ne sanctionna cette excuse, qui ne fut
que le résultat de la coutume. Son influence cependant
fut telle, qu'aujourd'hui encore nous la voyons subsister dans le Code italien, qui reconnait au père et au
mari, coupables du meurtre de la femme adultère, le
droit à l'excuse.

La législation canonique, plus sévère encore, devait
proscrire le droit de vengeance personnelle. Dieu a
permis que la société punisse de mort les coupables
qu'elle jugerait trop criminels ou trop dangereux, mais
jamais il n'a reconnu à l'homme privé, le droit de vengeance personnelle : « Remets l'épée au fourreau, dit
Jésus à Saint-Pierre, car celui qui se sert de l'épée
périra par l'épée. » Le Droit canon ne fit que suivre

cette doctrine, et considéra comme un meurtrier ordinaire le meurtrier qui tuait sa femme. Il le punit de la
peine des homicides et ne lui reconnut pas d'excuse.

Notre ancienne jurisprudence française suivit, comme
principe, la doctrine canonique et les lois romaines à
l'égard du mari. Elle repoussa donc le droit de tuer la
femme adultère, mais plus indulgente que la législation canonique, suivant en cela la coutume établie par
la clémence des empereurs romains, elle reconnut que
le mari qui tuerait sa femme dans l'emportement de la
colère, serait excusable.

Notre Code n'a pas suivi un autre système. Après
avoir posé en principe, que le meurtre commis par
un conjoint sur son conjoint, n'est jamais excusable et doit être puni des peines de l'homicide, il reconnait cependant que, « dans le cas d'adultère, le
meurtre, commis par l'époux sur l'épouse, ainsi que
sur les complices, à l'instant où il les surprend en flagrant délit dans la maison conjugale, est excusable. »
(Art. 324, C. p.).

Ainsi donc le mari n'a jamais le droit de tuer sa
femme, même au cas d'adultère ; s'il le fait, il doit être
puni, mais on lui reconnaît une excuse. Il importe de
peser chacune des expressions de la loi et de bien
en préciser le sens. « *Le meurtre commis par l'époux*,
dit-elle, proscrivant ainsi l'assassinat commis avec
préméditation ou le guet-à-pens. » Il faut que cet acte
de violence soit irréfléchi et spontané pour être excusable, autrement le mari ne serait qu'un vulgaire assassin. Le mari seul a droit à l'excuse et personne ne peut

s'arroger un semblable bénéfice. Il faut qu'il *les sur-*
prenne, par conséquent, qu'il ne les épie pas, qu'il ne
se porte pas sur leur passage et qu'il ne leur tende
aucun piége.

En flagrant délit : ici la question est plus délicate.
Devons-nous admettre la définition, que donne l'article 41 Cod. Inst. cr., et faut-il excuser le mari qui
tue sa femme, lorsque le délit vient de se commettre,
ou doit-on admettre, avec les Romains, qu'il n'y a
droit, que lorsqu'il les immole *in ipsa turpitudine*.

Nous ne croyons pas possible d'étendre le droit à
l'excuse aussi loin que le nécessiterait l'art. 41 C. Inst.
cr., et les précédents historiques, joints aux paroles
même du rapporteur de la loi, nous autorisent à exiger
plus de précision. « Comment, disait M. Monseignat dans
son rapport au Corps législatif, ne pas excuser l'époux
offensé dans l'objet le plus cher à son honneur et à
son affection, qui, au moment où il est outragé dans sa
propre maison, immole dans les bras du crime et
l'adultère et son complice. » (Locré, t. XXX, p. 515).
Au reste, l'appréciation des circonstances qui constituent en ce cas le flagrant délit, est laissée au jury ;
c'est à lui à apprécier les faits et à décider. Il est certain que le flagrant délit est ici de la nature de ces
choses que l'on sent, que l'on connait et que l'on ne
peut définir.

Dans la maison conjugale : dès-lors, si la femme
habite séparée de son mari, ou si elle est allée commettre son crime loin du domicile de son mari, celui-ci
n'a plus d'excuse à invoquer.

MM. Chauveau, F. Hélie et Dalloz admettent que si le mari, se trouvant dans l'impossibilité d'accomplir lui-même sa vengeance, au lieu de commettre le meurtre de sa propre main, avait employé l'aide d'un tiers, il serait néanmoins excusable, pourvu qu'il se trouvât dans les conditions déterminées par l'art. 324 du Code pénal, et la raison en est, d'après eux, que l'emploi d'un bras étranger ne change pas la nature de l'acte. Cette décision nous semble difficile à concilier avec l'esprit de la loi. Le Droit romain avait admis, il est vrai, que le père pouvait armer un bras étranger pour punir le coupable, mais le coupable n'était pas sa femme et l'exécuteur n'était pas un étranger.

On comprend que le père à qui la nature refuse les forces s'en remette à son fils, pour venger l'honneur de son nom et punir celui qui a outragé sa mère, mais il nous semble peu moral d'excuser le mari qui charge un étranger de tuer sa femme ; encore moins, s'il donne cette mission odieuse à son enfant. Du reste, les raisons qui ont fait admettre l'excuse ne se trouvent plus ici, et quand même l'existence des circonstances matérielles exigées dans l'art. 324, donnerait à cette situation les caractères exigés par le texte, nous persistons à croire que l'excuse ne devrait pas être admise ; il manquerait toujours l'élément essentiel, le motif capital qui a fait fléchir la loi, et a justifié à ses yeux l'exception à ce principe, que le meurtre commis par l'époux sur l'épouse n'est jamais excusable (324, C. p).

Toutes les législations ont donné pour fondement à cette exception la fureur, la colère immense qui dominait le mari, l'aveuglait et l'empêchait de calculer les conséquences de son action. Cela est si vrai que MM. Chauveau et Hélie admettent que le meurtre doit être spontané, sans préméditation. Or, cette colère, cette fureur qui tourne au délire n'existe plus, lorsque le mari arme une main étrangère, car la passion qui le guide, lorsqu'il frappe lui-même, s'est calmée, lorsqu'il n'est que spectateur du supplice des coupables. A qui du reste confiera-t-il le soin de sa vengeance ? Sera-ce à son fils, et lui commandera-t-il de tuer sa mère ? Ou bien ira-t-il chercher un bras mercenaire ? Quel fils, quel ami viendrait obéir aux ordres de ce père, de ce mari impitoyable ? Quel étranger même accepterait ce rôle de bourreau ? D'autant plus que, comme l'excuse est personnelle au mari, le tiers qui lui aurait servi d'instrument n'en profiterait point, et devrait être puni comme un meurtrier ordinaire.

Une dernière question nous reste à résoudre, c'est celle de savoir si la femme qui tuerait son mari surpris en flagrant délit d'adultère, dans la maison conjugale bénéficierait de l'excuse, que l'art. 324 accorde au mari.

Nous pensons, que ni les termes, ni l'esprit de la loi ne justifient cette excuse : l'art. 65 est formel.

Cette doctrine, qui est celle de la jurisprudence, semble injuste ; plusieurs auteurs ont critiqué avec raison cette disposition de notre Code, et nous préférons, pour notre part, le système du Code pénal de Sardaigne, qui, dans son art. 604, excuse la femme aussi bien que le mari.

Mais avant une réforme législative sur ce point, nous estimons que les tribunaux ne peuvent admettre l'excuse pour la femme qui aurait tué son mari en flagrant délit d'adultère.

Il résulte de cette longue étude sur le droit de vengeance privée, que jamais, dans aucune législation organisée, chez aucun peuple policé, on n'a reconnu au mari le droit de tuer sa femme adultère. On a excusé ce mouvement de colère sauvage, mais on ne l'a pas légitimé. Pour tous, dans l'ancien droit comme dans la législation actuelle, l'acte de l'homme est un meurtre que la loi doit sévèrement punir.

§ 4.

Provocation par outrage violent à la pudeur.

Art. 325 : » Le crime de castration, s'il a été im-
» médiatement provoqué par un outrage violent à la
» pudeur, sera considéré comme meurtre ou blessures
» excusables. »

Il ne suffirait pas d'un outrage à la pudeur, s'il n'était accompagné de violence. Mais il faut bien distinguer entre le crime de viol et la tentative de viol, d'une part, et d'autre part les attentats à la pudeur qui ont pour but l'outrage et non le viol; dans le premier cas, nous voyons des violences extrêmes qui légitiment tout moyen de défense.

D'après Carnot (t. II, p. 77), la loi suppose, qu'il n'a pas été possible à la personne outragée d'employer un autre moyen, pour repousser la violence : il suffit qu'un autre moyen de défense ne se soit pas offert à l'esprit de la personne outragée, d'après d'autres juris-consultes, et nous partageons cet avis.

Si l'outrage à la pudeur était commis contre un tiers, le crime de castration peut encore être excusable, mais il faut qu'il y ait eu violence envers la personne (Arg., art. 321) ; le texte de l'art. 325, ne s'oppose pas à cette solution.

Dans tous ces cas, « lorsque le fait d'excuse sera prouvé, s'il s'agit d'un crime emportant, la peine de mort, ou celle des travaux forcés à perpétuité, ou celle de la déportation, la peine sera réduite à un emprisonnement d'un an à cinq ans. S'il s'agit d'un tout autre crime, elle sera réduite à un emprisonnement de six mois à deux ans. Dans ces deux premiers cas, les coupables pourront, de plus, être mis par l'arrêt ou le jugement sous la surveillance de la haute police pendant cinq ans au moins et dix ans au plus. S'il s'agit d'un délit, la peine sera réduite à un emprisonnement de six jours à six mois (art. 326).

CHAPITRE III.

ABANDON DE L'INFRACTION.

Les auteurs de détentions et arrestations illégales, sont protégés par une excuse atténuante, *s'ils ont rendu la liberté* à la personne arrêtée, détenue, séquestrée, avant le dixième jour à partir de celui de l'arrestation, détention ou séquestration, et s'ils n'ont pas déjà été poursuivis de fait. L'abandon de l'infraction est ici une des trois conditions sur lesquelles repose l'excuse légale de l'art. 343 C. P., ainsi conçu : « La peine sera » réduite à l'emprisonnement de deux ans à cinq ans, » si les coupables des délits mentionnés en l'art. 341, » non encore poursuivis de fait, ont rendu la liberté à » la personne arrêtée, séquestrée ou détenue avant le » dixième jour accompli, depuis celui de l'arrestation, » détention ou séquestration. Ils pourront néanmoins » être renvoyés sous la surveillance de la haute police » depuis cinq ans jusqu'à dix ans. »

Le Code se relâche de sa rigueur envers le coupable, dit l'exposé des motifs... la loi commue la peine en faveur de son repentir, et veut bien supposer que sa faute a été plutôt le résultat de l'irréflexion du moment, que d'une préméditation tenant à des combinaisons criminelles.

Les mots *poursuivis de fait*, de l'art. 343, doivent être entendus dans ce sens, qu'il ne suffit pas que des poursuites aient été dirigées au sujet du crime ; qu'il est nécessaire, pour que les coupables soient déchus du bénéfice de cet article, que les poursuites aient été nominativement dirigées contre eux.

CHAPITRE IV.

EXCUSE D'UTILITÉ SOCIALE.

(Art. 135, C. P.)

Art. 135 : « La participation énoncée aux précé-
» dents articles ne s'applique point à ceux qui, ayant
» reçu pour bonnes des pièces de monnaies étrangères
» contrefaites ou altérées, les aurait remises en circu-
» lation ; toutefois, celui qui fera usage desdites piè-
» ces, après en avoir vérifié ou fait vérifier les vices,
» sera puni d'une amende triple au moins et sextuple
» au plus de la somme représentée par les pièces qu'il
» aura rendues à la circulation , sans que cette
» amende puisse, en aucun cas, être inférieure à seize
» francs. »

La participation à l'émission de monnaies contrefaites ou altérées, est punie des travaux forcés à temps
ou à perpétuité, selon certaines distinctions (art. 132,
133, 134).

Celui qui fait sciemment usage desdites pièces, participe sans doute à l'émission ; il commet une fraude
évidente, mais il ne faut pas le traiter sans pitié,
parce qu'il aura cherché à rejeter sur tout le monde, la
perte dont il était personnellement menacé. L'imputabilité subsiste sans doute, mais à un moindre degré ;
cette excuse est fondée sur une idée de justice.

Elle doit être soumise au jury, dès que la position

de la question est requise, soit par l'accusé ou son défenseur, soit par le ministère public. La Cour de cassation a jugé qu'il y avait nullité, si la question n'était point posée, ou si le jury ne répondait pas à la question, par une déclaration spéciale et distincte. (Cass. 26 juin 1845.)

C'est à l'accusé, bien entendu, à prouver qu'il a reçu pour bonnes, les pièces à l'émission desquelles il a participé. Mais une fois ce fait établi, c'est à l'accusation, à prouver que le prévenu a vérifié les vices des pièces émises. C'est la jurisprudence de la Cour de cassation.

CHAPITRE V.

SECOURS A LA JUSTICE.

§ I. — Art. 284.

Art. 283. — Toute publication ou distribution d'ouvrages, écrits, avis, bulletins, affiches, journaux, feuilles périodiques ou autres imprimés, dans lesquels ne se trouvera pas l'indication vraie des noms, profession et demeure de l'auteur ou de l'imprimeur, sera pour ce seul fait, puni d'un emprisonnement de six jours à six mois contre toute personne qui aura sciemment contribué à la publication ou à la distribution.

Art. 284. — Cette disposition sera réduite à des peines de simple police :

1o A l'égard des crieurs, afficheurs, vendeurs ou distributeurs qui auront fait connaître la personne de laquelle ils tiennent l'écrit imprimé ;

2o A l'égard de quiconque aura fait connaître l'imprimeur ;

3o A l'égard même de l'imprimeur, qui aura fait connaître l'auteur.

§ II. — Art. 285.

Si l'écrit imprimé contient quelques provocations à des crimes ou délits, les crieurs, afficheurs, vendeurs et distributeurs seront punis comme complices des provocateurs, à moins qu'ils n'aient fait connaître ceux dont ils tiennent l'écrit, contenant la provocation.

En cas de révélation, ils n'encourent qu'un emprisonnement de six jours à trois mois, et la peine de la complicité ne restera applicable, qu'à ceux qui n'auront point fait connaître les personnes, dont ils auront reçu l'écrit imprimé, et à l'imprimeur, s'il est connu.

§ III. — Art. 288.

Art. 287. — Toute exposition ou distribution de chansons, pamphlets, figures ou images contraires aux bonnes mœurs, sera punie d'une amende de seize francs à cinq cents francs, d'un emprisonnement d'un mois à un an et de la confiscation des planches et des exemplaires imprimés ou gravés de chansons, figures ou autres objets du délit.

Art. 288. — La peine d'emprisonnement et l'amende

prononcées par l'article précédent, seront réduites à des peines de simple police :

1° A l'égard des crieurs, vendeurs ou distributeurs qui auront fait connaître la personne qui leur a remis l'objet du délit ;

A l'égard de quiconque aura fait connaître l'imprimeur ou le graveur ;

3° A l'égard même de l'imprimeur ou du graveur qui auront fait connaître l'auteur ou la personne qui les aura chargés de l'impression ou de la gravure.

APPENDICE.

CAUSES DE MITIGATION DE LA PEINE.

Age. — L'âge, quelque avancé qu'il soit, n'est pas regardé comme un motif d'excuse, moins encore comme un fait incompatible avec l'imputabilité de l'agent.

Le vieillard reste sous la présomption de discernement, tant que la présomption n'est pas détruite par des preuves contraires, propres à démontrer qu'il a agi en état d'imbécillité.

Cependant la loi adoucit les punitions infligées aux vieillards, à cause de l'excessive gravité, qu'auraient certaines peines dans leur application à un homme d'un âge trop avancé.

Notre Code pénal substitue les peines de la détention ou de la réclusion à celle des travaux forcés à perpétuité ou à temps, et de la déportation, quand ces dernières peines sont encourues, par des septuagénaires (art. 70-71).

Ces dispositions ont été modifiées par l'art. 5 de la loi du 30 mai 1854, qui est ainsi conçu : « Les peines » des travaux forcés à perpétuité et des travaux forcés » à temps ne seront prononcées contre aucun individu » âgé de soixante ans accomplis, au moment du juge- » ment ; elles seront remplacées par celles de la ré- » clusion, soit à perpétuité, soit à temps, selon la du- » rée de la peine, qu'elle remplacera. » L'art. 72 du Code pénal est abrogé. Les dispositions de l'art. 70 ont été en partie abrogées par la loi du 30 mai 1854, mais elles restent encore en vigueur pour le cas de déportation. L'art. 70 substitue à la peine de la dépor- tation, celle de la détention à perpétuité pour le sep- tuagénaire.

Il suffit que les accusés aient atteint l'âge déterminé par la loi, au moment du jugement, pour que le béné- fice qu'elle leur accorde, leur soit appliqué.

Sexe. — La loi ne saurait avoir deux poids et deux mesures dans les questions d'imputabilité, en raison du sexe des accusés.

Cependant, l'humanité doit se faire entendre au moins pour celui des deux sexes, qui est dépositaire des bienfaits de la nature. Dans plusieurs législations, le système des peines est mitigé à l'égard des femmes.

Ce sont, il faut le reconnaître, des modifications de la pénalité, qui tiennent à d'autres circonstances qu'à la culpabilité de l'agent.

Notre Code pénal contient la disposition suivante,
art. 16 : « Les femmes et les filles condamnées aux
» travaux forcés n'y seront employées, que dans l'in-
» térieur d'une maison de force. »

Mais nous devons faire observer que, d'après la loi
du 30 mai 1854 (art. 4), les femmes condamnées aux
travaux forcés, pourront être conduites dans un des
établissements créés aux colonies. Là elles seront sé-
parées des hommes et employées à des travaux en rapport avec leur âge et avec leur sexe.

TABLE DES MATIÈRES

PREMIÈRE PARTIE.

DES CAS DE NON CULPABILITÉ ET DES EXCUSES DANS LE DROIT CRIMINEL ROMAIN.

TITRE I.

CAS DE NON IMPUTABILITÉ.

24*

DEUXIÈME PARTIE.

DES CAS DE NON CULPABILITÉ ET DES EXCUSES DANS NOTRE ANCIENNE LÉGISLATION PÉNALE.

TITRE I.

DES CAS DE NON IMPUTABILITÉ.

TITRE II.

CAS DE JUSTIFICATION.

TITRE III.

EXCUSES ABSOLUTOIRES.

TITRE IV.

EXCUSES ATTÉNUANTES.

TROISIÈME PARTIE.

DES CAS DE NON CULPABILITÉ ET DES EXCUSES DANS LA LÉGISLATION PÉNALE INTERMÉDIAIRE.

QUATRIÈME PARTIE.

DES CAS DE NON CULPABILITÉ ET DES EXCUSES DANS NOTRE LÉGISLATION PÉNALE ACTUELLE.

TITRE I.

CAS DE NON IMPUTABILITÉ.

TITRE II.

CAS DE JUSTIFICATION.

TITRE III.

EXCUSES ABSOLUTOIRES.

TITRE IV.

EXCUSES ATTÉNUANTES.

— 375 —

FIN DE LA TABLE DES MATIÈRES.

Toulouse. — Typographie Bonnal et Gibrac.

.